公私合作伙伴关系
理论与实践（修订版）

贾康 孙洁／著

Public Private Partnerships Theory and Practice

中国财经出版传媒集团
经济科学出版社
Economic Science Press

前　言

公私合作伙伴关系（PPP）最早作为一种项目融资方式和BOT等概念一起被介绍到我国，当时人们对它的认识也主要是停留在融资层面。随着人们对PPP理论研究的不断深入，发现这不仅仅是一个融资模式，更是公共产品和服务的一个管理模式和机制创新，因此，各方面的重视程度已日益趋于提高。

党的十八届三中全会指出："全面深化改革的总目标是完善和发展中国特色社会主义制度，推进国家治理体系和治理能力现代化"，"要紧紧围绕使市场在资源配置中起决定性作用深化经济体制改革，坚持和完善基本经济制度，加快完善现代市场体系"。同时强调要加快转变政府职能，深化财税体制改革，健全城乡发展一体化体制机制以及完善城镇化健康发展体制机制。财政部部长楼继伟在2013年年末指出：推广PPP模式是适应"国家治理现代化"要求、适应"市场起决定性作用"要求、适应"加快转变政府职能"要求、适应"建立现代财政制度"要求和适应"推动城镇化健康发展"要求的一项重大改革举措。

为了让大家更好地系统化地理解PPP，我们将自2005年以来关于PPP的研究论文整理结集，形成这本《公私合作伙伴关系理论与实践》著作。本书不仅仅是为公私合作提供理论支撑，力求较为科学地论述公私合作伙伴关系的概念、起源及其职能划分，而且更为展开地分别对教育、基础设施、灾后重建、保障性住房、医疗、养老、社区服务等领域如何采用公私合作机制提出了可行方式与切实的建议。本书中《社会主义新农村基础设施建设中应积极探索新管理模式——PPP》一文早在2006年报中央高层领导时，就获得了肯定性批示。在此研究方向下的一些后续成果，得到逐步的丰富。希望读者通过对本书的阅读，能够深化对PPP的认识，并在工作中有所裨益。

二〇一四年一月

目　录

PPP：制度供给的伟大创新 / 1

公私合作伙伴关系（PPP）的概念、起源与功能 / 16

农村公共产品与服务提供机制研究 / 31

公私合作伙伴机制：城镇化投融资的模式创新 / 43

通过 PPP 化减地方政府债务压力的分析与建议 / 59

社会主义新农村基础设施建设中应积极探索新管理模式——PPP / 70

PPP 管理模式在高等教育产业化中的应用研究 / 81

运用 PPP 机制提供保障性住房的建议 / 97

灾后重建中合理采用 PPP 管理模式 / 102

我国基础设施建设急需采用 PPP 模式 / 110

在公立医院改革中采用 PPP 管理模式的探讨 / 116

以"PPP"机制支持"老年大学"式机构养老创新探索的几点认识 / 124

关于上海市闵行区提供公共服务的调研报告 / 129

采用 PPP 应当注意的几个关键问题 / 136

附件一　英国开展公私合作伙伴关系的经验及借鉴 / 140

附件二　案例分析 / 147

　　案例 1　北京地铁四号线 PPP 项目案例分析 / 147

　　案例 2　泉州刺桐大桥 PPP 项目案例分析 / 153

附件三　关于推广运用政府和社会资本合作模式有关问题的通知 ／ 160
附件四　政府和社会资本合作项目政府采购管理办法 ／ 164
附件五　政府采购竞争性磋商采购方式管理暂行办法 ／ 168
附件六　政府和社会资本合作项目财政承受能力论证指引 ／ 175
附件七　政府和社会资本合作模式操作指南 ／ 180

PPP：制度供给的伟大创新*

■ 导读

　　PPP这一日益引起各方关注的重要概念，有关部门已将其意译为"政府与社会资本合作"，其实质是一种联通全社会内部公共部门、企业部门、专业组织和百姓公众的准公共品优化供给制度。在新公共管理运动中有所发展后，PPP在理论与实践的互动结合中继续创新，正成为一种意义重大的新制度供给。从政府、公众、企业视角，都可以肯定其显著的正面效应，并且从中国全面改革中"股份制—混合所有制—PPP"的天然贯通和PPP对法治建设与契约精神培养的特定催化作用来看，PPP的意义就更具全局性和战略性。在充分肯定这一制度供给伟大创新的同时，也必须清醒认识PPP所带来的挑战与风险，力求扎实稳妥地向前推进。

---

* 本文作者：贾康、苏京春。

"公私合作伙伴关系"——PPP（Public-private-partnership）这一日益引起各方关注的重要概念，汉语中尚无公认的准确翻译，在原来的直译流行一个时期之后，新近有关部门已将其意译为"政府与社会资本合作"，也有专家认为可更直观、简明地意译为"政府与企业合作"。实际上，PPP在欧美和世界上其他地区，也尚未达成一致的准确解释，其相关实践正在发展中（仅英文缩写的属于PPP的具体形式如BOT、TOT、BT等便不下十多种）。在汉语语境中，我们更需把其看做一个发展中的"敞口"概念，而且其中国实践很有可能在创新中贡献更为"丰富多彩"的PPP具体形式。但具体而言，现在完全可以认定的是，PPP是指政府公共部门与非政府的主体（企业、专业化机构等）合作，使非政府主体所掌握的资源参与提供公共工程等公共产品和服务，从而在实现政府公共部门职能的同时，也为民营部门带来利益（贾康、孙洁，2009）。PPP这种合作和管理模式可以实现在不排除并适当满足私人部门投资营利目标的同时，为社会更有效率地提供公共产品和服务，以及使有限资源发挥更大的效用。目前，人们对PPP的相关认识已经和正在继续实现多维度深化，包括PPP的概念、起源、理论、模式和实践等。伴随近年PPP拉开在我国实践应用中高速发展序幕，我们也可以确切地认定：PPP为人类经济社会的发展带来了制度供给的伟大创新。

从开阔的视角来看，PPP实质上是一种联通全社会内部公共部门、企业部门、专业组织和百姓公众各方的准公共品优化供给制度，其现代意义上的形成和发展可说源自新公共管理运动中公共服务的市场化取向改革。"交易费用理论"和"委托—代理理论"等实际成为推动这一改革实践的理论力量，并随着PPP的广泛应用和不断深化而在理论层面清晰地呈现出政府市场从分工、替代走向合作的基本脉络及升级趋势。因此，回归于中国经济实践中来，我们有理由强调，关于PPP的认识不应仅仅停留在一个新融资模式的层面，它还是管理模式和社会治理机制的创新。如果掌握得当，PPP有望大有作为地形成解决我国城镇化、老龄化等重大问题的助益机制，并通过股份制为主的形式与我国今后阶段大力推进的混合所有制改革创新，形成天然的机制性内洽与联通。当然，PPP作为制度供给的一个伟大创新，其顺利运行和长久发展，特别需要强调现代文明演进中的法治建设和契约精神建设的相辅相成。

一、新公共管理运动中的公共服务事项市场化改革

从公共经济学和公共管理学角度来看，学界至今对"新公共管理"的界定仍存在分歧，但无论是侧重在新理论、新模式抑或新运动，新公共管理浪潮作为史实都无可争议。在此运动的推进浪潮中，英国、澳大利亚、新西兰、法国、美国、日本等国家进行了较为全面和颇具新意的改革，为公共经济和公共管理范畴内的制度变革带来新气象。尽管PPP的起源最早可追溯至英国收费公路的诞生（贾康、孙洁，

2009），但其在现代意义上的形成和发展，应可主要归于新公共管理运动中以引入私人部门积极参与为核心内容的公共服务供给的市场化改革。

英国公共服务改革的主要内容可简要概括为从合同外包到"市场测试"。源自第二次世界大战之后五六十年代"福利国家"建设和企业国有化运动所带来的财政危机，撒切尔政府为应对压力实行机制创新，在公共服务改革中采用了合同外包（contract out）方式，将非必须公共部门经营的服务都通过合同外包交由私人企业来提供。这一方式主要包括两个方面内容：第一，公共服务提供的责任并未转移，仍然属于政府，但政府只保留制定政策、管理合同和履行资金支付承诺的职能，其他事宜则通过合同转由私人部门承包提供；第二，政府一方面要对外包的公共服务进行目标监督，另一方面也要为私人部门提供需匹配的政策优惠和支持。1991年梅杰接任首相后，又发起了"公民宪章运动"和"竞争求质量运动"。作为合同外包模式的发展和深化，在"竞争求质量运动"过程中，"市场测试（MarketingTesting）"方法的应用得以兴起，实质上是一种通过引入政府与私人部门服务提供者之间的竞争，来对公共服务进行分类处理的方法，要求所有公共服务都要通过"市场测试"来决定最终应由政府部门（in-house）还是私人部门来提供，判断标准就是谁能用更少的投入提供更好的服务。英国公共服务事项的市场化改革，主要涉及公共住房、矿产、航空、电信、医疗等行业。在新公共管理运动将私人部门引入公共服务领域的基础上，1992年，时任英国财政大臣的拉蒙特提出私人融资计划（Private Financing Initiative，PFI）模式，迈出在公共服务领域引入市场化竞争后深化推动政府与私营部门合作的重要一步，并于1997年在全社会公共基础设施领域较全面地推广。

与英国类似，澳大利亚也选用合同外包方式来引入私人部门的力量提供公共服务。新西兰亦致力于把市场竞争引入公共服务事项供给，实现公共服务的出资人、提供人和购买人的角色分离：政府负责决策和管理，公共服务事项则由私营部门、第三部门或基层政府组织的竞争来提供，通过合同外包的方式出让其经营运作舞台。

法国公共服务改革的三个层次：第一，施行权力下放，一直放权到最基层；第二，推进公共服务的社会化运作；第三，国有企业私有化（股份制）改造。在公共服务的社会化运作方面出现的最典型案例之一，就是法国巴黎著名地标埃菲尔铁塔的建造和运营。此塔20世纪80年代是归巴黎市政府所有的，但市政府以公共服务委托的方式，将铁塔的维护和经营开发权委托于埃菲尔铁塔开发公司的合资公司，政府在该公司中占60%的股份——实际上往前追溯，埃菲尔铁塔的建造本身就是一个极好的PPP案例。1889年法国大革命100周年纪念时，法国政府决定建造一座象征法国革命和巴黎新风貌的纪念碑式建筑物，设计者亚历山大·居斯塔夫·埃菲尔（Alexander Gustave Eiffei）的方案中标，但是由于造价过高，法国政府提供的资金不足全部费用的1/5，最终是通过与埃菲尔的工程公司合作，接受了其在160万美元总预算中高达130万美元的投入，从而实现了埃菲尔铁塔的建造，也因此同意将埃菲尔铁塔运营后开始20年的各项收入归埃菲尔个人所有，20年后铁塔的所有权才移交巴黎市政府。

美国公共服务改革的模式则更加多样化，主要有四种：第一，公私合作，即我们所强调的PPP，通过政府公共部门与民营部门的合作来实现非公共部门利用所掌握资源参与提供公共产品和服务的模式。第二，付费购买制度，即对垃圾处理、污水处理、公园管理、住宅区服务等类型的公共产品实行收费购买供给的制度。第三，凭单（服务券）制度，即政府向公众发放公共产品或服务的消费券，公众则以手中的消费券自行选择公共物品或服务的提供者，提供者再拿着凭单到政府兑换成资金。第四，与英国等类似，通过合同外包的模式来实现公共服务，不再赘述。

PPP的具体形式之一BOT（build-operate-transfer，即建设—经营—转让），是指政府通过契约授予私营企业（包括外国企业）以一定期限的特许专营权，许可其融资建设和经营特定的公用基础设施，并准许其通过向用户收取费用或出售产品以清偿贷款，回收投资并赚取利润；特许权期限届满时，该基础设施无偿移交给政府（贾康等，2014）。土耳其被认为是世界上首个将BOT这一名称确定下来并写入法律的国家。尽管对BOT的首例目前还存在一定争议（有观点认为是1965年香港政府修建海底隧道的案例，也有观点认为是土耳其修建燃煤火力发电厂的案例），但是这并不影响我们对在世界范围内新公共管理运动影响下土耳其1984年发起的明确称为BOT的创新模式的肯定与赞赏。早在20世纪70年代后期，土耳其就已经开始注意BOT这种创新的投资方式，并在当时扎尔总理的领导下尝试利用此模式筹建阿科伊核电厂，预设由承包商和土耳其政府所属电力管理局组成的企业筹资和建设核电厂，并拥有和运营该电厂15年，15年后移交土耳其政府，但最终由于项目投标人与政府的谈判始终未能达成而流产。1984~1987年间，土耳其政府利用与柏可德国际财团的公私合作而建成多座大型燃煤火力发电厂，终于实现了BOT模式在土耳其的首次成功运用。

中国当下的PPP机制创新方兴未艾，各方已意识到其存在巨大广阔的前景。除了BOT、TOT、BT等一二十个英文缩略语表示的PPP具体形式之外，中国实践中前沿状态的PPP创新可观察近年风生水起的"连片开发"。中共十八届三中全会提出要让市场在资源配置过程中发挥"决定性"作用以来，PPP模式受到国务院领导和各级政府部门的高度重视，实已成为落实国家战略的重要工具之一，并成为"全面改革"的重要组成部分。财政部部长楼继伟指出，在当前创新城镇化投融资体制、着力化解地方融资平台债务风险、积极推动企业"走出去"的背景下，推广使用PPP模式，不仅是一次微观层面的操作方式升级，更是一次宏观层面的体制机制变革，可谓一语中的。

二、公私合作的理论基础与发展

在新公共管理改革实践的基础上，我们可观察到，公共服务事项市场化改革中PPP的相关理论实已经历"到实践中去"和"从实践中来"两个阶段的变迁。

（一）到实践中去：公共服务市场化改革的理论支持

20世纪70年代前后，经济学理论发展中凸显了以科斯为代表的新制度经济学派，交易费用理论的产生和产权理论的深化发展对公共服务领域改革产生了重要影响。我们可以认为，新制度经济学所指向的制度改革，与技术变革相比，是试图从制度的层面解决经济效率的问题，不同点在于，技术变革所反映的，直观上是人与物之间的关系，而制度改革则直接地反映人与人之间的关系。以英国为例，在经历20世纪三四十年代后的福利国家和70年代的国有化改革后，整个社会运行交易费用高而运行绩效低的矛盾，直接导致英国政府债台高筑。按照新制度经济学的理念，制度实际上可以被看做一种特殊的公共品，提供者是政府，而改善制度这种公共品的供给，必须且有效的途径就是改革。撒切尔政府一方面在以哈耶克为代表的新自由主义影响下，有非常明确的市场化改革方向；另一方面遵循新制度经济学所强调的交易成本分析，致力于降低整个社会制度的交易成本。开启公共服务市场化改革的PPP，可认为是在交易费用理论的影响下，随着公共服务供给的市场化改革而得以广泛发展的。

公共服务市场化改革的另一理论支柱，是委托—代理理论，即研究委托人和代理人之间所建立的契约关系等的理论。由于委托人和代理人之间存在实际上的信息不对称，委托人无法总对代理人所有行为的细节全盘掌控，而代理人在利益驱动下会更有可能实行机会主义行为来追求利益最大化，所以，即便通过签订合同条款等方式形成相对稳固的委托—代理关系，其运行过程中也可能面临许多问题，因而对委托人和代理人之间关系的研究就显得更加重要。PPP模式往往包含多重契约关系，如果说"交易费用理论"是从宏观上指导了PPP实践的起点切入，那么"委托—代理理论"则一方面促使PPP这种以委托—代理为核心的模式成为更广泛的现实，另一方面也为PPP的管理和运行提供了理论基础。比较而言，"委托—代理理论"所研究的范畴显然往往是较为微观的层面，但其实质上仍然是在通过研究委托人和代理人之间关系而研究制度运行过程中的问题，或者说，我们可以认为其是在通过研究和解决委托—代理契约关系中可能产生的问题，而达到降低交易费用和制度运行费用的效果，实际上与"交易费用理论"一脉相通。

基于此，可以再来看一下我国PPP的产生和发展。在改革开放后的20世纪80年代，我国就已经出现PPP，其作为一种模式登上改革历史舞台可说与我国城镇化、市场化、国际化步伐加快密不可分。城镇化过程涵盖了包罗万象的基础设施、公共工程升级换代的要求，对于仍处于"转轨"过程中的我国政府，无疑产生了巨大的财政压力，这种现实生活中的财政压力如果上升到理论层面，实际上又包含制度运行成本过高的问题，而市场取向改革和对外开放，恰恰提供了运用市场机制和借助国际经验与国内外资金降低交易费用与综合成本的可能。据此展望，随着我国城镇化、市场化进程继续推进，全面开放条件下和理论创新指导下服务实践的PPP，势必会迎来更大和更广泛的发展空间。

（二）从实践中来：从替代到合作构建新型关系的理论创新

一方面，理论给予 PPP 产生和实施的引领；另一方面，PPP 的产生和发展也为理论带来新思路和新境界。这种新思路如果归纳成一句话，就是 PPP 开启了政府与市场从替代到合作的新型关系的理性认识空间（贾康、冯俏彬，2012）。

传统相关理论思维的逻辑特征总体而言是板块状的、单向的，即在市场、政府、志愿者部门三者之间，呈现出一种基于"失灵"而依序继起、替代与被替代的关系。历史地看，这种重在突出某种机制失灵的理论，有利于打破对于这种机制的迷信，从而为另一种机制的导入开路（如从"看不见的手"到"国家干预"），客观上有其积极与进步的一面。但是，"替代"的另一面则是容易滑入冲突和互不兼容的绝对化，比如关于政府与市场的紧张对立关系，不仅在我国改革开放以来的多次激烈论辩中可见，而且其分量之重，仍体现在被党的十八大称为两者关系的正确处理是改革的核心问题；在发达国家，即使时至今日仍然有大量讨论政府与市场冲突的文献。

这种"让政府的归政府，让市场的归市场"式的思维框架，首先需充分肯定其为中国的经济社会改革开放带来了极大的正面效应，但我们还需要进一步指出，其在新阶段上已不足以为现实生活中广泛存在的公共产品提供中的"公私合作"创新实践来提供理论支持，也无法涵盖在西方国家出现的"第三部门"和志愿者组织大量介入公共服务领域的现实。实际生活中，迫切需要对 20 世纪后半期以来三者之间"合作"蓬勃生长的基本事实进行解说和理论诠释。对我国而言，这种基于"失灵"而"替代"的单向思维，往往更是强化了各方对于二者之间冲突的认识，以至于只要出现市场机制运行不畅的现象，下意识的对策就是政府介入、干预甚至代替；反过来，一旦政府运转出了问题，顺理成章的就是放弃政府责任导向而"交还于市场"的所谓市场化。我们如果结合前沿性事件进展对真实世界的政府、市场、志愿部门关系进行观察，其实不难发现三者的合作已成为不可回避的历史进步命题。不可否认，在某些特定的历史时期和某些特定的情境下，它们中的某一个曾居于显眼的、甚至对另两个主体曾产生过相当程度"挤出"的主导地位，但仔细考察一下"全球化"时代与"和平发展"时代的总体状况，就会发现它们已始终同时存在，各自在不同的领域内发挥着功用，而愈益有必要、也有可能在更多的领域实行更多的合作。整个人类社会正是在三者的共同参与之下，走过了历史、经历着现在、也通向未来，并随着近几十年来纯公共产品与纯私人产品之间大量的中间状态连接部分——准公共品和俱乐部产品、权益—伦理型公共品等——不断发生着多样化的升级发展而愈益呈现相互渗透融合，即汇入合作共赢的历史潮流。因此，PPP 这一"前沿概念创新"，实际上呼唤出了更清晰、更现代化的理论思维框架，而这种思维框架落到运行的实处，就表现出实际生活中相关思路日益明确的制度供给创新。

三、PPP 新制度供给在中国释放潜力的三大正面效应

在我国经济实践层面，PPP 模式打破了过去认为只能由政府运用财政资金来做的一些公共基础设施、公共工程、公共服务项目的传统认识框架，且在转变为由非政府的企业主体、民间资本、社会资金通过形成特许权管理机制而提供有效供给在此模式下更快、更充分、更有质量、更具绩效水平地实现对社会公共需要的满足。近期的观察更表明：作为一种创新的制度供给，PPP 应有可能切实有效地解决我国新型城镇化和老龄化过程中面临的巨大财政压力，缓解地方政府债务危机，而且在贯彻"五位一体"取向的全面改革与科学发展、全面推进依法治国的总体战略中，PPP 概念下的机制创新是十分重要的组成部分，可以产生宝贵的正面效应，首先突出表现在以下三大方面。

（一）PPP 的正面效应之一：政府视角

从政府角度看 PPP 的可能贡献，首先便是降低未来长时期内的财政支出压力。政府职责如何合理定位，已在我国改革开放新时期的几十年中反复讨论，大家都同意政府要做好自己应做之事这一原则。但具体考察一下，当下在充分尊重市场资源配置决定性作用的基础上，摆在政府面前的应做之事仍然千头万绪。择其要者，至少要说到未来几十年间如何推进新型城镇化和如何应对人口老龄化支出压力这两件大事。

推进新型城镇化是中国走向现代化民族复兴"中国梦"的必由之路，未来几十年间，在城镇化实际水平从目前的40%（官方统计达50%以上的数据，是把进城居住半年以上的常住人口统统视作完成了城镇化，但其中还有2亿多人并未取得"基本公共服务均等化"的市民待遇，若要配之以此等待遇还需写进城镇化概念下的进一步的投入）左右一路走到70%左右高水平，之后才会转入相对平稳发展期。在此过程中，未来30余年还将约有4亿人要从农村区域转入城镇成为常住人口（算术平均数为一年1300万人以上）。别的不说，仅看进城人口所需的"市民化"待遇，必须得到基本公共服务均等化有效供给的支持和保障，那么静态计算所需的投入资金量，如果按照1人平均10万元，就是40万亿元，若这一标准提升至1人平均15万元，那就是60万亿元。如此天文数字的投入，仅靠政府包揽来做，肯定力不从心。必须打定主意，使道路、桥梁、隧道、涵洞、上下水、供电、供热、供气、医院、学校、绿化等公共品、准公共品的供给，得到已壮大、雄厚起来的民间资本和社会资金的加入，才有望以必要投入支撑这个几十年间的发展过程可持续。客观地看，实际生活中这方面的压力已使地方政府这些年的隐性负债大增，需要积极考虑在地方债增量、存量两个方面，由民间资本、社会资金来有效置换和替代。

再就是我国人口老龄化的进程，必将在未来几十年内，要求有大量的公共资源投入，以满足养老、医疗服务的客观需求。根据学者测算，人口老龄化对于中国整个养老体系形成公共支出压力的高峰，约出现于2030～2033年间，从现在算起，已不到20年的时间。在高峰期出现以后，这种压力的缓慢下降还要有几十年的过程。要看到在这个很长的历史阶段之内，中国养老体系从硬件到服务所有的投入，必然发生一系列的要求，如果不适应这样一个历史阶段来考虑制度和机制方面的预先准备，那么政府履职将是不合格的。必须有这样的战略考虑，即要运用PPP模式创新来鼓励、引导大量民间资本与社会资金进入养老事业和产业。

总之，PPP对于政府来说，必须积极运用推进现代治理中化解财政压力、债务压力和充分尽责地实施和谐社会管理、贯彻"中国梦"发展战略的机制创新。

（二）PPP的正面效应之二：公众视角

第二个角度就是公众可能从PPP中的获益，如从政府的存在理由是服务公众而言，这是更为本质化的正面效应。特别需考虑的是，中国现在进入了"中等收入阶段"，而在此阶段，公众对于美好生活向往的空间极大地被激发出来以后，对公共服务的需求是倍增的。应该讲，自己跟自己比，中国社会中绝大多数人都是越来越好，但是"满意度"却并没随之同步上升。所谓"幸福感"没有提高上来，甚至不升反降，往往更带有以焦虑、纠结为特点的情绪、心理感受与社会氛围。其实拿世界上所有经济体比照下来，中等收入阶段都有这样的特点。这个挑战的应对要求，就是公众正在需要更好的公共服务，迫切要求得到能够更好地满足他们对美好生活愿望的"有效供给"。PPP可以在政府继续发挥供给作用的同时，把其他非政府的社会力量（企业、社会组织的——还可以包括非营利机构、专业机构、志愿者组织等所有力量）结合在一起，不仅壮大了资金力量，而且可以在运营管理上、绩效提升上优势互补，各方以自身最有优势的特长，去管理最适合于由自己防控的风险，这样可以使公共工程、公共服务在建设和以后运营过程中间的质量水平、绩效水平、管理水平得到明显提升，而风险则最小化，公众的实惠也就趋向于最大化。

因为PPP机制能把多参与方的相对优势结合在一起：第一，政府相对优势是全局眼光，在规划设计方面和政策方面的组织力、保障力。这方面相关于PPP项目的长期通盘考虑和组织能力的发挥，主要交由政府。第二，企业具有在管理方面"内生的"天然优势，会特别注重自己参与进来以后怎样能够取得投资回报。企业的定位不是在简单地"学雷锋"，而是要完成自己的投资回报，PPP具有给予企业这种取得长期稳定回报的可能性。第三，适合于这种合作的可能、有这种长期投资偏好的民间资本，自然而然地就会考虑加入到这样的项目上来。他们加入后的相对优势是管理知识、专业知识，以及从其"内生的"对于绩效的关注而产生的管理精细化和效率化；还有就是其他各种专业机构、群体如律师事务所、会计师事务所、设计师事务所等。所有这些管理方面的相对优势，具体涉及每个行业和领域，不论是桥梁建设、道路建设、还是养老社区等的建设，所有上述这些主体，可把他们的相对优势综合在PPP的模式中，将带给公众一个更有效的供给机制。这种多方合作的PPP形式，会使老百姓的愿望得到更好满足，而且是在更高的绩效水平、更优的服务状态下提供出有效供给来使他们的愿望得到满足。这对于增进社会和谐提升公众"幸福感"、顺利跨越"中等收入陷阱"阶段而迈入高收入经济体行列，实现现代化"中国梦"愿景所代表的全社会成员根本、长远利益，具有莫大的现实意义。

（三）PPP的正面效应之三：企业视角

还有第三个角度，即可从企业角度作考察。在中国已得到很大发展、资金力量越来越雄厚、日益强化发展意愿的企业中，有一大批可望在PPP的模式之下打开一个新的发展空间。PPP项目并不适合有风投、创投偏好的民间资金类型，但适合一些偏好于取得长期、虽不太高但预期性高的稳定回报的企业，它们在现实生活中为数可观，将更好地在市场经济的舞台上通过PPP找到适合自己生存发展的空间。这种共赢、多赢的机制，从决策层到财政部门，再到地方政府层面已有的一些试验中的相关各方，大家在总体上已越来越认同。从中国和外部世界的互动中，中国继续全面开放，在工业化、城镇化、市场化、全球化、信息化潮流汇合而进一步"大踏步地跟上时代"的过程中，以PPP形成中外所有一切有意愿合作的企业力量与政府间的互动与有效合作，我们也已看到了广阔前景。

四、PPP与中国混合所有制改革创新的内在联通

在前述的三个角度、三种正面效应之后，我们透过PPP在新型城镇化和老龄化中不仅仅停留于作为新融资模式层面的作用，继续向深处考察，不难发现，PPP在恢宏的全局意义上，恰可呼应三中全会精神，实现与我国现阶段混合所有制改革创新的联通，从而大有作为地帮助形成现代国家治理的系统化机制，这也使之当之无愧地成为制度供给的一项伟大创新。

（一）对混合所有制的基本认识

"混合所有制"中的"所有制"，指的是生产资料所有制这个层面的含义，反映生产过程中人与人在生产资料占有方面的经济关系。"混合所有制"是"所有制"的一种，但其生产资料所有权并不单一归属于某一类特定个人或群体，其最基本的特征决非简单的"多种经济成分并存"，而是在于出现"公"的与"私"的"国"的与"非国"的所有权在一个市场主体内的混合（否则，这一称呼就会丧失其存在的必要性）。若"混合所有制"在某种社会形态下存在，则其在该社会形态下的所有制结构中必有不同于其他类别的一席之地。"混合"一词的字面意思就是"混在

一起",但也可以从两个方面进行认识:是否实现了混合?混合到怎样的程度?对是否实现混合的判断有助于认识究竟是否可定性为"混合"的所有制,而对混合程度的判断则有助于理解是否需要将"混合所有制"继续发展、推进。

因此,"混合所有制"要求的是不同所有权主体在一个企业体内真正实现"混在一起",决不是在某种社会形态中互为外体、他体的简单共存,是在某种社会生产关系具体形态下实现对生产资料的混同占有,可认为即是不同所有权主体实现对某一企业的生产资料既各自清晰又共同占有的所有制形式。

(二)混合所有制与股份制的联通

基于以上对混合所有制的基本认识,更可知我国改革当下所强调的混合所有制,并非改革开放前期业已解决的多种经济成分简单并存或联合,亦非产权混合即可实现的改革意图,其具体到企业产权框架层面,实际上就是指过去已在中国改革进程中获得充分肯定的"现代企业制度"的标准化形式——股份制。党的三中全会强调混合所有制是我国"基本经济制度的重要实现形式",其战略高度的意图,是在法治保证的现代股份制这一制度形式下,可以使公有的、非公有的产权,融合到分散存在的市场主体——一个个企业的内部产权结构里面去,以寻求相关利益主体的共赢和进一步打开"解放生产力"的空间。

马克思在有生之年,已敏锐地意识到股份制的特异影响和对社会发展的可能贡献,认为"资本主义的股份企业,也和合作工厂一样,应当被看做是由资本主义生产方式转化为联合的生产方式的过渡形式,只不过在前者那里,对立是消极地扬弃的,而在后者那里,对立是积极地扬弃的。"不论对于马克思的"消极扬弃"评价做出何种研究者的分析解读,基本逻辑指向至少具有"形式"和"过渡"方向上的肯定,余下的便是如何使形式与内容相合的问题(贾康、苏京春,2014)。任何理论观点的提出都带有时代特征与客观局限,马克思对股份制的认识提出于100多年前,但在当时社会制度和经济发展背景下,股份制所具有的哪怕是带有"消极扬弃"意味的"社会资本"特征,已为马克思带来了思维灵感。面对这其后100余年的历史进程,结合"实事求是"、"与时俱进"的原则,我们完全可以沿马克思的思维逻辑深化认识。一百多年以来,股份制下的市场主体(即股份公司)已经发生了非凡变化。除了早已较普遍地存在本企业员工、产业工人持股和社会上的普遍劳动者、公共机构在股份制企业中持股以外,"国家"各特定层级的政府也可持股并酌情作增持、减持的操作,而对宏观经济运行和社会生活产生重要的正面效应。发达国家的市场主体(公司)在达到一定规范程度后可以上市,而上市这一环节在英文中是叫 go public(走向公共),决非"私"的取向。无论是股份制中的公共机构持股,还是公司最终走向上市,开启作为"公众公司"公共地募集资金的模式,都表明着即使是称为资本主义制度下的市场主体,也已经呈现内部产权结构多元化而超越简单私有的特征——社会化大生产中的上市公司,亦称公共公司,不仅其持股人在很大程度上是"公共"的,而且其经营状况要接受全社会的公共监督,财务要有充分的透明度，公司发展和社会公众利益实现了更有效的互动与结合。例如：通用汽车公司和通用电气公司作为世界上非常有名的标杆式大公司（"跨国公司"），早在20世纪股权已高度分散，很难说这类公司具体归属于哪个资本家，为数众多的持股人包括机构投资者、本企业的员工、其他企业的产业工人和大量社会上的普通劳动者。

股份制使资本的社会化特征不断提高，已在明显地缓解着生产社会化与生产资料私人占有之间的矛盾，有利于生产力的发展。如果说在"资本主义"名号下的这种混合所有制已在发生扬弃"私有"不适应社会化大生产发展的制约因素的积极作用，我们应如实地认识这种变化，那么把股份制下"以混合所有制"为取向的发展变化，与马克思主义的中国实践紧密结合，更没有丝毫道理对股份制加上"姓社姓资"的诘难，更应淡化股份制框架下"姓公姓私"的标签，更应肯定中国大地上近年来"积极扬弃"式的不断尝试和探索——而这也同时意味着在中国今后几十年联结伟大民族复兴"中国梦"的改革发展过程中，混合所有制取向的股份制深化改革空间，一定会冲破前后"三十六条"都还未能有效冲破的民营企业发展的"玻璃门"、"旋转门"、"弹簧门"，淡化争议不休、很容易走向贴"姓社姓资"标签但不可能取得共识结果的"国进民退"还是"国退民进"的纠结，打开"进一步解放生产力，发展生产力"的潜在空间，长远而深刻影响我国现代化进程。

（三）"股份制—混合所有制—PPP"的天然贯通及其全局性贡献

党的十八届三中全会全面改革部署中，最重要的涉及几个关键概念的逻辑链接就是：第一，确立"现代国家治理"理念，即明确按照现代国家要求来治理、发展中国，提升国家治理体系和治理能力的现代化水平；第二，治理水平的"现代化"联通着"构建现代市场体系"和突破性地提出"使市场在资源配置中发挥决定性作用"；第三，市场配置的"决定性"作用的充分发挥，被落实到一个非常关键的表述上，就是关于市场经济运行的基石——产权制度上的改革，要主要推进明确表述的"混合所有制"，以股份制这种现代企业制度的标准化代表形式，其容纳力和包容性完全可以是把"国"的、非"国"的、"公"的、非"公"的所有产权充分混合在一个个企业内部，从而以一个共赢的方式，在法治框架下无阻碍地实现相互合作与潜力释放，而PPP模式恰恰与之贯通。

一个PPP项目在产权方面没有任何选择上的局限，是一个在法治环境下形成的多产权主体间的契约。最典型的即以SPV（special purpose vehicles）的形式组成特殊项目公司来运营PPP项目，公司内所有股权都有清晰归属，每一份标准化的股权属于其中的明确的股东，认定以后不会产生无法处置的纠纷（少数纠纷可通过法律途径解决），大家可以在这样稳定的可预期的法治化环境下，来追求在共赢中目标利益回报的实现。而且，SPV的股权结构，在天然具有混合所有制特征的同时，又天然地倾向于不使国有权"一股独大"，因为政府股权参与的强烈动机是发挥"四两拨千斤"的乘数效应来拉动、引致民间资本大量跟进,乘数越大,相关政府工作的业绩评价会越好,社会资本、民营企业在 PPP 中,通常会成为股权结构中的"大头",甚至是绝大多数。

因此,PPP 这一创新的制度供给,又成为中国走向现代化的全面改革中,发展混合所有制以解放生产力的战略性选择。PPP 模式的定位,也应从一开始着眼的满足融资需要提升到制度供给创新的需要。如果仅停留在融资层面,目的上会很功利、很短期地停留在缓解政府资金压力的层面,待政府感觉压力不大的时候,就很可能又回过头来摆脱民间资本。比如,前些年一些地方政府曾特别欢迎市政建设里民间资本的加入,但听到"四万亿"投资刺激方案后,对民间资本的态度马上就"变脸"。这是视野未达全局、未能领会改革实质内容的一种具体表现。实际上,民间资本的加入不但可以缓解政府资金困难,而且可以帮助提升管理绩效水平,是从融资上升到管理模式创新的一种"升级"。这个升级再汇入以混合所有制为市场经济产权基石的全面改革,更是一种全局性的客观需要。纵观百年历史,全球有近百个经济体步入中等收入阶段,但是真正跨越此阶段而步入高收入阶段的经济体却寥寥可数。中国如要真正按照"人本主义"立场并抛开"狭隘民族主义",和世界民族之林其他经济体共同发展,按照和平发展与崛起的愿景成功化解"中等收入陷阱"潜在威胁而联通到"中国梦",就一定要有各种因素合在一起攻坚克难化解矛盾的全面配套改革。其中 PPP 作为制度供给的创新,就是使市场资源配置作用得到各个方面更多认同,也得到政府应该"更好发挥作用"的各种可操作机制匹配磨合的一个重要改革事项,应把其从融资视野提高到管理模式创新,再从管理模式创新提高到全面改革配套必备事项,即实现制度供给方面的重大创新这样的高度来认识。

五、PPP 与四中全会全面"法治化"主题的贯通:催化新时期相辅相成的现代文明演进——法治建设与契约精神培养

从理论密切联系实际的角度考察,PPP 概念下的新型公私合作模式客观上必是要求高度的法治化、规范化和讲求契约精神的。在中国推进 PPP 的进程中,应当特别注重与现代文明进程中的法治建设、契约精神培育的对接。要释放社会资本民间企业的潜力、提升公共部门综合绩效,最关键的是政府通过努力,在反腐倡廉过程中强化法治和契约精神供给。党的十八届四中全会已对于我国全面推进"依法治国"作出了顶层规划,实质是把三中全会关于"以经济改革为重点"的部署联通于经济、行政、政治、社会的全面改革大配套的部署,这一"法治化"的时代主题,与 PPP 的机制创新正好形成了紧密联系,客观上也对于克服法治化程度低的现实问题,提出了迫切的任务。

（一）必须高度注重PPP运行相关的法治建设

PPP所要求的法治化配套条件，可从泉州刺桐大桥案例考察。20世纪90年代的福建泉州刺桐大桥BOT项目，是中国第一个本土民营资本介入的PPP项目，该项目形成的SPV（特殊项目公司）的股权结构中，政府部门通过其子公司入股占40%，剩余60%股份是民间企业持有。以往政府工程中常见的问题如工期延长、返工、无法问责、超预算等，在该项目中都成功地予以防止，建设中提前半年竣工通车，质量上乘，使百姓得到了实惠。

刺桐大桥案例的首创意义是非常显著的，即以少量国有资金引导民间资金兴办过去认为只有政府才能做的基础设施建设；融资方面也实行了值得肯定的创新，采用大桥经营权质押贷款、固定贷款和流动贷款结合、按揭式还本付息偿还融资贷款。但囿于当时的条件、经验，初始约定中没有涉及的一些后续变动因素，使运营间民间资本与政府之间出现问题，十分值得关注和剖析：第一，在一系列主客观因素局限下，刺桐大桥项目虽有SPV构架，但却没有形成规范契约文本，而是以政府红头文件形式确定下来，导致后来面对晋江上陆续新建大桥的车辆分流因素形成的利益分割，业主无维权依据；第二，业主方经营权和收益权没有得到相关法律充分保障，除收费权外，其他权益大都没得到保障，如在大桥两侧管辖范围内设立广告牌，但被有关部门强制拆除；第三，地方政府领导层换班后，提出股份转让，使业主方一度面临危机；第四，地方政府领导层增加额外项目，使业主方让出相当利益，两个外加项目投资高达1.2亿元的投入额，从企业角度的感受，博弈结果是"胳臂拧不过大腿"不得不承担；第五，收费标准未能形成调整机制，无法随着情况变化而改变；第六，政府政策法规变动风险可能由企业承担，例如刺桐大桥项目当时确定特许经营权30年，而后国务院有关部门出台有关政策规定，经营性公路收费期限不得超过25年。这些问题使得刺桐大桥由值得肯定的案例，变成引起其他民间资本望而却步的案例。民企方的感受是："榜样的力量是无穷的，修理榜样的后果是严重的。"造成这种局面的最主要原因，就是"法治化"环境的制度条件不到位，契约的形式规范和减倍遵约的商业文化因素也不到位（特别是在政府方），所以无法出现"以法治保障契约、按契约实现共赢"的满意境界。

PPP一般涉及的都是公共工程与公共服务领域的投资项目，并与公众日常生活密切相关，依托相关项目所提供的服务的质量、价格等，均是比较敏感的话题，也特别容易引起民意的高度关注。所以，需要制定一套专门的法律法规，对PPP项目的立项、投标、建设、运营、管理、质量、收费标准及其调整机制、项目排他性及争端解决机制，以及移交、决算信息公示等环节做出全面、系统的规定。虽然一些PPP案例在我国实际上已运行了相当长的时间，但一直以来却明显缺乏国家层面的法规制度，有的只是地方性的或行业性的管理办法或规定。在某些地方，PPP项目的建设，甚至作为凭据的仅有地方政府一纸"红头文件"（如刺桐大桥BOT案例），其法律效力低，内容粗疏，以致合作过程中公、私双方并不是在成熟的法律框架下形成尽可能清晰有效的契约来处理利益关系,而是"走一步说一步"。由于政府部门掌握着公权力,很容易将自己的意志强加于私人部门,在相关的博弈过程中,私人部门几乎注定是弱势的一方,得不到法律和契约的有效保护,成为很多额外风险或成本的承担者。

因此,回归到一般的 PPP 创新和发展中,我国必须下定决心加快法律法规建设,争取先行完善政府制度约束。目前,我们已经看到相关部门立法和制度规定层面的一系列积极进展,应继续大力推进,按照四中全会精神,为我国 PPP 机制的长效运行奠定良好的法治基础。

(二)必须高度注重 PPP 运行相关的契约精神培养

从法律这一基本制度建设保障作用延伸,自然要过渡到对契约精神培养的关注这一层面。"契约"一词来自拉丁语 contractus,所指是契约交易,在西方发源很早,后伴随宗教传播逐渐形成契约意识。"契约精神"从本源上来讲与政治学中所说国家产生一脉及法学中私法一脉相关,而我们在 PPP 运行中强调的契约精神,实际上是其置身于政府与非政府主体合作的经济行为中所强调的自由、平等、互利、理性原则。这是对于传统的政府单纯行政权力意识的一种冲破,要求形成以"平等民事主体"身份与非政府主体签订协议的新思维、新规范。

PPP 模式中,政府部门、私人部门和公众之间存在多重契约关系:第一,政府部门与公众之间存在契约关系,这种契约关系以政治合法性为背景,以宪法为框架,由政府在宪法范围内的活动为公众提供公共产品与服务,针对公众的需求履行承诺;第二,政府部门与私人部门之间形成契约关系,这种契约关系以双方就具体项目或事项签订的合同为基础,由政府部门与私人部门通过合作来提供公共产品与服务;第三,参与 PPP 的非政府的企业和专业机构、社会组织之间形成契约关系,在 PPP 总体契约中承担公共产品与服务的提供,回应公众的诉求。

PPP 直观形式上主要关注的是后面两层契约关系,尤其重要的是第二层。如果以契约精神的四项原则来进行考察,便不难发现其培养发育和趋向成熟对于我国 PPP 运行和社会现代化的重要性。第一,自由。就推进我国国家治理现代化取向下的现代市场体系来看,自由这一原则可以推进合乎"合作"逻辑地使政府部门和非政府部门行使自由选择权。第二,平等。平等这一原则可以构成政府与企业等非政府主体之间进行合作的牢固基础。按照传统的调控、管理思路,无平等可言,政府天然占据强势、操纵的位置,如把此延用于 PPP 内,私人企业便不敢、不愿与政府合作,PPP 的发展便成空谈或难以持续。第三,互利。契约能够达成,最重要的基础就是契约各方都能够从中获得实实在在的利益,PPP 模式也不例外。在我国的 PPP 运行中,正明确互利这一契约基础,特别表现为不是简单要求企业"学雷锋"、"尽社会责任",而是以与政府合作的投资行为取得预期的虽不高但可接受、可覆盖相当长时期的回报。第四,理性。契约的签订,是需要各方反向磋商磨合、尽可能全面、细致地穷尽各种相关因素而天然倾向于理性态度的,包括理性的妥协以寻求

"最大公约数",理性地评估合作期中的风险,也包括最大限度地理性吸纳各方的专业性咨询建议。特别值得注意的是,在自由、平等的原则下,以互利为基础而建立的契约,实际上是综合叠加地构成有合作各方共识的一种理性预期,在契约履行的一个长期过程中,也要求契约各方风险共担,从理性原则出发在契约中落实风险共担机制也是抗御风险的最佳社会选择。从中国经济社会转轨是执政党和政府公权体系的一种"自我革命"的角度来看,PPP这一制度机制创新,对于政府的职能转变、权力制约和行为规范化,绩效趋优化,也正是从由法治而契约的路径和方式来有效实现的。当然,从PPP模式启动开始,政府应当遵循理性原则,利用市场测试等手段针对公共产品和服务的类型进行测评,得到是否应当采用PPP模式的正确结论,避免PPP模式的滥用。

作为制度供给的创新,PPP自有其约束条件,其更广泛的发展尤以法治化的较高水平为前提,以诚信敬业的商业文化和契约精神为铺垫。无可否认,这些前提、伴随条件都是当下中国存在不足和缺憾的。因此,我们在充分肯定PPP这一制度供给伟大创新的同时,也必须清醒认识PPP所带来的挑战与风险,力求把这一"顺天应人"的改革,扎实稳妥地向前推进。

主要参考文献

[1] 贾康、孙洁:《公私合作伙伴关系:理论与实践》,经济科学出版社2014年版。

[2] 贾康、孙洁:《公私伙伴关系(PPP)的概念、起源、特征与功能》,载于《财政研究》2009年第10期。

[3] 贾康、冯俏彬:《从替代走向合作:论公共产品提供中政府、市场、志愿部门之间的新型关系》,载于《财贸经济》2012年第8期。

[4] 贾康、孙洁、陈新平、程瑜:《PPP机制创新:呼唤法制化契约制度建设——泉州刺桐大桥BOT项目调研报告》,载于《经济研究参考》2014年第13期。

[5] 贾康、苏京春:《"混合所有制"辨析》,载于财政部财政科学研究所《研究报告》2014年8月27日。

[6] 贾康:《发挥PPP模式在改革创新中的正面效应》,载于《中国证券报》2014年5月5日。

[7] 贾康:《公私合作伙伴关系与混合所有制创新》,载于《上海证券报》2014年7月16日。

[8] 谢煊、孙洁、刘英志:《英国开展公私合作项目建设的经验及借鉴》,载于《中国财政》2014年第1期。

[9] 欧文·E·休斯:《公共管理导论》(第三版),中国人民大学出版社2007年版。

[10] 王义:《西方新公共管理概论》,中国海洋大学出版社2006年版。

[11] 彭未名等:《新公共管理》,华南理工大学出版社2007年版。

[12] 王定云、王世雄:《西方国家新公共管理理论综述与实务分析》,上海三联书店2008年版。

[13] [法]卢梭:《社会契约论》,北京出版社2012年版。

公私合作伙伴关系（PPP）的概念、起源与功能

■ 导读

本文在比较各方概念的基础上，从管理角度给出公私合作概念，并分别从欧洲、美国以及中国探索了公私合作的起源与发展。在本文给出概念的基础上，进一步研究了公私合作的一般功能和对公共产品提供的特殊意义。

公私伙伴关系（Public-Private-Partnerships，简称PPP）已经被广泛应用到各种公共产品和服务的提供当中，但人们对其认识一般仍然停留在融资层面。本文从管理视角概括PPP概念，并从其起源、特征和功能层面力求较全面地认识PPP，认为其在经济社会转轨中对于促进制度、机制创新的意义和功能特别值得强调。

一、概 念

关于 PPP 的概念目前还没有一个公认的说法,不同的人从不同的角度会有不同的理解。对英文 Public Private Partnerships 也有多种译法,如公私伙伴关系、公私合作伙伴模式、公共/私人合作关系、公私机构的伙伴合作、官方/民间的合作、民间开放公共服务、公共民营合作制等。下面列举几种具有代表性的说法。

(一) 机构给出的概念

1. 联合国发展计划署 1998 年给 PPP 的概念是:PPP 是指政府、营利性企业和非营利性组织基于某个项目而形成的相互合作关系的形式。通过这种合作形式,合作各方可以达到比预期单独行动更有利的结果。合作各方参与某个项目时,政府并不是把项目的责任全部转移给私营部门,而是由参与合作的各方共同承担责任和融资风险。

2. 联合国培训研究院的概念是:PPP 涵盖了不同社会系统倡导者之间的所有制度化合作方式,目的是解决当地或区域内的某些复杂问题。PPP 包含两层含义,其一是为满足公共产品需要而建立的公共和私人倡导者之间的各种合作关系,其二是为满足公共产品需要,公共部门和私人部门建立伙伴关系进行的大型公共项目的实施。[1]

3. 欧盟委员会的概念是:PPP 是指公共部门和私人部门之间的一种合作关系,其目的是为了提供传统上由公共部门提供的公共项目或服务。[2]

4. 美国 PPP 国家委员会的概念是:PPP 是介于外包和私有化之间并结合了两者特点的一种公共产品提供方式,它充分利用私人资源进行设计、建设、投资、经营和维护公共基础设施,并提供相关服务以满足公共需求。[3]

5. 加拿大 PPP 国家委员会的概念是:PPP 是公共部门和私人部门之间的一种合作经营关系,它建立在双方各自经验的基础上,通过适当的资源分配、风险分担和利益共享机制,最好地满足事先清晰界定的公共需求。[4]

---

[1] United Nations Institute for Raining and Research. PPP-For sustainable development [R]. 2000.

[2] The European Commission. Guidance for successful PPP [R]. 2003.

[3] The National Council For PPP, USA. For the good of the people: using PPP to meet America's essential needs [R]. 2002.

[4] Allan R J. PPP: a review of literature and practice [C] //Saskatchewan Institute of Public Policy Paper, 4. 1999.

（二）专家给出的概念

1. PPP，首先是广义界定，指公共和私营部门共同参与生产的提供物品和服务的任何安排。其次，它指一些复杂的、多方参与并被民营化了的基础设施项目（E. S. Savas，2002）。再次，它指企业、社会贤达和地方政府官员为改善城市状况而进行的一种正式合作（Perry Davis, ed., 1986）。

2. PPP 是指为了实现共同目标和互惠互利，公共部门与私人部门权力共享、共同经营、维护以及信息共享而形成的合作关系（Kernaghan）。

3. PPP 是指公共部门与私营部门之间签订长期合同，由私营部门实体来进行公共部门基础设施的建设或管理，或由私营部门实体代表一个公共部门实体（利用基础设施）向社会提供各种服务。这种模式通常有如下特征（G. Peirson, P. Mcbride, 1996）：（1）公共部门实体通常根据协议向私营部门实体移交基础设施（是否付款作为回报要视情况而定）；（2）由私营部门实体建设、扩建或重建一项基础设施；（3）由公私部门指定基础设施的运行特性；（4）私营部门实体在既定期限内利用基础设施来提供公共服务（通常对运营和定价进行限制）；（5）在协议到期后，私营部门实体同意向公共部门移交基础设施（是否付款视情况而定）。

4. PPP 是一种"合作关系"，包括合同安排、联合、合作协议和协作活动等方面，通过这种合作关系来促进政策和计划的实行，提供政府计划和服务（Armstrong）。

5. PPP，在两个或多个实体之间达成协议，从而使合作各方为共同或相互兼容的目标而协同经营，并在一定程度上共享权力、共担责任、联合投入资源、共担风险，互惠互利（Treasury Board Secretariat, Impediments to Partnering）。

通过上面众多概念可以看出，虽然无论是机构或是专家，对 PPP 都还没有形成一个完全一致的表述，但是，从这些定义和解说中我们可以发现一些共同的特征：第一是公共部门与私营部门的合作，合作是前提，每个概念中都包含合作这个关键词；第二是把提供公共产品或服务，包括提供基础设施，作为合作的目标；第三是强调利益共享，就是说在合作过程中，私营部门与公共部门共赢；第四是风险共担。这些特征大体上概括了 PPP 概念的基本要素，在此基础上，我们认为，PPP 概念中包含有合作、提供公共产品或服务、利益共享、风险共担这样几个要点。

"竞争可以是建设性的，也可以是破坏性的：即使其为建设性的时候，竞争也没有合作那样有利。"[1] 马歇尔在其《经济学原理》中曾明确地指出了合作比之于竞争的更为重要。人们往往认为，在市场经济中竞争是万能的，其实并不尽然，竞争固然重要，但也不排斥合作。PPP 的本质是合作而非简单的竞争，竞争只是合作过程中的一种手段和一种基础机制。

---

[1] ［英］马歇尔著，朱志泰等译：《经济学原理》（上），商务印书馆 1983 年版，第 26 页。

(三) 本文给出的 PPP 概念

根据人们对 PPP 的认识，并结合上面比较典型的观点，可以就 PPP 及其管理模式做出这样一个定义：所谓 PPP，是指政府公共部门与民营部门合作过程中，让非公共部门所掌握的资源参与提供公共产品和服务，从而实现政府公共部门的职能并同时也为民营部门带来利益。其管理模式包含与此相符的诸多具体形式。通过这种合作和管理过程，可以在不排除、并适当满足私人部门的投资营利目标的同时，为社会更有效率地提供公共产品和服务，使有限的资源发挥更大的作用。

我们知道，政府应当为社会公众提供公共产品和服务，但大量准公共产品与服务的提供过程，并不必然排斥私人部门的参与，相反，还可能带来一系列正面效应。如果让私人部门做这些事情，理所当然要经过政府公共部门的同意或许可；同时，为了确保私人部门提供公共产品的质和量，私人部门必然要接受政府部门的监督。政府公共部门为了能够让私人部门合理参与，也必然要为其设置相应的条件，如保证其实现一定的利益、帮助其控制相应的风险等，只有这样，私人部门才愿意做过去本该由政府公共部门做的事情。

一旦民营部门做了公共部门的事情，一定是民营部门与政府公共部门合作的结果，而非相互竞争的结果——虽然在具体的民营企业或机构参与者的确定或挑选过程中，一般应当安排必要的竞争，那只是民营部门做这个事在项目具体落实程序中、环节上的单方面的内部竞争。

PPP 管理模式与融资模式的区别是：(1) 融资只是 PPP 的目的之一，并不是全部。PPP 项目中会涉及融资问题，但不仅限于融资问题，政府和公共部门除了利用民营部门的资本以外，大多都还利用了民营部门的生产与管理技术。(2) 融资更多是考虑将自己的风险最小化。而 PPP 管理模式中，更多是考虑双方风险而将整体风险最小化。事实证明，追求整个项目风险最小化的管理模式，要比公、私双方各自追求风险最小化更能化解风险。PPP 所带来的"一加一大于二"的机制效应，需要从管理模式创新的层面上理解和总结。(3) 与风险控制相对应，融资者考虑的是自己收益最大化，而 PPP 管理模式又加入了社会综合效益最大化的导向。可以说，实现收益最大化是每个融资者都要考虑的问题，但是，作为 PPP 管理模式中的合作双方，又是受到不允许过分追求局部利益的制约的，因为这一模式涉及更多的公众利益。在 PPP 管理框架下，政府为了吸引民间资本进入，减少民营部门的经营风险，会确保其经营具有一定的收益水平，但又不应收益过高，如果收益过高，政府方面也会作出相应控制。

美国管理学家斯蒂芬·P·罗宾斯给管理下的定义是：管理是指同别人一起，或通过别人使活动完成得更有效的过程。[①] 而 PPP 就是公共部门与民营部门一起，使得公共产品和服务的提供更为有效的过程。由此可以看出，应当把 PPP 放在一种

---

① [美] 斯蒂芬·P·罗宾斯著：《管理学》，中国人民大学出版社 2002 年版，第 6 页。

管理模式的高度来认识，它其中可以包含其融资模式。

二、起　源

我们已知所谓 PPP，是指政府公共部门与民营部门合作过程中，让非公共部门所掌握的资源参与提供公共产品和服务，从而实现政府公共部门的职能并同时也为民营部门带来利益。那么，哪些部门能够让民营部门参与，而民营部门又愿意参与做哪些事情呢？众所周知，民营部门做事的内在动力是获取利益或利润，如果没有利润，民营部门不会愿意做本该公共部门做的事情。利润的获得一般由两个主要途径：一个是政府直接给予民营部门；另一个是民营部门通过向用户收费获得。第一种很容易理解，为政府做事，必然由政府付费。而第二种途径是要经过用户认可的，就是说所做事情对用户而言是有益的，用户能够从中获得好处，只有这样用户才愿意付费。这就会让我们联想到修路或供水，这两种服务都能为用户带来直接的利益，通过向用户提供服务而收取费用，用户较容易接受。而我们考察 PPP 的起源时，的确可以从民营部门修路和私人参与供水开始。

在英文中最早的公路之所以被称为 turn pike，是因为路段上布置了可移动的路障，通常由一根水平的长杆（pike）或栅栏组成，管理人可以通过移动横杆（turn the pike）来阻断路面交通。15 世纪时，欧洲人设置这样的路障通常出于安全考虑，在战时可以减缓骑兵的袭击速度，起到一定的抵挡作用。到了 17 世纪，税务机构开始推行公路收费政策，turn pike 的作用发生变化，开始用来阻挡过往车辆，收取"过路费"后再放行。（笔者注意到，turn pike 的名称在美国宾夕法尼亚州等地的收费干道上沿用至今）由此可以说，PPP 起源于收费公路的诞生。当然，在当时人们还没有明确提出 PPP 的概念或理论来，只是实际生活中出现了"公"与"私"实际形成了互动、交易关系而共同维系收费公路运行的模式。

其实收费路的源头要早远得多。据历史记载，公元前 1950 年，亚述人就修建了从叙利亚到巴比伦的收费道路。这可能是现可看到的最早的收费路记载了。希腊历史学家和哲学家斯特雷波（Strabo，公元前 63 年至公元 21 年）在恺撒·奥古斯都（Caesar Augustu）时代的 Geographia 中也记载了在 Little Saint Bernard's Pass 上收取通行费的历史。作为对养护道路、带路和跨山脉搬运的回报，罗马大帝授予 Salassi 部落征收通行费的特许权。[1] 这可以被称为最为原始的 PPP 形式，但是它与现在模式的差别并不太多。这一收费在当时同样需要罗马大帝代表政府的授权。

下面再做一些分别区域或国度的考察：

---

[1] [英] 达霖·格里姆赛和 [澳] 莫文·K·刘易斯著：《公私合作伙伴关系：基础设施供给和项目融资的全球革命》，中国人民大学出版社 2008 年版，第 41 页。

（一）欧洲

英国。在供水方面，伦敦由私人企业供水已经有400多年的历史，而政府对进入很少加以限制。企业相互竞争，以投资支持服务和质量的革新，增加居民用水线路。到了19世纪，伦敦大范围的供水系统已经使之成为"欧洲居住和健康状况最好的城市之一，在大多数欧洲城市人口急剧下降时，该市的死亡率却低于出生率1800点"（世界发展报告，2004）。95%的伦敦居民从私营企业那里得到管道供水，其中多数是对住宅直接供水。

技术进步导致竞争中的产业合并和价格上升。供水条件的改善引起了抽水马桶需求的增加，这又引起了污水排放的问题。议会为此制定了法规，到1908年，私营系统全部被国有化。直到20世纪70年代末，众所周知，英国又进行了大规模民营化，在20世纪80年代，英国恢复了用水的私人供给（世界发展报告，2004）。

英国在PPP的实践方面走在世界前列，特别是它的自来水供应很有代表性，已经走了一个循回，从400多年前就有了私人供水的历史，后来逐渐被国有化，到了20世纪80年代初又被民营化。从私营到国营再到私营，整整走了一圈。可以说英国是PPP的先驱、倡导者、同时也是PPP的促进者。特别是在撒切尔夫人上台之后，极大地推动了PPP的进程。

在交通方面，英国早在1281年就开始对通过伦敦桥的车辆、行人和船只收费，1706年，成立收费信托机构，负责收费公路的筹资、建设、维护和经营。1820年，英国大约有3200公里的收费道路，年收费额为125万英镑。[①] 尽管1364年英格兰的法律首次允许设立收费站，但第一条收费公路直到1663年才得以建成。赫特福德尔、亨廷顿和剑桥的法官请求议会通过法案，允许募集资金维修和改善横穿三个郡的Great Northern Road的一个路段。依据该法案，管理当局有权在公路的特定路段设立三座收费站，对过往车辆和牲畜收取规定的费用，收费期限为21年，预计在这21年内就可以偿清债务，此后，公路将恢复免费通行（Cossons，1934）。直到18世纪早期，才确立了将公路的管辖权归属专门的地方机关以及将养护成本从国家转移到使用者的惯性规则。1706～1707年，第一个所谓的"收费公路信托"成立。它的成立促成了上百个法案的通过，这些法案几乎将这一制度推广至英格兰全境。到了19世纪40年代，有效的收费公路法案接近1000个，它们都是由镇区议会、商人、制造商、农民和地主推动制定的，其中也包括负责养护公路某一路段的人。[②] 由于当时管理收费公路的信托企业较小，资金有限，每家企业只能负责十英里或二十英里的路段，因此常常会有某一段公路不通的情况，所以导致长途运输受到限制，所运的只能是旅客和小批量的高价值货物。这与我国20世纪末上海修建高速时的情形

---

① 周文渊主编：《国际通行规则与国际惯例全书》第三册，第2778页。
② ［英］达霖·格里姆赛、［澳］莫文·K·刘易斯合著：《公私合作伙伴关系：基础设施供给和项目融资的全球革命》，中国人民大学出版社2008年版，第43页。

有些类似,当时为了方便民营资本进入上海高速路建设,市政方面有意将路段作出划分,以便于民营资本的参与,但已少有因协调不到位而出现"断头路"的情况。

1773年英国国会通过的《收费公路法案》规定了详细的差别收费制度。依据车辆轮胎的宽度对车辆分类,轮胎越宽收费越低。对于"滚轮"宽度在13~16英寸之间的四轮马车免收一年的通行费,一年之后享受部分优惠待遇,因为它们在路面上留下的车辙较少(Cossons, 1934, pp. 20-22)。当然并不是对所有的通行者都收费,如邮递员、神职人员以及养护人员就不必缴通行费,对于政府及住在公路两边的居民,通过支付年费来代替通行费。

收费公路信托机构的受托人有权募集资金——通常的费率是4%或5%,并利用募集来的资金在特定的地点修建新公路(也往往用来改善旧公路)。公路的实际养护和建设则由指定的检查员负责督办,检查员往往要监督多条收费公路的运作。收费"保收入"享有公路收费的特权,他们向信托机构支付固定的金额,以换取在收费公路特定收费站收费的权利(这成为外包或转包的早期实例)。1773年以后开始拍卖收费租赁权,开始是拍卖给当地的商人,后来就面向可以收购多条收费公路租赁权的大集团。①

法国。法国的供水服务也是从地方的私人供水开始,自17世纪中期一直保持了下来,曾经历了不同的管理和租借合约形式,最终将供水服务演变为公有制下的私人提供(世界发展报告,2004)。由于认识上的差异,法国人并不把公私合作伙伴关系看做是一种新的观念,因为他们接受特许经营的理念,而事实上特许经营是公私伙伴关系的一种形式。其实这并不重要,重要的是在100多年前法国现实生活中就出现了PPP,当时的形式是"社会经济混合体"和"特许经营",今天,特许经营制度在法国仍然是建设和管理"商业型"公共服务设施和公共基础设施的最普遍模式。在1995年,75%人口的供水是通过PPP合同实现的。里昂水务和威望迪(现在叫Veolia Environment)两家PPP模式的经营者控制着全国62%的供水、36%的污水处理、75%的市中心供热、60%的垃圾处理、55%的电缆运营以及36%的垃圾收集。大部分铁路网络、供水设施和街道照明也是在PPP模式下发展起来的(Ribault, 2001)。法国在水务方面的PPP相当有名,经验丰富,21世纪初威望迪公司以约20亿元人民币的价格,获得控制我国浦东自来水厂50%的股权和50年经营权。

在交通方面,法国还有个著名的案例,是160公里长的苏伊士运河。这项特许经营权是1854年由统治埃及的土耳其总督授予的。运河于1869年竣工,特许经营的期限为99年,自运河开航之日起计算(但在1956年埃及政府将苏伊士运河公司国有化时,特许经营权随之终止)。

基础设施和公共服务方面,在法国采用了两种不同的制度:政府直接管理制度和基于PPP模式的私人特许经营制度(在法国叫做公共服务委托制)。在政府直接管理制度下,基础设施或服务直接由公共机构或国有机构建设和运营(Lignieres,

---

① 1825年,一家合伙企业收取的过路费占整个伦敦过路费的3/4(Levinson, 2002)。

2002）。大量基础设施在将特许经营合同授予公共特许经营者的形式下进行管理和开发，成立特殊目的的公共企业来建造和运营。例如，20世纪50年代组建特许经营控股公司用于开发法国高速公路网，当时由地方政府和公共信贷机构提供股本金是一种使中央政府避开其预算限制的方式。但是，征收的通行费受到管制，并且上涨率低于通货膨胀率，这损害了公司的收益，恶化了公司的资产负债表。当这些公司遇到财务困难时，大部分都被政府接管了（Smith，1999；Levinson，2002）。自20世纪90年代以来，采用PPP方案为基础设施项目融资和设计迅速复苏，法国的公用事业公司，如威望迪集团、苏伊士里昂水务、布依格集团、万喜建筑公司、SAUR、索迪斯集团和康运思公司，充分利用了这种新形势。法国政府已经向私人特许经营者开放了以下项目：Millau高架桥、连接Perpignan和Figureras的高速公路以及几个高速公路路段（A19、A86、A28）。在地方层面，几乎所有的公共服务都向特许经营者开放。污水处理、垃圾收集与管理、电缆、城市交通、体育运动设施、学校餐饮、殡仪服务和供水都可以按照委托管理合同来组织（Ribault，2001）。长期以来，法国的PPP主要形式是特许经营。

荷兰。在1853~1920年期间，供水部门主要由私营供水企业控制，后这些企业逐步地被市政当局所接管并作为公用事业来经营。合并是由中央法令决定并由市政当局推动的。主要目的是利用企业为农村地区提供更加地域化的服务。到公共部门接管的时候，对供水服务实施经济管理的原则已经很好地融入到政治体系中了。市政当局对公用事业进行市场化管理已经成为行业准则（世界发展报告，2004）。

将水视为一种经济物品并对供水服务进行收费的行为使得荷兰能够利用私人供应来推动该部门的发展。在荷兰，这个系统从私营部门移交到公共部门手里。但是，向供水服务的用户收费一直是行业准则，这使得提供者能够在与地方政府保持距离的同时维持服务供应，并更好地激励他们对客户的需要负责［Lorrain（1992）；Blokland，Braadbaart和Schwartz（1999）］。

（二）美国

美国水务。在1800~1900年期间，美国的自来水厂以惊人的速度增长。最初是私营企业占优势，而到1900年已经有一半是公有的了。之所以会出现这种向公有制过渡的情况，是因为市政当局和企业在消防用水合约问题上有分歧。当城市快速发展时订立合约的困难，几个城市曾发生的大火，这一切不仅为私营企业、也为政府提供了规避行动目标或是推动合约重新谈判的机会，在从市政当局向企业进行财政转移拨款时，计量方法的缺乏和直接收费导致双方发生冲突。结果并不令人惊讶，公有制成分增加了，而与此同时公共服务系统也继承了将供水作为经济产品来管理和控制的传统（世界发展报告，2004）。

美国交通。美国也运用道路收费制度。最早的私人修建的道路在美国宾夕法尼亚州于1794年建成。① 美国的收费公路和英国一样，并非所有通行者都要支付通行费。一些地方政府立法，去教堂做礼拜的人、军人以及在收费站镇内做生意的人可以免缴通行费。收费公路每年分红和资本回报率最高为8%，更普遍的是每年3%的收益率（Levinson）。在美国，"认购方更感兴趣的往往是新交通线路可能给他们带来的利益，而不是投资的盈利性"（Durrenberger, 1931；在 Levinson, 2002）。因为乡镇及其领头的居民想从改善交通运输之中寻求对当地经济的拉动力，我国近二三十年流行的"要想富，先修路"的思想与此可谓不谋而合。

目前，美国已有19个州允许建设公私合营的高速公路，在这种项目中政府与私人主要通过合同形式来确立双方的权利义务，政府是交通设施的所有者，私人则可以拥有交通设施中的某一部分（如交通管理系统、服务区等），并从中获得相应的收益。美国的高速公路往往专设多人乘车车道，并给予其免缴通行费等优惠措施，以鼓励多人合乘。加州橙县91号公路在全国率先采用根据不同时段设定不同收费标准的收费方式，通过收费限制高峰期出行的车辆数量，同时保证车辆在该公路上的行驶速度。美国联邦公路局试验发现，通过收费的调节可以使很多人选择避开高峰时期出行，从而提高车辆的通行效率。不收费时每车道每小时可通行车辆1500辆次，收费调节后则可达到每小时1800辆次。②

在美国，当收费公路获得特许建设权的时候，就已经设想有朝一日它会回归国有，一般是99年的租赁期结束后。事实上，极少数收费公路的运营时间超过了租约期限，它们中的大多数被废弃或者被收费公路的所有者以公平和公正的价格转让出去。20世纪初，剩下的收费公路都被各州和当地政府收购并归入国有高速公路系统。③

（三）中国

一些人认为，PPP起源于欧洲，只是最近几年才被引进中国。其实并非如此。公私合作在我国已较早地存在于生活当中，只是没有总结出来并形成理论而已。现实生活中，我们早在报纸等媒体上看到过这样的报道，一些动物园由于缺乏必要的资金投入，让社会上有爱心的公众认养公园里的动物，并可以给它们取个自己心爱的名字，其实这就是典型的公私合作。还有个例子是在公路（省道或国道）两边植树，虽土地属于国家，但由附近居民来植树并进行管理，当树木成材之后，政府与居民按当时所签的协议来对收入分成，这也是很典型的公私合作。这两个例子都可以使我们很清楚地看到，公私合作给双方带来了只通过一方较难实现的利益。个人是不可能也不被允许在家庭中饲养大熊猫等国家级保护动物的，通过这种公私合作

---

① 周文渊主编：《国际通行规则与国际惯例全书》第三册，第2778页。
② 中国交通技术网，http://www.tranbbs.com/news/Worldnews/news_4673_2.shtml。
③ ［英］达霖·格里姆赛和［澳］莫文·K·刘易斯合著：《公私合作伙伴关系：基础设施供给和项目融资的全球革命》，中国人民大学出版社2008年版，第45页。

的方式却变通地实现了个人的这一美好愿望；而同时作为由政府管理的公园，原由于缺乏资金，使一些动物的生存条件得不到保障，而通过这种公私合作，却很容易地解决了这一问题。如果是由政府在公路两边种植树木并负责管理，由于所种树木较分散，政府必定要增加管理的成本，但是如果让附近的居民来种植树木，成材后按事前所签订的合约进行分成，在双方的利益达成一致的同时，政府也大大降低了管理的成本。①

追溯到1906年6月开工的新宁铁路，是我国内陆最南端的一条民营铁路。光绪皇帝于光绪三十二年（1906年）正月廿二日签字批准立项。该线路自广东省斗山之北街修起，全长109公里，支线28.5公里。这条线路由华侨新宁县人陈宜禧集资兴办，当时分三段施工，1913年竣工。②

至于我国真正形成具有现代意义的PPP，还是要以党的十六届三中全会为重要标志，会议通过的《关于完善社会主义市场经济体制若干问题的决定》已经明确指出：清理和修订限制非公有制经济发展的法律法规和政策，消除体制性障碍。放宽市场准入，允许非公有资本进入法律法规未禁入的基础设施、公用事业及其他行业和领域。这标志着民营资本可以全面进入基础设施和公用事业领域，当时最为引起民营资本兴趣的领域是城市居民供水。法国威望迪集团以约20亿元人民币的价格，拍得浦东自来水厂50%的股权、50年的经营权就是当时较为著名的PPP案例之一。另外，在此前也有一些地方采用BOT方式建立发电厂和桥梁、高速公路等（如我国内资民营资本从事的第一个BOT项目是福建泉州的刺桐大桥），带有一定程度的开拓、创新性质，为十六届三中全会决定的出台提供了实践经验的支撑。

三、特　征

在明确PPP的概念和考察其起源之后，我们可以作出一个关于其特征的总结：PPP的运行具有三个重要特征：伙伴关系、利益共享和风险分担。

（一）伙伴关系：项目目标一致

伙伴关系是PPP第一大特征，所有成功实施的PPP项目都是建立在伙伴关系之上的。可以说，伙伴关系是PPP中最为首要的问题，没有伙伴关系就没有PPP。政府购买商品和服务，给予授权，征收税费和收取罚款，这些事务的处理并不必然表明合作伙伴关系的真实存在和延续。比如，即使一个政府部门每天都从同一个餐饮企业订购三明治当午餐，这也不能构成一种伙伴关系（Kelly，2000）。PPP中民营部

---

① 孙洁著：《城市基础设施经营的公私合作管理模式研究》，中国人事出版社2007年版，第2~3页。
② 资料来源：中国铁道网。

门与政府公共部门的伙伴关系与其他关系相比,一个显著的独特之处就是项目目标一致。公共部门之所以和民营部门合作并形成伙伴关系,核心问题是在其中存在一个共同的目标:在某个具体项目上,以最少的资源,实现最多的产品或服务。民营部门是以此目标实现自身利益的追求,而公共部门则是以此目标实现公共福利和利益的追求。

形成伙伴关系要落实到项目目标一致之上,但这还是不够的,为了能够保持这种伙伴关系的长久与发展,还需要伙伴之间相互为对方考虑问题,具备另外两个显著特征:利益共享和风险分担。

(二) 利益共享

利益共享是 PPP 的第二个特征。在这里需要明确的是,PPP 中公共部门与民营部门并不是分享利润,而且还需要对民营部门可能的高额利润进行控制,即不允许民营部门在项目执行过程中形成超额利润。其主要原因是,任何 PPP 项目都是公益性项目,不以利润最大化为目的。如果双方想从中分享利润,其实是很容易的一件事情,只要允许提高价格,就可以使利润大幅度提高。不过,这样做必然会带来社会公众的不满,最终还可能会引起社会的混乱。既然形式上不能与民营部门分享利润,那么如何与民营部门实际地共享利益呢?共享利益在这里除了指共享 PPP 的社会成果之外,也包括使作为参与者的私人部门、民营企业或机构取得相对平和、稳定的投资回报。

在此,利益共享显然是伙伴关系的基础之一,如果没有利益共享,同样也不会有可持续的 PPP 类型的伙伴关系。

(三) 风险分担

PPP 的第三个特征是风险分担。伙伴关系不仅仅意味着利益共享,同时也意味着风险分担。与市场经济规则兼容的 PPP 中,利益与风险也有对应性,风险分担是利益共享之外伙伴关系的另一个基础。如果没有风险分担,也不可能形成这种伙伴关系。

无论是市场经济或计划经济、无论是私人部门或公共部门、无论是个人或企业,没有谁会喜欢风险。即使最具冒险精神的冒险家,其实也不会喜欢风险,而是会为了利益千方百计地来避免风险。在 PPP 中,公共部门与民营部门合理分担风险的这一特征,是其区别于公共部门与民营部门其他交易形式的显著标志。如政府采购过程,之所以还不能称为公私合作伙伴关系,是因为双方在此过程中是让自己尽可能小地承担风险。而在公私伙伴关系(PPP)中,公共部门却是尽可能大地承担自己有优势方面的伴生风险,而让对方承担的风险尽可能小。一个明显的例子就是,在隧道、桥梁、干道建设中,如果因车流量不够而导致民营部门达不到基本的预期收益,这时公共部门可以对其进行现金流量补贴,这种做法可以在"分担"框架下有效控制民营部门因车流量不足而引起的经营风险。与此同时，民营部门实际会按其相对优势承担较多的、甚至全部的具体管理职责，而这个领域，对于公共部门而言，却正是管理层"道德风险"的易发领域，这种风险由此而得以规避。

如果每一种风险都能由最善于应对该风险的合作方承担，那么毫无疑问，整个基础设施建设项目的成本就能最小化。[①] PPP 管理模式中，更多是考虑双方风险的最优应对、最佳分担，而将整体风险最小化。事实证明，追求整个项目风险最小化的管理模式，要比公、私双方各自追求风险最小化更能化解准公共产品领域内的风险。所以，我们强调，PPP 所带来的"一加一大于二"的机制效应，需要从管理模式创新的层面上理解和总结。

四、功　能

PPP 是一种新型的管理模式，不仅具备管理的一般职能如计划、组织、领导、控制，还具有其他管理模式所不具备的职能：扩量融资、利用新技术，以及特别值得强调的机制创新的职能。

（一）一般功能：计划、组织、领导和控制

计划包括：定义组织目标；制定全局战略以实现这些目标；开发一个全面的分层计划体系以综合和协调各种活动。[②] 计划是一种协调的预案和过程，它给管理者和非管理者指明了方向。当所有相关人员了解了组织的目标和为达到目标他们必须做出什么贡献时，他们就能开始协调他们的活动，互相合作，结成团队。如果没有计划，则会走许多弯路，从而使实现目标的过程失去效率。总之，有了计划可以减少重复性和浪费性的活动：在实施之前的协调过程可以发现浪费和冗余，低效率的问题会暴露出来，进一步，当合理化的手段和追求的目标设定清楚时，通过计划可以减小不确定性，使管理者能够预见到行动的结果。

计划可分为正式计划和非正式计划。在 PPP 管理中，通常正式计划是由公共部门和民营部门共同制定并以契约方式认可的，通过计划可以清楚看到公共部门与民营部门的共同目标是什么，也可以清楚看到其后公共部门与民营部门各自的目标是什么。在公私合作过程，每一个时期也都有具体的目标，这些目标被郑重地写下来并使合作双方的全体成员都知道，就是说，让每一个参与管理的人都明确组织想要达到什么目标和怎么实现这些目标。

---

① [美] E. S. 萨瓦斯著，周志忍等译：《民营化与公私部门的伙伴关系》，中国人民大学出版社 2002 年版，第 265 页。

② [美] 斯蒂芬·P·罗宾斯著：《管理学》，中国人民大学出版社 2002 年版，第 150 页。

组织一般由组织结构、组织与职务、人力资源管理、变革与创新的管理等要素组成。组织结构描述组织的框架体系。[①] 在 PPP 过程中，有时会因特殊的项目而设立新的组织机构，有些项目会以原来的组织机构为基础不再设立的新的组织机构。在新设立的组织机构中，一般会有公共部门和民营部门双方人员共同组成，根据合同要求安排相应的管理职位。

领导包含两个方面的内涵，一个是动词——领导；另一个是名词——领导者。这方面 PPP 也有着不同于一般管理模式的特点，如上海浦东自来水厂采用 PPP 管理模式中，新成立的法国威望迪集团持股 50% 的水务公司，其董事长和总经理是由中方和法方轮流执政（中方人员任董事长时，法方任总经理；法方任董事长时，中方任总经理）。这体现了 PPP 管理模式中，领导职能的特殊作用和创新形式。

控制可以定义为，监视各项活动以保证它们按计划进行并纠正各种重要偏差的过程。[②] 一个有效的控制系统可以保证各项行动完成的方向是朝着达到组织目标的。控制系统越是完善，管理者实现组织的目标就越是容易。控制过程一般可分为三个步骤：第一是衡量实际绩效；第二是将实际绩效与标准进行比较；第三是采取管理行动来纠正偏差或不适当的标准。在 PPP 管理过程，控制职能表现得更为明显，无论是公共部门还是民营部门都在时刻衡量实际绩效。民营部门衡量实际产生的收益（投资回报）如何，而公共部门衡量的是社会公众所产生的反应如何。在第二步，民营部门更多地在考虑实际产生的绩效与以往的其他项目进行比较；而公共部门则将实际取得的绩效与合作前进行比较；第三步是采取相应的管理行动纠正偏差。尽管计划可以制定出来；组织结构可以调整得非常有效；员工的积极性也可能调动起来，但是这仍然不能保证所有的行动都按计划意图执行，不能保证管理者追求的目标一定能达到。因此控制是非常重要的，因为它是管理职能环节中最后的一环。

（二）特殊功能：融资、利用新技术和机制创新

PPP 作为一种新型的管理模式，它不仅仅具备了管理的一般职能，除此之外，它还兼具有融资、利用新技术和机制创新的职能，这是一般管理所不具备的。在 PPP 初起之时，人们就是把 PPP 当做一种融资的形式。随着对 PPP 认识的不断深入，对 PPP 的管理模式概念有必要加以强调并使人们所认知。

融资职能是人们对 PPP 最早的认识，直到现在还有相当多的人认为 PPP 是一种融资模式。PPP 兴起之初，其主要目的也就是为基础设施融资，具体形式较多地表现为公路建设、铁路建设的融资。政府在建设公路、铁路等基础设施时，往往由于资金不足，让民营部门进行投资，民营部门通过收费的形式收回投资。正是这种融资的职能，使得人们对 PPP 有了极大的兴趣和热情，随后这种 PPP 的融资职能被不断地运用到基础设施的各个方面，如自来水提供、污水处理、隧道建设、公共卫生

[①] ［美］斯蒂芬·P·罗宾斯著：《管理学》，中国人民大学出版社 2002 年版，第 229 页。
[②] ［美］斯蒂芬·P·罗宾斯著：《管理学》，中国人民大学出版社 2002 年版，第 476 页。

与医疗、基础教育等。政府公共部门在不同的领域，通过民营资本来为社会提供公共产品和服务，可以弥补政府向社会提供公共产品和服务过程中资金的不足。BOT是众多PPP管理具体模式中，融资功能表现最为明显的一个，政府公共部门通常让民营部门利用自己的资金建设基础设施（如高速公路），然后让民营部门经营，并从中获得收益，经过一定的时间再转移给政府部门。政府在此过程中可能不需要投资一分钱，却为社会提供出原来本应该自己提供的基础设施和服务，同时经过一定的时期后，还拥有了该基础设施。由此可见PPP融资功能之一斑。

利用新技术包含两个意思：一个是生产方面的技术；另一个是管理方法的技术。之所以说利用新技术是PPP管理模式的一个职能，是因为通过PPP管理模式在为公共部门提供融资的同时，也为公共部门带来了民营企业、机构基于其活力而开发的新的生产技术和管理技术，从而可能会大大提高公共产品和服务提供的效率和水平，从而在不增加公众税负的基础上，凭借"使用者付费"机制，以私人部门之手，更大限度地满足了社会公众的需要。

机制创新职能，在中国改革开放以来这样的经济社会转轨过程和追求"后来居上"的现代化赶超过程中，具有特别值得重视的意义和作用，甚至可以认为是战略性的特定职能。这一职能的主要指向，是在经济社会生活中促进机制转换、制度创新和资源配置效益提升。机制转换包含两层意思，一是公共部门由传统的计划向市场转换；二是私人部门由市场逐利向计划靠拢。这种"双转换"可以形成一种新型的激励机制，进而达到制度创新的推进、改革的深化和资源配置效益的提升。我们知道，PPP本质是公私合作，合作的结果便是邓小平所明确指出并加以肯定的计划与市场在运行机制层面的结合，从而形成了优于计划和市场单独作用的新型管理体制和运行机制。计划往往更注重平均，从而损失了效率，而市场通常更注重效率，从而损失了均平，PPP管理模式注重的是均平、公平与效率的有机结合，在尽可能小地损失效率的情况下实现社会发展中的公平，同时在尽可能小地损失公平的情况下提高经济资源特别是公共部门资源的使用效益和综合效率。机制创新的职能，也突出了PPP管理模式的后发优势并打开了其发挥潜力的空间，它可以有效避免前人所走的单独用计划手段和公立机制提供公共产品或服务的低效弯路，同时克服市场经济下容易出现的公共投入激励机制不足和私人部门的冷漠与"袖手旁观"，为公共产品和服务的提供、公共基础设施建设和其支撑的社会"又好又快"发展，提供带有明显"后发优势"特征的创新机制，进而加快中国作为新兴市场经济国家的现代化"赶超"进程。

五、小　结

由于PPP最初是被作为一种新型融资工具来使用的，所以前人给出的PPP概念大多带有融资的色彩。虽然在其他机构或个人给出的PPP定义当中，我们可以清晰地看到 PPP 的基本特征，如合作、利益共享和风险分担等，但还很难发现把 PPP 作为一种管理模式概念来使用。本文给出 PPP 概念后，从管理的视角加以强调，有兴趣的读者可以将其和管理的概念作一番比较。本文所给出的 PPP 的三个特征，其内在逻辑是联结于公平和效益兼容共升的特征，因为在通过 PPP 提供社会公共产品时，并非从特殊群体利益考虑资源的运用，会充分实现公共利益最大化，但其中的私人部门参与者的利益，却可以得到一定水平的保证，而且激励和效益水平亦可望达到奇特的较高水准。PPP 的这种职能，是其所独有的，其他管理模式并不具备——通常的管理职能仅仅是计划、组织、领导和控制，而只有 PPP 管理模式，才具有对于转轨经济体特别宝贵的机制、制度创新以支撑其赶超战略的职能。

主要参考文献

[1] [英] 马歇尔著，朱志泰等译：《经济学原理》（上），商务印书馆1983年版。

[2] [美] E.S. 萨瓦斯著，周志忍等译：《民营化与公私部门的伙伴关系》，中国人民大学出版社2002年版。

[3] [英] 达霖·格里姆赛和 [澳] 莫文·K·刘易斯合著：《公私合作伙伴关系：基础设施供给和项目融资的全球革命》，中国人民大学出版社2008年版。

[4] [美] 斯蒂芬·P·罗宾斯著：《管理学》，中国人民大学出版社2002年版。

[5] 贾康、孙洁：《农村公共产品提供机制研究》，载于《管理世界》2006年第12期。

[6] 贾康、孙洁：《社会主义新农村基础设施建设中应积极探索新管理模式—PPP》，载于《经济学动态》2006年第10期。

[7] 贾康、孙洁：《在公立医院改革中采用 PPP 管理模式的探讨》，载于财政部财政科学研究所《研究报告》2009年第29期。

[8] 贾康、孙洁：《公私合作伙伴关系（PPP）的概念、特征与职能》，载于财政部财政科学研究所《研究报告》2009年第34期。

[9] 孙洁著：《城市基础设施的公私合作管理模式研究》，中国人事出版社2007年版。

[10] 周文渊主编：《国际通行规则与国际惯例全书》第三册，第2778页。

[11] Allan R J. PPP: a review of literature and practice [C] //Saskatchewan Institute of Public Policy Paper, 4. 1999.

[12] The European Commission. Guidance for successful PPP [R]. 2003.

[13] The National Council For PPP, USA. For the good of the people: using PPP to meet America's essential needs [R]. 2002.

[14] United Nations Institute for Raining and Research. PPP – For sustainable development [R]. 2000.

农村公共产品与服务提供机制研究

■ 导读

　　农村公共产品与服务存在供给不足的问题，在我国长期没有得到有效解决。一方面是由于政府投资不足，另一方面是供给由政府包办而利用非政府力量不足。一种传统的观念是政府安排或提供的公共产品总是由政府自己来生产，认为政府放弃了生产者的功能，就自然失去了提供者的职能。其实这是一个认识误区。公共产品的提供者不一定要充当生产者的角色，而可以运用政府采购手段完成其职责。在制度安排、机制设计层面，正确区分公共产品的提供者、生产者和消费者，将有利于我们对于不同的公共产品合理选择不同的提供方式，从而充分运用市场环境与机制的潜力，提高公共资金使用效益和引致民间资金介入，缓解农村公共产品有效供给的不足。

长期以来，在我国农村公共产品与服务供给上存在不足。近几年国家已采取"多予、少取、放活"的方针，出台了"两减免、三补贴"、"综合直补"等一系列惠农政策，并停征农业税，已使农民负担减轻，收入提高。但是，由于长期"二元经济"格局下农村公共基础设施的低起点和城乡不同的公共政策，公共产品与服务在城市和农村的差距，仍然十分鲜明。可以说新农村建设的要求，也在很大程度上针对着农村公共产品供给的不足。政府每年都有一定的资金投入到农村的公共产品与服务当中，但与减少城乡差距的愿望相比，财政投入仍显不足，诚然，这是农村公共产品与服务供给短缺的一个方面的原因，但还有另一个方面的重要原因，那就是政府包揽型的"单打一"供给机制的问题。本文着重从农村公共产品与服务的供给机制上来分析供给不足的原因并提出相关的改进建议。

一、区分公共产品与服务的消费者、生产者和提供者（安排者）

在研究公共产品与服务的提供机制之前，首先需要讨论一下公共产品与服务的消费者、生产者和提供者（或安排者）三者的概念。

消费者：公共产品与服务的消费者是指接受公共产品和服务并完成公共产品与服务消费过程的人或机构组织。所谓机构组织，也是由人组成，所以终极意义上的农村公共产品与服务的消费者，是指农村区域的居民。

生产者：公共产品与服务的生产者，是以直接生产产品，或者直接向消费者提供服务的形态存在的。生产者可以同时是提供者（安排者、埋单者），比如政府直接投资举办企业生产公共产品的情形；也可以不是提供者，而仅作为生产者，比如政府采购非国有企业产品或服务时后者所处的情形——私人企业如果与政府签订合同，承担公共园林树木修剪和草坪维护的任务，这时私人企业即是这种公共产品服务的生产者。

提供者（安排者）：公共产品与服务的提供者也可称为公共产品与服务的安排者，是指派生产者给消费者的主体，也是在财务关系上做出相应支付的主体（埋单者）。政府承担公共产品与服务的提供者之责，是由政府合理职能定位所决定的，即弥补"市场失灵"的必然要求。政府必须安排这一领域的资源配置事宜，并以公共资金做出支付（标准形式为预算支出）。但提供者与生产者身份既可以合一，也可以分离。在不少情况下，分离的处理更符合提高资金使用效益而使公众福利最大化的要求。

提供者（安排者）和生产者合一或分离的选择标准是什么？

某种公共产品或服务的政府提供并不意味着政府必须完全依靠政府雇员和设施来生产这种产品与服务。只要提供者和生产者合一时，总成本大于将提供者与生产者分离时的总成本（含外部交易成本），即决定了把提供者和生产者功能分开是值得的，可以"少花钱多办事"，增进公共总福利。

市场经济环境下，强调对提供者与生产者是合一还是分离做出合理选择，其意义是十分明显和十分重要的。比如，政府可以通过征税来获得资源（收入），通过付费（支出）来购买公司的服务来保持市区人行道的清洁，这样做的结果通常要比政府自己维持一个专门的"清洁队"的效果为优。又比如，计算机作为政府部门的办公设备属于公共产品，但政府通常没有必要为此专门成立计算机制造厂，而只需通过对相互竞争的非政府制造厂商的招标采购来取得所需的品种即可，这样做将显著节省总成本。总之，适当区分公共产品与服务的提供者和生产者，是公共财政贯彻公众利益最大化原则的必然要求。只要有条件分离而分离后成本效益状况得到优化的，都应当选择分离模式。当然，一些公共产品与服务虽政府不再从事直接生产，但决不意味着改变了其提供者的身份与支付成本的责任。

二、提供公共产品与服务的制度安排

根据公共产品与服务的生产者与提供者的不同，我们可以将公共品提供的制度安排分为四大类型（见表1）。

表1　　　　　　　　提供公共产品与服务的制度安排

		提供者（安排者）	
		政府公共部门	私人部门
生产者	政府公共部门	A	B
	私人部门	C	D

（一）生产者是政府公共部门，提供者也是政府公共部门（表1中A区域）

这种情况下，政府同时扮演了提供者（安排者）和生产者的角色。这时政府公共部门的政府服务，包括政府所拥有的企业所提供的服务，如国有的自来水公司、电力公司、污水处理厂等的服务。

这种情况中也包括通过政府间协议的方式来为公众提供公共服务，即一个政府可以签订协议付费给其他的政府以提供涉及本辖区居民的公共服务。这一形式在美国较为普遍。萨瓦斯在1992年对美国1504个市和县进行的研究表明，政府协议在美国被应用到了64种常见的地方服务中。例如：公共卫生、公交运输、医院的经营与管理、图书馆、污水收集和处理、固体废物处理等。在政府协议中，其中一个政府是服务的安排者，另一个政府则是服务的生产者。美国的县政府常常与市镇政府签订合同，付费给后者以由其维护穿越市镇的县级公路。州政府也常常和市镇或县政府签订合同，付费给后者以提供某些社会服务。

在我国，一般看不到政府间协议的这种形式，常见的是上级部门以布置任务（或行政命令）的形式让下级部门来完成某种服务。与政府间协议最为接近的制度安排是某些涉及跨区公共产品与服务的专项资金。专项资金虽然有一定的执行程序，也有相应的管理制度，但是，同一个管理制度很难适应所有不同地区的不同项目。而政府间协议是针对每一个项目签订的，所以在管理上更具有针对性。另外专项资金较容易被挪用，约束力不够强，而政府间协议形式上具有商业契约性质，约束力和效率较高。

（二）生产者是政府部门，提供者是私人部门（表1中B区域）

提供者是私人部门而生产者是政府部门的制度安排，只有一种特例形式，即政府出售服务。例如某一个歌星要开演唱会，为了演唱会的安全，私人部门的组织者可能会向政府出钱购买由警察局提供的安全服务。显然这与政府为居民供水、供电或提供公共交通服务时的收费性质是不同的，因为，在向居民提供水、电、交通服务并收费时，政府扮演的是服务安排者的角色。而在政府出售中，非政府组织是服务的安排者。在这里消费者也并不直接向政府部门付费。

（三）生产者是私人部门，安排者是政府公共部门（表1中的C区域）

这种情况涉及较标准的政府采购等形式：

1. 合同承包。合同承包与政府协议不同，政府协议是政府与政府之间的协议，而合同承包是政府和非政府企业之间签订的关于产品和服务的合同。此时，政府是安排者，而非政府企业是生产者，安排者付费给生产者。萨瓦斯认为在合同承包中政府最理想的角色应当是：公共产品和服务需求的确认者；精明的购买者；对所购买产品和服务有经验的检查者和评估者；公平税赋的有效征收者；谨慎的支出者（适时适量对承包商进行支付）。

由于美国是一个高度市场化的国家，因此，合同承包制度非常普遍。政府使用的大多数有形资产如补给、装备和设备，都是通过合同购买的。即使在敏感的军事装备方面通常也是从私营公司那里获得的。在英国，1988年的《地方政府法》要求，6种基本的市政服务必须经过竞争性招标来安排，包括生活垃圾收集、街道清洁、公共建筑清扫、车辆保养维修、地面维护和饮食服务等。我国在计划经济时期，几乎所有的产品和服务都是由政府提供并生产的。但随着市场经济体制的建立，合同承包逐渐增多，近年已越来越多地通过政府采购的方式来购买所需要的产品和服务。

并不是所有的产品和服务都可以通过承包的方式来提供，采用合同承包方式提供的产品和服务应当符合这样一些条件：第一，通过合同承包方式提供的产品与服务能够清楚地界定出来。也就是说，要提供什么？提供多少？以什么质量提供？这些都应该能作清楚的界定。第二，要存在几个潜在的竞争者。如果只被一家所垄断，承包者便可能一味向政府要高价。第三，政府能够监测承包商的工作绩效。如果在信息不对称的情况下，政府不能有效监测到承包商的工作绩效，承包商便很有可能故意降低效率抬高价格，导致总成本上升。第四，承包的条件和具体要求在合同文本中能作出明确规定并能够保证落实。

合同承包与合同租赁的区别在于：合同承包者不能将政府的资产或设施用于自己的其他业务，而只能代表政府从事经营并从政府获得相应的报酬，而租赁者却可以将所租赁来的设备用于自己所有的业务当中，并不受限制。

2. 特许经营。特许经营是指政府将垄断性特权给予某一私营企业，让它在特定的领域里和规定的时间段内提供特定服务，通常是在政府机构的价格管制下进行。在特许经营的制度安排中，政府是安排者，私人组织是生产者。这里，与商业领域的特许经营有所不同，商业领域里的特许经营大多只是指技术与品牌的特许。特许经营与政府颁发的食品、烟酒、医疗等经营许可证也不同，在许可证安排中，政府和许可证获得者之间的关系较为简单，主要是资质认定和特别监管。与合同承包不同的是，特许经营制度安排下，是消费者向生产者付费，而合同承包的制度安排是安排者向生产者付费。由此可知，特许经营的制度安排特别适合那些可直接收费产品与服务的提供。目前，在我国已经有越来越多的城市采用特许经营的方式来为城市居民提供公共产品与服务，如自来水、垃圾处理、桥梁和城市间的高速公路等。

3. 补助。政府可以通过补助的制度安排来促使私人部门为公众提供准公共产品与服务。其方式有资金补助、免税或税收优惠、低息贷款、贷款担保等。通过对生产者的补助，降低了产品或服务的价格，有效控制了风险，可以使更多的公众有支付能力在市场上购买那些接受政府补助的生产者生产出来的产品或服务。如果没有政府补助，这些消费者便可能无力购买这些产品或服务。在补助这种制度安排下，生产者是私人企业或非营利机构，政府和消费者共同向生产者付费，在政府方面的具体形式，既可以是政府选择特定的生产者提供补助，也可以是消费者使用政府配发的补贴券选择特定的生产者购买其产品。

（四）生产者和安排者均是私人部门（表1中的D区域）

这种情况大致有如下两类特例：

1. 志愿服务。志愿服务是指通过志愿者的劳动或支付向那些需要帮助的人提供公共产品与服务。志愿者扮演了服务的安排者角色（往往也伴随着政府的引导和表彰）。他们可以自己直接提供服务，也可以通过雇用和付费给私人企业来提供服务。如我国的希望小学，就是通过志愿服务的制度提供的。志愿提供是对政府直接提供不足的一种补充。形成一个志愿组织，必须具备这样一些基本的条件：对该服务的需求明确且较持久；有足够的人乐于花费时间和金钱去满足这种需要；团体所拥有的技术和资源允许提供这一服务；对参与志愿服务者能够提供精神上的满足和激励。

2. 自我服务。在自我服务的制度安排中，"养儿防老"式的保障功能是一个例子。资料显示，即使在美国，每8个就业人员中大约有1个直接照顾老年父母。在日本，60岁以上的老人中有70%的人和年轻的亲属住在一起。在我国，以往大多数的老人都是和自己的子女在一起生活，上敬老院或单独生活的较少。

三、我国农村公共产品和服务的现状、问题和提供机制的选择

（一）我国农村公共产品提供机制的现状与问题

1. 供给主体单一。我国农村公共产品的供给中，政府是当然的供给主体，但由于受到财政资金的约束及过去"城乡分治"格局的影响，使得政府对农村提供的公共产品严重不足。近年民营资本有所发展之后，仍缺乏进入农村公共产品供给的有效渠道，很难形成可操作的PPP（公私部门合作）方案。

2. 农村公共产品供给决策机制的"自上而下"特点。我国农村公共产品的决策机制通常是"自上而下"的方式，即通过行政命令来推动农村公共产品的供给。这种决策机制容易导致农村居民对公共产品需求与政府供给间的偏差甚至是结构上的严重失调。

3. 基层政府的财权与事权不呼应。在现行的农村公共产品供给机制当中，基层政府的财权与事权的不呼应主要表现为广义税基（含税收与收费）未能形成清晰、合理的层级配置，也未形成有力、有效的转移支付制度。基层承担着一系列公共职能，却没有稳定的财源支撑。县乡财政受收入的限制，无法完成相应的事权。

4. 基层、社区公共资源筹集和使用的不规范。现基层有一事一议的制度形式，是指乡镇政府或村组织可以就开办某项公共事业或举办某项工程经过商议而向本辖区居民筹集摊派费用。在一事一议的制度下，相当于农村基层社区的某些一次性公共事务项目，有了一种公共选择机制。现实生活中，这种机制的规范性往往得不到保证而发生扭曲，基层政府因各种上级任务、布置和各项达标、升级活动等而产生的供给成本可以通过向农民集资、摊派和收费的形式取得。由于政府部门追求的目标与农民的需求并非总是一致的，或农民的不同意愿难以妥协，所以会出现议而不决、决而难行的问题，走形式主义过场的问题，或以筹集资金为目的，向农民提供各项低质量甚至是虚假的（空口许诺的）公共产品的不良现象。这种对公共资源筹集和使用的不规范性，常常又会挫伤农村居民为提供真正急需公共产品而筹资的积极性。

5. 总体投资不足和资金使用效率不高。目前我国农村公共产品投资不足主要表现为两个方面：一是关系农村居民基本生活的公共产品不足。二是关系农村生产的公共产品不足。历史上的原因是受我国二元经济和"城乡分治"的影响，对城市的公共产品投入较多而对农村的公共产品投入较少；改革开放以来在制度上也还没有来得及有效构建私人企业或组织提供农村公共产品的激励机制。同时，在总体投入不足的情况下，资金使用的效率不高，表现为较普遍的"撒胡椒面"式的安慰性分散投入的实效较差，以及农村公共设施有建设无维护的问题等。

6. "过剩"与不足共存。农村公共产品供应不足是个不争的事实，可为什么还说存在"过剩"呢？这主要是表现为一些公共产品由上级政府或地方政府决策者根据"考核指标"、"任期政绩"来安排，是一些所谓超标准、大而无当的"面子工程"、"形象工程"、"政绩工程"、"纪念碑工程"。另外，地方政府往往热衷于一些见效快、易出政绩的短期公共项目，而不愿意下功夫去做一些见效慢、期限长的项目，热衷于投资新建公共项目，而不愿意投资维修存量公共项目；热衷于投资看得见、摸得着的"硬件"公共产品，而不愿意投资科技服务、信息系统等"软件"公共产品；重视可收费公共产品的提供，轻视纯公共产品的提供。

7. 政府越位与缺位并存。市场经济环境下，即使是对农村公共产品的提供，其原则也应是政府公共部门首先负责对那些纯公共产品的提供，而对于准公共产品，应当尽可能地通过市场化的方式让非政府的企业组织来生产或参与生产。如果能够通过市场化方式提供，却仍由政府本身直接提供，这形成政府越位。相反，对于本来应当由政府来提供的纯公共产品，而政府没有提供，这就叫政府缺位。无论是越位或者缺位，都不能使社会资源趋向帕累托最优配置。现实当中，我国政府部门表现出热衷于投资那些可收费的准公共产品，而具有非排他性和非竞争性的纯公共产品往往得不到应有的重视。一般来说，对于可收费的准公共产品和服务，可以在政府的监管下通过非政府的主体来生产，政府公共部门没有必要一定自己来生产。也就是说，政府公共部门不应当越位"与民争利"，而应当回到本该属于自己的位置上来。

（二）农村公共产品与服务提供机制（制度安排）的选择

农村公共产品与服务的内容有许多方面，在这里试以农村公路建设及维护、农村自来水设施、农田水利设施、农村电力供应、农村基础教育、农村通讯、农村医疗卫生等7种较为常见的公共产品与服务为例，来讨论它们应有的提供机制和制度安排。

1. 农村公路建设及维护。对于农村公路而言，只有少数干道可能成为一种可收费产品，现实生活当中我们不应当也不可能对每条道路都设立收费站收费。一般的农村公路只能作为纯公共产品来提供。提供纯公共产品的具体制度安排的可选择形式有：政府服务、政府间协议、合同承包、志愿服务等方式（见表2）。政府服务是当地政府直接负责农村公路的建设与维护，政府间协议主要是中央政府或高端政府通过与地方政府或低端政府签订协议的方式来为农村落实这种公共产品的提供。合同承包是指根据政府安排，选择私人部门的厂商来生产这种公共产品。在农村道路建设和维护中，也会有一些公益捐助和当地的居民自己出资出劳修建的情况，其实这就是志愿服务与自我服务的方式。

农村道路的建设与维护，除了志愿服务外，都应当由政府安排并且出资，政府可以参与建设，也可以通过合同承包的方式让私人部门建设并维护。

表2　　　　　　　　　　　　农村道路的制度安排

		安排者	
		公共部门	私人部门
生产者	公共部门	政府服务、政府间协议	
	私人部门	合同承包	志愿服务、自我服务

2. 农村自来水设施。农村自来水设施是一种带有自然垄断属性的公共设施，但是，其所提供的自来水却是一种形式上非常接近私人产品的准公共产品。对于这种近乎私人产品的公共产品，在制度安排上，可以采用政府服务、政府间协议、合同承包、特许经营、补助、志愿服务和自我服务等（见表3）。可以根据不同地区的经济发展水平和具体条件，采取不同的制度安排形式。如在西部经济欠发达且又缺乏水资源地区，可以更多地采用政府服务、政府间协议等形式的制度安排来提供自来水。对于经济较发达且水资源较丰富地区，可以采取特许经营、合同承包、补助、志愿服务、自我服务等。对于经济欠发达、但水资源较丰富地区，应当鼓励补助和自我服务的形式。

表3　　　　　　　　　　　农村自来水设施的制度安排

		安排者	
		公共部门	私人部门
生产者	公共部门	政府服务、政府间协议	
	私人部门	合同承包、特许经营、补助	志愿服务、自我服务

3. 农田水利设施。农田水利设施是一种具有较强垄断性的基础设施，它所提供的产品与服务会给使用者带来相应的收益，是可收费的公共产品。对于农田水利设施的提供，可以选择的制度安排有政府服务、政府间协议、合同承包、特许经营、志愿服务、自我服务等形式（见表4）。政府可以重点提供一些大型的水利设施，也可以通过合同承包的形式（包括 BOT、TOT 等）让私人部门来建设经营管理。对于一些小型的水利设施可以通过市场行为来提供，或通过志愿者服务和自我服务的形式来提供。例如：在农村与灌渠相配套，经常会有人买小型抽水机，供他人使用，对使用者按时间收取使用费，也有人自己买设备只供自己使用。

表4　　　　　　　　　　　农田水利设施的制度安排

		安排者	
		公共部门	私人部门
生产者	公共部门	政府服务、政府间协议	
	私人部门	合同承包、特许经营	志愿服务、自我服务、市场行为

4. 农村电力供应。农村电力像自来水一样是一种可收费公共产品，其提供的制度安排方式有政府服务、政府间协议、特许经营、合同承包、自我服务等（见表5）。由于一般电网电力供应的高度垄断性，决定了它的供应应当以政府安排为主，私人部门安排作为补充。在政府安排下，也可以适当采用市场化的提供方式，运用特许经营、合同承包等形式。电力市场垄断竞争的改革演变要求在制度安排上应以政府安排、私人生产作为未来农村电力的主要提供方式，同时农网的高度自然垄断性特征决定了输变电的政府服务定位。至于不入农网的分散、小型发电设施的提供（如小型燃油或风力发电机组供电）可以采取补助、志愿服务、自我服务形式。

表5　　　　　　　　　　　农村电力供应的制度安排

		安排者	
		公共部门	私人部门
生产者	公共部门	政府服务、政府间协议	
	私人部门	特许经营、合同承包、补助	志愿服务 自我服务

5. 农村基础教育。在农村基础教育提供方面，可供选择的制度安排有：政府服务、政府出售、政府间协议、合同承包、补助、志愿服务、自我服务（见表6）。传统的公立学校就是由政府提供的教育服务。现在的择校入学方式（一个学生不在本区上学，而到居住地之外的另一个公立学校上学，并由父母向学校支付一定的费用），这种形式就属于政府出售。政府间协议这种安排我国现通常表现为上级对下级专项安排与命令形式的办学。合同承包通常表现为让一些培训机构为农村培训专业技术人才。志愿服务的安排在我国表现为两种方式：一种形式是"希望工程"学校；另一种是一些志愿者到贫困地区支教。补助是指私立学校因接收每个入学学生而接受一定量的政府补助（不排除"补贴券"形式的试验）。自我服务的方式就是让子女在家中接受家庭教育（这是万不得已情况下的特例）。

表6　　　　　　　　　　农村基础教育的制度安排

		安排者	
		公共部门	私人部门
生产者	公共部门	政府服务、政府出售、专项	
	私人部门	合同承包、补助（含补贴券）	志愿服务、自我服务、私立学校

6. 农村通讯服务。农村通讯是一种典型的仅具有非竞争性，但不具有非排他性的准公共产品，其提供的制度安排可以采用的方式有政府服务、政府间协议、合同承包、志愿服务等（见表7）。对于农村通讯服务的提供应当采用多样化的制度安排方式。城镇区域通讯的市场化调节制度安排之所以在农村不能奏效的主要原因，是由于农村居民不像城镇居民那样集中，加上地理环境的特殊，使得成本很大、无利可图，因此自由市场提供的机制失灵。为了增加农村通讯服务的数量与质量，必须加强政府服务、政府间协议的制度安排，特别是对一些落后偏僻山区，如果没有政府服务的安排方式，很难解决农村居民的通讯问题。为了提高政府服务的效果，还可酌情增加政府安排私人生产的制度安排方式，如补助、特许经营、合同承包等。

表7　　　　　　　　　　农村通讯的制度安排

		安排者	
		公共部门	私人部门
生产者	公共部门	政府服务、政府间协议	
	私人部门	合同承包、补助、特许经营	志愿服务（资助）

7. 农村医疗和卫生。农村医疗和卫生的制度安排有政府服务、政府间协议、合同承包、补助、志愿服务、自我服务等形式（见表8）。由政府服务制度安排的公费医疗医院，农村医疗方面一般还没有。合同承包主要是指在政府服务制度支持的公立医疗机构中，通过承包方式为医院提供辅助、配套性的其他相关服务，如医院雇用企业提供餐饮服务等。如果通过补助安排方式为农村提供医疗服务，也可能是较为有效的方式，即政府对私人医院、诊所或非营利医疗机构的补助。在我国城市居民中，已经出现了补贴券方式的医疗服务制度安排，而在农村也可酌情试验这种形式。志愿者服务的方式表现为义诊或各种慈善机构捐款购买的医疗服务。自我服务则是农村医生为自己家庭成员提供医疗服务。

表 8　　　　　　　　　　农村医疗和卫生的制度安排

		安排者	
		公共部门	私人部门
生产者	公共部门	政府服务、政府间协议	
	私人部门	合同承包、补助（含补贴券）	志愿服务、自我服务

四、结论及政策建议

我国农村公共产品与服务长期存在着供给不足的问题，其原因一方面是由于财政投资不足，另一方面是在供给机制上也存在着问题。在新农村建设开局之后，政府将基础设施的重点从城市转向农村，这就要求选择合理的供给机制以高效、尽快地使农村公共产品的需求得到满足。如果仅仅依靠增加投资，而缺乏相应的供给机制创新，要想满足农村对公共产品与服务需求，会遇到严重的能力制约与管理水平制约。

因此，我们建议在对农村提供公共产品与服务时，应当打开思路，根据公共产品与服务的特征来合理选择适当的供应机制。基本建议是：

1. 提供农村公共产品与服务的主要安排者是政府而非私人部门，但是政府并非一定是公共产品与服务的生产者。政府应当从那些没有必要成为生产者角色的领域退出来。

2. 应以多种方式积极引导私人部门参与生产农村公共产品与服务，政府要不断探索和发展完善在我国鼓励引导私人部门为农村提供公共产品与服务的激励机制和政策手段。

3. 要充分发挥政府间协议供应机制的潜力。政府间协议可以让财权事权在专项上建立有机的联系，从而解决一些公共产品提供上财权事权不呼应的问题。以政府间协议和专项资金相结合的方式来满足农村公共产品与服务的需求，值得积极试验。

4. 合同承包、特许经营、政府补助等新制度方案，可以选择一些地方试点，积累经验后再行推广。

主要参考文献

[1] Oliver E. Williamson, "Transaction-Cost Economics: The Governance of Contractual Relations," Journal of Law and Economics 22, no. 2 (1979): 233 – 261.

[2] Vincent Ostrom, Charles Tiebout, and Robert Warren, "The Organization of Metropolitan Areas: A Theoretical Inquiry," American Political Science Review 55, no. 4 (1961): 831 – 842.

[3] ［美］E. S. 萨瓦斯著，周志忍等译：《民营化与公私部门的伙伴关系》，中国人民大学出

版社 2002 年版。

[4] Peter Young, "Privatization Experience in Britain," in Privatization for New York: Competing for a Better future, Report of the New York State Senate Advisory Commission on Privatization, ed. E. S. Savas (Albany, NY: 1992), 288–304.

[5] 苏晓艳、范兆斌：《我国农村公共产品供给的制度困境及对策选择》，载于《软科学》2005 年第 2 期。

[6] 盛荣：《村级治理与村庄公共产品供给机制研究》，2006 年。

[7] 官永彬《农村公共产品供给制度：现状、形成机理与目标模式选择》，载于《农村观察》2005 年第 1 期。

[8] 贾康、孙洁：《社会主义新农村基础设施建设中应积极探索新管理模式—PPP》，载于财政部财政科学研究所《研究报告》2006 年第 22 期。

公私合作伙伴机制：城镇化投融资的模式创新

■ 导读

　　党的十八大提出新型城镇化发展战略，而实现新型城镇化的一个重要问题之一就是如何取得城镇化建设中的资金。如果仅仅按传统融资模式依靠财政资金很难完成这一艰巨任务。本文提出通过公私合作的方式解决城镇化过程的资金难题。第一，全面介绍了公私合作内涵；第二，阐述了城镇化过程中仅仅依靠财政资金的局限性；第三，简要说明了目前我国采用公私合作管理模式中存在的问题；第四，结合已有做法，提出了采用公私合作的具体形式；第五，给出了成功采用公私合作的相关政策建议。

经济学中有个重要的"纳瑟姆"曲线，它表明当城镇化水平达到30%而继续上升至70%的区间，是城镇化率上升最快的发展阶段。进入21世纪以来，我国的城镇化发展较快，城镇化率每年以约1个百分点的速度增长，2010年达到47%。显然，目前我国的城市化水平正处于这个快速发展阶段。从国际经验看，此阶段的一个突出特征就是需要大量的资金投入，我国也正面临着这样的问题需要解决，仅依靠政府的财政收入远远不够。合理解决这个阶段的资金投入问题，是保持城镇化健康发展的客观必要条件。本文为有效解决这个问题，将从五个方面进行阐述：第一弄清公私合作伙伴的内涵；第二是厘清基础设施资金需求的特点与方式；第三是发现当前公私合作伙伴中存在的问题与不足；第四是提出适合我国城镇化建设的公私合作（PPP）的投融资模式；第五给出成功采用公私合作模式的政策建议。

一、公私合作伙伴（PPP）的内涵

（一）公私合作伙伴的概念

关于PPP的概念目前还没有一个公认的定义，不同的人从不同的角度会有不同理解。英文Public Private Partnerships（简称PPP）也有多种译法，如公私伙伴关系、公私合作伙伴模式、公共/私人合作关系、公私机构的伙伴合作、官方/民间的合作、民间开放公共服务、公共民营合作制等。

我们根据人们对PPP的认识，并结合公私合作伙伴作为一个管理模式的特点，就PPP及其管理模式做出这样一个定义：所谓PPP，是指政府公共部门与民营部门合作过程中，让非公共部门所掌握的资源参与提供公共产品和服务，从而实现政府公共部门的职能并同时也为民营部门带来利益。其管理模式包含与此相符的诸多具体形式。通过这种合作和管理过程，可以在不排除、并适当满足私人部门的投资营利目标的同时，为社会更有效率地提供公共产品和服务，使有限的资源发挥更大的作用。我们知道，政府应当为社会公众提供公共产品和服务，但大量准公共产品与服务的提供过程，并不必然排斥私人部门的参与，相反，存在私人部门加入其内的弹性空间，而且还可能带来一系列正面效应。如果让私人部门做这些事情，理所当然要经过政府公共部门的同意或许可；同时，为了确保私人部门提供公共产品的质和量，私人部门必然要接受政府部门的监督。政府公共部门为了能够让私人部门合理参与，也必然要为其设置相应的条件，如保证其实现一定的利益、帮助其控制相应的风险等，只有这样，私人部门才愿意做过去原本该由政府公共部门做的事情。

一旦民营部门做了公共部门的事情，一定是民营部门与政府公共部门合作的结果，而非相互竞争的结果——虽然在具体的民营企业或机构参与者的确定或挑选过程中，一般应当安排必要的竞争，那只是民营部门做这个事在项目具体落实程序中、环节上的单方面的内部竞争。

PPP 管理模式与融资模式的区别是：（1）融资只是 PPP 的目的之一，并不是全部。PPP 项目中会涉及融资问题，但不仅限于融资问题，政府和公共部门除了利用民营部门的资本以外，大多都还利用了民营部门的生产与管理技术。（2）融资更多是考虑将自己的风险最小化。而 PPP 管理模式中，更多是考虑双方风险而将整体风险最小化。事实证明，追求整个项目风险最小化的管理模式，要比公、私双方各自追求风险最小化更能化解风险。PPP 所带来的"一加一大于二"的机制效应，需要从管理模式创新的层面上理解和总结。（3）与风险控制相对应，融资者考虑的是自己收益最大化，而 PPP 管理模式又加入了社会综合效益最大化的导向。可以说，实现收益最大化是每个融资者都要考虑的问题，但是，作为 PPP 管理模式中的合作双方，又是受到不允许过分追求局部利益的制约的，因为这一模式涉及更多的公众利益。在 PPP 管理框架下，政府为了吸引民间资本进入，减少民营部门的经营风险，会确保其经营具有一定的收益水平，但又不应收益过高，如果收益过高，政府方面也会做出相应控制。

美国管理学家斯蒂芬·P·罗宾斯给管理下的定义是：管理是指同别人一起，或通过别人使活动完成得更有效的过程。[①] 而 PPP 就是公共部门与民营部门一起，使得公共产品和服务的提供更为有效的过程。由此可以看出，应当把 PPP 放在一种管理模式的高度来认识，它其中可以包含其融资模式。

（二）公私合作伙伴的特征

在明确 PPP 的概念之后，我们可以看出：PPP 的运行具有三个重要的特征：伙伴关系、利益共享和风险分担。

1. 伙伴关系：项目目标一致。伙伴关系是 PPP 第一大特征，所有成功实施的 PPP 项目都是建立在伙伴关系之上的。可以说，伙伴关系是 PPP 中最为首要的问题，没有伙伴关系就没有 PPP。政府购买商品和服务，给予授权，征收税费和收取罚款，这些事务的处理并不必然表明合作伙伴关系的真实存在和延续。比如，即使一个政府部门每天都从同一个餐饮企业订购三明治当午餐，这也不能构成一种伙伴关系。PPP 中民营部门与政府公共部门的伙伴关系与其他关系相比，一个显著的独特之处就是项目目标一致。公共部门之所以和民营部门合作并形成伙伴关系，核心问题是在其中存在一个共同的目标：在某个具体项目上，以最少的资源，实现最多的产品或服务。民营部门是以此目标实现自身利益的追求，而公共部门则是以此目标实现公共福利和利益的追求。

形成伙伴关系要落实到项目目标一致之上，但这还是不够的，为了能够保持这种伙伴关系的长久与发展，还需要伙伴之间相互为对方考虑问题，具备另外两个显著特征：利益共享和风险分担。

2. 利益共享。利益共享是 PPP 的第二个特征。在这里需要明确的是，PPP 中公

---

① ［美］斯蒂芬·P·罗宾斯著：《管理学》，中国人民大学出版社 2002 年版，第 6 页。

共部门与民营部门并不是分享利润,而且还需要对民营部门可能的高额利润进行控制,即不允许民营部门在项目执行过程中形成超额利润。其主要原因是,任何PPP项目都是公益性项目,不以利润最大化为目的。如果双方想从中分享利润,其实是很容易的一件事情,只要允许提高价格,就可以使利润大幅度提高。不过,这样做必然会带来社会公众的不满,甚至还可能会引起社会的混乱。既然形式上不能与民营部门分享利润,那么如何与民营部门实际地共享利益呢?共享利益在这里除了指共享PPP的社会成果之外,也包括使作为参与者的私人部门、民营企业或机构取得相对平和、稳定的投资回报。

在此,利益共享显然是伙伴关系的基础之一,如果没有利益共享,同样也不会有可持续的PPP类型的伙伴关系。

3. 风险分担。PPP的第三个特征是风险分担。伙伴关系不仅仅意味着利益共享,同时也意味着风险分担。与市场经济规则兼容的PPP中,利益与风险也有对应性,风险分担是利益共享之外伙伴关系的另一个基础。如果没有风险分担,也不可能形成这种伙伴关系。

无论是市场经济或计划经济、无论是私人部门或公共部门、无论是个人或企业,没有谁会喜欢风险。即使最具冒险精神的冒险家,其实也不会喜欢风险,而是会为了利益千方百计地来避免风险。在PPP中,公共部门与民营部门合理分担风险的这一特征,是其区别于公共部门与民营部门其他交易形式的显著标志。如政府采购过程,之所以还不能称为公私合作伙伴关系,是因为双方在此过程中是让自己尽可能小地承担风险。而在公私伙伴关系(PPP)中,公共部门却是尽可能大地承担自己有优势方面的伴生风险,而让对方承担的风险尽可能小。一个明显的例子就是,在隧道、桥梁、干道建设中,如果因车流量不够而导致民营部门达不到基本的预期收益,这时公共部门可以对其进行现金流量补贴,这种做法可以在"分担"框架下有效控制民营部门因车流量不足而引起的经营风险。与此同时,民营部门实际会按其相对优势承担较多的、甚至全部的具体管理职责,而这个领域,对于公共部门而言,却正是管理层"道德风险"的易发领域,这种风险由此而得以规避。

如果每一种风险都能由最善于应对该风险的合作方承担,那么毫无疑问,整个基础设施建设项目的成本就能最小化。[①] PPP管理模式中,更多是考虑双方风险的最优应对、最佳分担,而将整体风险最小化。事实证明,追求整个项目风险最小化的管理模式,要比公、私双方各自追求风险最小化更能化解准公共产品领域内的风险。所以,我们强调,PPP所带来的"一加一大于二"的机制效应,需要从管理模式创新的层面上理解和总结。

---

① [美] E. S. 萨瓦斯著,周志忍等译:《民营化与公私部门的伙伴关系》,中国人民大学出版社2002年版,第265页。

（三）公私合作伙伴的职能

PPP 是一种新型的管理模式，不仅具备管理的一般职能如计划、组织、领导、控制，还具有其他管理模式所不具备的职能：扩量融资、利用新技术，以及特别值得强调的机制创新的职能。

1. 一般职能：计划、组织、领导和控制。计划包括：定义组织目标；制定全局战略以实现这些目标；开发一个全面的分层计划体系以综合和协调各种活动。① 计划是一种协调的预案和过程，它给管理者和非管理者指明了方向。当所有相关人员了解了组织的目标和为达到目标他们必须做出什么贡献时，他们就能开始协调他们的活动，互相合作，结成团队。如果没有计划，则会走许多弯路，从而使实现目标的过程失去效率。总之，有了计划可以减少重复性和浪费性的活动；在实施之前的协调过程可以发现浪费和冗余，低效率的问题会暴露出来，进一步，当合理化的手段和追求的目标设定清楚时，通过计划可以减小不确定性，使管理者能够预见到行动的结果。

计划可分为正式计划和非正式计划。在 PPP 管理中，通常正式计划是由公共部门和民营部门共同制定并以契约方式认可的，通过计划可以清楚看到公共部门与民营部门的共同目标是什么，也可以清楚看到其后公共部门与民营部门各自的目标是什么。在公私合作过程，每一个时期也都有具体的目标，这些目标被郑重地写下来并使合作双方的全体成员都知道，就是说，让每一个参与管理的人都明确组织想要达到什么目标和怎么实现这些目标。

组织一般由组织结构、组织与职务、人力资源管理、变革与创新的管理等要素组成。组织结构描述组织的框架体系。② 在 PPP 过程中，有时会因特殊的项目而设立新的组织机构，有些项目会以原来的组织机构为基础不再设立的新的组织机构。在新设立的组织机构中，一般会有公共部门和民营部门双方人员共同组成，根据合同要求安排相应的管理职位。

领导包含两个方面的内涵：一个是动词——领导；另一个是名词——领导者。这方面 PPP 也有着不同于一般管理模式的特点，如上海浦东自来水厂采用 PPP 管理模式中，新成立的法国威望迪集团持股 50% 的水务公司，其董事长和总经理是由中方和法方轮流执政（中方人员任董事长时，法方任总经理；法方任董事长时，中方任总经理）。这体现了 PPP 管理模式中，领导职能的特殊作用和创新形式。

控制可以定义为，监视各项活动以保证它们按计划进行并纠正各种重要偏差的过程。③ 一个有效的控制系统可以保证各项行动完成的方向是朝着达到组织目标的。控制系统越是完善，管理者实现组织的目标就越是容易。控制过程一般可分为三个

---

① ［美］斯蒂芬·P·罗宾斯著：《管理学》，中国人民大学出版社 2002 年版，第 150 页。
② ［美］斯蒂芬·P·罗宾斯著：《管理学》，中国人民大学出版社 2002 年版，第 229 页。
③ ［美］斯蒂芬·P·罗宾斯著：《管理学》，中国人民大学出版社 2002 年版，第 476 页。

步骤：第一是衡量实际绩效；第二是将实际绩效与标准进行比较；第三是采取管理行动来纠正偏差或不适当的标准。在 PPP 管理过程，控制职能表现得更为明显，无论是公共部门还是民营部门都在时刻衡量实际绩效。民营部门衡量实际产生的收益（投资回报）如何，而公共部门衡量的是社会公众所产生的反应如何。在第二步，民营部门更多地在考虑实际产生的绩效与以往的其他项目进行比较；而公共部门则将实际取得的绩效与合作前进行比较。第三步是采取相应的管理行动纠正偏差。尽管计划可以制定出来；组织结构可以调整得非常有效；员工的积极性也可能调动起来，但是这仍然不能保证所有的行动都按计划意图执行，不能保证管理者追求的目标一定能达到。因此控制是非常重要的，因为它是管理职能环节中最后的一环。

2. 特殊职能：融资、利用新技术和机制创新。PPP 作为一种新型的管理模式，它不仅仅具备了管理的一般职能，除此之外，它还兼具有融资、利用新技术和机制创新的职能，这是一般管理所不具备的。在 PPP 初起之时，人们就是把 PPP 当做一种融资的形式。随着对 PPP 认识的不断深入，对 PPP 的管理模式概念有必要加以强调并使人们所认知。

融资职能是人们对 PPP 最早的认识，直到现在还有相当多的人认为 PPP 是一种融资模式。PPP 兴起之初，其主要目的也就是为基础设施融资，具体形式较多地表现为公路建设、铁路建设的融资。政府在建设公路、铁路等基础设施时，往往由于资金不足，让民营部门进行投资，民营部门通过收费的形式收回投资。正是这种融资的职能，使得人们对 PPP 有了极大的兴趣和热情，随后这种 PPP 的融资职能被不断地运用到基础设施的各个方面，如自来水提供、污水处理、隧道建设、公共卫生与医疗、基础教育等。政府公共部门在不同的领域，通过民营资本来为社会提供公共产品和服务，可以弥补政府向社会提供公共产品和服务过程中资金的不足。BOT 是众多 PPP 管理具体模式中，融资功能表现最为明显的一个，政府公共部门通常让民营部门利用自己的资金建设基础设施（如高速公路），然后让民营部门经营，并从中获得收益，经过一定的时间再转移给政府部门。政府在此过程中可能不需要投资一分钱，却为社会提供出原来本应该自己提供的基础设施和服务，同时经过一定的时期后，还拥有了该基础设施。由此可见 PPP 融资功能之一斑。

利用新技术包含两个意思：一个是生产方面的技术；另一个是管理方法的技术。之所以说利用新技术是 PPP 管理模式的一个职能，是因为通过 PPP 管理模式在为公共部门提供融资的同时，也为公共部门带来了民营企业、机构基于其活力而开发的新的生产技术和管理技术，从而可能会大大提高公共产品和服务提供的效率和水平，从而在不增加公众税负的基础上，凭借"使用者付费"机制，以私人部门之手，更大限度地满足了社会公众的需要。

机制创新职能，在中国改革开放以来这样的经济社会转轨过程和追求"后来居上"的现代化赶超过程中，具有特别值得重视的意义和作用，甚至可以认为是战略性的特定职能。这一职能的主要指向，是在经济社会生活中促进机制转换、制度创新和资源配置效益提升。机制转换包含两层意思，一是公共部门由传统的计划向市场转换；二是私人部门由市场逐利向计划靠拢。这种"双转换"可以形成一种新型的激励机制,进而达到制度创新的推进、改革的深化和资源配置效益的提升。我们知道,PPP 本质是公私合作,合作的结果便是邓小平所明确指出并加以肯定的计划与市场在运行机制层面的结合,从而形成了优于计划和市场单独作用的新型管理体制和运行机制。计划往往更注重平均,从而损失了效率,而市场通常更注重效率,从而损失了均平,PPP 管理模式注重的是均平、公平与效率的有机结合,在尽可能小地损失效率的情况下实现社会发展中的公平,同时在尽可能小地损失公平的情况下提高经济资源特别是公共部门资源的使用效益和综合效率。机制创新的职能,也突出了 PPP 管理模式的后发优势并打开了其发挥潜力的空间,它可以有效避免前人所走的单独用计划手段和公立机制提供公共产品或服务的低效弯路,同时克服市场经济下容易出现的公共投入激励机制不足和私人部门的冷漠与"袖手旁观",为公共产品和服务的提供、公共基础设施建设和其支撑的社会"又好又快"发展,提供带有明显"后发优势"特征的创新机制,进而加快中国作为新兴市场经济国家的现代化"赶超"进程。

二、城镇化中资金的需求及当前融资渠道的局限性

(一) 城镇化中的资金需求

城镇化进程中,需要大量投入以形成有效供给的领域主要有三个方面:一是基础设施;二是公用事业;三是公共服务。

1. 基础设施。城镇化必然需要大量的基础设施建设资金投入。如市内道路、公交线路(机动车线路和地铁、轻轨线路等)、交通干道设施、地下地面各类管道、桥梁、隧道等。城镇基础设施有以下几个特点:

(1) 资金需求量大,依靠有限的财政资金和银行贷款难以满足。以城镇化进程中的城市开发区建设为例,开发区基本上是从郊区荒地或转换的农田起步,生产和生活基础设施都要从头开始建设,需要大量资金支持,仅依靠财政资金和银行贷款往往仍会出现巨大资金缺口,影响建设进程。

(2) 资金支持周期长,基础设施项目建设周期相对较长(有的长达 10 年或 20 年以上)。相对比,商业银行很难支持这样长期的贷款,因为时间周期长的项目相对风险也大。

(3) 经济收益有限,有些本身根本没有收益。城镇基础设施项目的自身经济收益一般非常有限或完全无收益,如城镇内道路、涵洞、管线等根本不能向使用者收取费用,隧道、桥梁或轨道交通项目其收费也受制于多种因素,往往不足以通过收费收回投资。

2. 公用事业。城市公用事业是城市生产经营、居民日常生活所不可缺少的基本条件。主要有环境卫生、安全;公共旅客运输;自来水、电力、煤气、热力的生产、

分配和供应；污水、雨水排放；文化体育场所、娱乐场所、公园；房屋修缮、邮政通讯等。公用事业具有以下特点：

（1）生活中必不可少而投资可观。一个城市是否适合人类居住，要看这个城市的公用事业水平。公用事业水平高的城市，会给生活在这个城市的人们提供优美的环境、安全的空间、良好的文化娱乐场所、便利的各种生活条件等。当然这些都需要为数可观的投资。

（2）涉及每个人的利益，并可构建一定的"使用者付费"机制。由于公用事业涉及每一个人的切身利益并大多具有消费的"排他性"，因此，可以适当通过使用者付费方式收回全部成本或部分成本。例如公交、自来水、电力、煤气及热力供应等。但对于排水、防洪、消防等则一般不可能通过收费来解决。

（3）公用事业价格具有垄断性和地域性。受资源、自然垄断、规模经济效益以及政府对社会发展规划要求等因素的制约，公用事业在经营上不太可能形成充分竞争，从而具有一定的垄断性。市场对价格的影响有限，企业和居民形式上是被动地接受价格。公用事业一般都是在当地生产、销售和消费。由于各地影响公用事业价格的因素有很大差异，公用事业的成本和价格在各地区之间也往往有较大差别，体现着较强的地域性。

3. 公共服务。公共服务包含内容较多，基本公共服务主要有三个方面：一是保障人类基本生存权的基本就业服务、基本养老、基本住房保障；二是满足基本发展权需要的义务教育和文化服务；三是满足基本健康需要的公共卫生、基本医疗保障。基本公共服务的特点：首先是基础性。是指那些对人的生存发展有着前提条件意义、人所必需的公共服务。其次是广泛性。是指那些会影响到全社会每一个家庭和个人的公共服务。总体而言公共服务的提供主体应当是政府，其他社会组织可以作为政府提供不足时的补充。公共服务也必然需要大量的资金支持才能得以顺利提供。

（二）目前投融资渠道的局限性

我国各地加快推进城镇化过程中普遍面临着融资难题，"土地财政"问题饱受社会公众广泛关注和批评、地方投融资平台快速形成巨量的地方政府债务。

1. 土地财政存在的问题。土地财政是指一些地方政府过多依靠出让土地使用权的收入来维持地方财政支出。在我国城镇化进程中，土地财政发挥重要、积极的作用，但是，近年其弊端也越来越明显、突出。

土地是有限的最稀缺资源，仅依靠一次性的土地批租收入不具有可持续性，并助长了地方政府"政绩"激励下的短期行为。从国际经验看，没有哪个国家的城镇化进程可以是长期依赖土地批租筹资，我国部分地区也已表现出"难以为继"的局面。

2. 融资平台存在的问题。

（1）融资规模快速增长，形成巨量隐性政府债务的风险。地方政府融资平台在应对这轮金融危机过程中，迅速达到了举债数万亿元的规模。融资平台贷款虽然名义上是公司贷款，实际上就是地方政府隐性负债，而且，未来能否顺利通过专项收入、税收、一般财政收入偿还融资平台债务，还存在制度风险。

（2）融资主体的设立与运作不规范，公司治理结构不合理。融资平台公司设立条件不严格、其运行也缺乏有效约束，同时，地方政府建融资平台的层级也在逐步下移，省、市、县级都设立了自己的融资平台，甚至乡镇也设立融资平台。事前审批、事中操作和事后监督没有形成一套统一、规范的制约。管理人员相当部分由原政府官员担任，缺乏必要的市场经营和企业管理经验及风险防范常识，因此在融资过程中较易发生决策失误。

（3）融资平台缺乏外在的约束机制。由于地方政府融资平台可融资的金额没有明确的约束，一些地方政府出于各种目的，极力扩大融资量，甚至不考虑自身还款能力，导致融资规模巨大，超过政府实际承受能力。同时，信息披露不充分，系统风险大。当由于货币政策导致银行可运用资金紧张或受资本金充足率约束的贷款规模不足的情况下，政府融资的稳定性将受到影响。

3. 地方债存在的问题。在应对这一轮金融危机过程中，我国已经在实践中尝试地方债的发行。2009年首次有2000亿元由中央财政代地方政府发行，地方政府纳入预算使用，也可作为融资平台的资本金。虽然这一安排已延续三年，但仍然存在两个方面问题：一是没有从基本框架上解决地方政府发行公债和市政债券问题；二是规模较小，与地方融资需求相比近乎杯水车薪。

三、当前我国开展 PPP 存在的问题

我国早在20世纪末就有通过PPP模式建设基础设施的项目，至目前已经在多个领域采用了该模式。虽然通过PPP模式解决了基础设施和市政建设在融资方面的问题，取得了成效，但存在的问题也是非常突出的，主要有以下几个方面：

（一）没有完善的法律体系

从目前我国关于PPP的相关法规情况看，主要来自于国务院及各部门根据国务院制订的管理办法，同时，各地也根据各地情况制定有相应的管理办法。由于PPP项目的复杂性及长期性，这些办法虽然对PPP项目的实施有一定的帮助，但仍然不足以支持PPP项目的长期和可持续的发展。

（二）缺乏专门管理机构

从管理机构看，当前还没有一个部门对PPP项目实施管理，这些项目也是由各部门自己管理，由于PPP项目更多涉及财政资金的未来支出，有必要由一个部门来

单独管理 PPP 项目的实施,以防未来财政风险的无限扩大。

(三) 风险转移的目标没有充分实现

我国开展的 PPP 项目,很多经营性项目都有财政补贴,虽然名义上是采用了 PPP 模式,但并没有将经营风险完全转移,让民营部门(私人部门)承担,政府在许多项目中负责"兜底",实质上承担了最终的风险。

(四) 项目运营周期较短

当前我国实施的一些 PPP 项目(如 BT 项目)运营期通常只有 3~5 年,不仅没有解决政府财政融资问题,相反被私营部门增加了一部分成本,例如一些地方通过 PPP 建设的城市环线,通常建成之后政府付费 40%,接下来连续两年每年再付 30%。由于企业融资成本一般会高于政府融资成本,所以,这样不仅没有发挥财政资金的杠杆作用,最终还会成为政府一个重要的债务来源。这与采用 PPP 的初衷是不一致的。

(五) 项目多集中在用户付费项目

PPP 的核心理念之一就是解决财政资金困难问题,在用户付费项目中,完全可能通过使用者付费来解决问题,这类项目完全可以通过市场化方式解决。例如污水处理、保障性住房中的公共租赁房等项目完全可以通过向使用者收费解决项目前期投资,无须政府投资。

(六) 财政部门监督和约束力弱

我国 PPP 项目一般由各部门安排,与财政没有必然联系,在需要融资时还要求财政部门出"安慰函"。这与国际货币基金组织强调在 PPP 项目中财政部门有一票否决权是不一致的。

总之,如果我们不对当前使用的 PPP 模式及时规范、加强监督和有效控制,必然会给地方政府带来更严重的债务危机。

四、城镇化投融资中如何选择公私合作的形式

从国际经验看,城镇化进程中三个方面的投资都经历过政府投资到私人投资再到目前被发达或发展中国家广泛采用的公私合作的模式投资。由于基础设施、公用

事业、公共服务三个方面都是准公共产品的提供，无论政府投资或是私人投资提供，都存在严重不足或缺陷，实践证明较为理想的模式是公私合作的模式。因此，公私合作在城镇化进程中的应用我们也可以分为三个方面：一是在基础设施建设方面，二是在公用事业方面，三是在公共服务的提供方面。

（一）基础设施

城镇化进程中基础设施建设需要资金数量最大，需政府采用多种途径为其融资，当然不排除采用公私合作的方式。可是在单纯以融资为目的的情况下，易导致一些项目失败。我们更强调形成PPP的管理运作模式，其中涵盖融资机制。实现这种公私合作管理模式有三个关键因素：一是伙伴关系，二是风险分担，三是利益共享，这里的利益不仅仅指利润收益，而是包括社会效益在内的各种因素综合的效果，包括体现企业的社会价值和社会责任形象。

就基础设施而言，选择公私合作管理模式应根据基础设施的不同形态来确定：

1. 已有基础设施。已有的基础设施，政府可以通过出售、租赁、运营和维护合同承包等形式与民营企业合作，由政府向民营企业发放特许经营权证，由民营企业进行经营管理。民营企业可以直接向使用者收费，也可以通过政府向使用者收费。如果民营部门通过购买或租赁的形式获得基础设施的使用权，就可以按照与政府的特许经营合约，自己向用户收费。如果民营企业对政府拥有的基础设施进行经营和维护，那么可以由政府向民营企业支付一定的费用。通过出售、租赁、运营、维护的合同承包等形式的合作，可以提高基础设施的使用与运营效率。在出售和租赁的形式中，还可以为政府置换和融通资金，从而支持和从事新的基础设施建设。

2. 扩建和改造现有基础设施。这方面，政府可以通过租赁—建设—经营（LBO）、购买—建设—经营（BBO）、外围建设等形式与民营企业合作。政府向民营企业发放特许经营权证，由民营企业对原有的基础设施进行升级改造，并对升级改造后的基础设施经营管理。经营者按特许权合约规定向使用者收费，并向政府缴纳一定的特许费。通过这种形式，可以加快提升基础设施的功能和加快基础设施升级、改造的速度。在提升原有基础设施功能的同时，也可为政府新建其他基础设施筹集一定的资金。

3. 新建基础设施。对于新建的基础设施，政府可以采用建设—转让—经营（BTO）、建设—经营—转让（BOT）、建设—拥有—经营（BOO）等形式与民营企业合作。建设—转让—经营是指由民营企业对基础设施进行建设完成后，转交给政府部门，然后再由民营部门进行经营管理。这种形式有利于提高基础设施建设的效率和质量，也可以提高经营管理的效率。在民营企业对基础设施经营管理期间，所有权属于政府。民营企业以租赁的形式获得经营权，同时也可以把建设时所使用的资金作为租金，从而获得优先租赁权。建设—经营—转让是指由民营企业对基础设施进行建设，建成后由民营企业进行经营管理，按照特许经营的合约时间，经营到期后转交给政府。在经营管理期间，基础设施的所有权属于政府，但是，不需要向政府缴纳使用费,只是在经营到期后,无偿交还政府。在交给政府之前,必须保证基础设施的完整性、正常功能等。建设—拥有—经营是指由民营企业建设基础设施,建设完成后,民营企业获得基础设施的所有权,同时获得基础设施的"永久性"经营权。当然这里的"永久性"经营权是个相对概念,是在特许权下面的"永久性"经营。这三种合作的形式主要目的是为新建基础设施融入民间资本,同时提高资金的使用效率和提高基础设施的建设质量。

(二)公用事业

公用事业领域采用公私合作模式与基础设施领域有类似之处,特别是在污水处理、自来水、煤气、电力和热力供应等方面,采用公私合作的项目,一般可通过使用者付费和政府补贴相结合的方式使投资者能够收回投资并得到合理的投资回报。

(三)公共服务

由于政府提供公共服务的传统模式会产生提供不足与低效,所以有必要引入私人提供。我国在教育、卫生、养老等领域都已出现私人提供公共服务的案例,同时由于公共服务的公共性,也必然离不开政府的支持,私人提供只是政府提供不足的补充,但是这种补充总体而言极为有限,为最大限度满足人们对公共服务的需求,更为理想的模式是通过公私合作的模式来提供。具体来说,主要就是要通过政府购买服务的方式来实现。政府购买服务的要点是:政府公共部门确定所需服务的数量和质量,具体服务由私人部门提供,提供价格可通过公开招标价格听证会或双方议价等方式形成。当前保障性住房中的廉租房也可以通过这种方式来提供。例如:由私人部门提供廉租房,政府组织符合条件的人居住,房租由政府统一支付私人支付不足的部分。当然这需要由有专业资质的住房出租公司来经营。

(四)公私合作的基本结构

如图1所示,PPP的核心是特殊目的的载体公司(SPV),在SPV的上面是项目单位,在这里就是政府公共部门;在SPV左面是组成SPV的股东,主要由基金、金融机构、建筑商、投资机构、政府公共部门等组成;SPV的下面是项目的各执行单位,主要由设计公司、建筑公司、金融机构、运营公司和维护公司等;SPV的右面是各类金融机构,主要为SPV提供不同类型的资金支持。

公私合作(PPP)管理模式在我国未来城镇化进程中将会发挥越来越重要的作用,未来社会的发展也会越来越多地依赖公私合作管理模式为社会提供公共产品和公共服务。需再次强调,如果仅仅限于通过公私合作进行融资的话,可能会囿于种种制约条件导致项目失败,我们更应该强调公私合作的管理功能,通过公私合作的

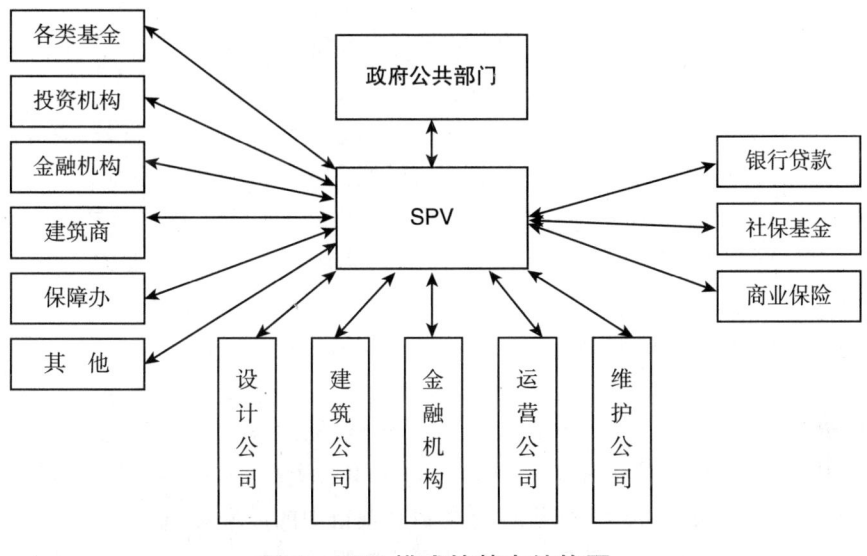

图 1　PPP 模式的基本结构图

管理模式涵盖其融资机制，促进城镇化进程中的基础设施、公用事业和公共服务更加及时、高效的提供与运营，进而充分调动社会资金、民间资本的潜力，推动我国城镇化进程的快速、健康发展。

五、成功采用公私合作模式的政策建议

（一）完善法制体系

我国目前采用的是部委发"通知"，指定"政策"的方式来规范，其法律效力较低，而 PPP 的特殊性决定了要对项目公司、招投标和税收优惠等问题做出特别的法律规定，这就意味着 PPP 立法与一般法规必然存在一些冲突。国务院各主管部门在各自管理范围内做出的规定，只能适用于一部分行业，且都是从自身管理角度出发，法规文件各自为政，很多时候不能相互衔接，缺乏全局性和系统性。我们则需要通过立法方式来保证在 PPP 项目中的各方利益不受损害，特别是公众利益。同时通过立法，明确 PPP 应用的领域与方式。PPP 项目的法律关系较为复杂，涉及许多领域的法律问题，有些问题在针对特许经营的法规中有统一规定，但更多的方面仍由该领域内我国现有的其他法规或行政法规来管制。

（二）加强机构建设

从采用 PPP 模式为基础设施融资较早的英国来看，他们在财政部下设立基础设施局负责所有英国 PFI（PPP 的一个类型）项目的政策制定，国家审计署和公共事业管理委员会负责对重要的 PFI 政策方面进行调查研究并提出意见。

我们可以参照英国的做法，在财政部下设立一个专门的管理部门负责公私合作项目的相关工作。如普及专业管理，尤其是采购方面的知识。并通过建议和指南对地方政府提供 PPP 项目支持，并帮助其制定标准化的合同。并在机构下设立 PPP 项目采购、合同管理指导的经济咨询机构，利用现有行业部委属下的具有专业知识（比如交通、污水处理等）的技术咨询机构，满足 PPP 模式在各行业的应用需求。

（三）明确政策指导

我国在开展 PPP 项目中虽然有 20 多年的经验，也出台了不少相关政策，但这些政策更多具有针对性，缺乏相互协调性。建议出台支持运营周期长的 PPP 项目政策，同时充分发挥市场机制，降低政府在 PPP 项目中的成本和风险。针对项目本身经济性的强弱采用不同的激励政策。对经济性较强的项目，可以采用市场化程度更高的方式，而市场化程度较低的也可借鉴 PFI 模式。

（四）提高项目开发和储备能力

我国目前没有相应的管理机构，更没有相应的项目开发和储备。在设立相应的管理部门的同时，建议该部门应当同时负责 PPP 项目的开发与储备，其方法是通过项目评估，确定项目是否采用 PPP 模式。采用的方法是依据"物有所值"的理念和定量计算的方法来确定一个项目是否能够采用 PPP 模式。一个 PPP 项目的成功实施需要较长的准备工作，一般要 2~3 年。由于目前我国"物有所值"评估体系的缺失以及对 PPP 项目适用类型题解不清，直接导致了 PPP 模式在国内选择的盲目性，这也是很多 PPP 项目失败重要原因之一。

（五）促进能力建设

PPP 项目是一项技术性较复杂、专业性强的管理模式，涉及金融、法律、会计等多个领域的专业技术，有的甚至涉及政治问题，因此，需要一大批既有理论又有实践经验的复合型人才。为提高 PPP 的管理能力，一方面，要加强相关人员的培训（与 PPP 相关的法律、金融、政策等）；另一方面，有必要加大相关专业人才和管理技术的引进力度。

（六）完善并加强合同管理

我国应加强合同的规范化管理，英国在《PFI 合同规范化第 4 版》中，对 PFI 项目的合同管理做出了详尽的规定，各章节包括合同的持续时间、项目的开始时间、防止服务开始时间延迟、意外事件的防护、担保、服务定价方案、服务标准、服务监督、设施维修、服务变更的处理、法律变更的处理、通货膨胀时的价格处理、分包和雇员变动时的处理、所有权变更时的处理、交接时资产估价、提早结束服务的处理、知识产权的处理、争端解决方式以及政府合法介入等均做出了详尽的规定。在我国现有的合同管理政策中,包括《城市供水特许经营协议示范文本》、《城市污水处理特许经营示范文本》等,虽然对相应的定价、风险、标准等做出了规定,仍然存在诸如价格调整、风险控制等方面出现不少问题,希望能尽早完善并规范化管理。

(七) 提升监管管理力度

我们应当在不同阶段实施不同的监督举措,在招投标阶段、运营阶段和资产转让阶段都应有相应的监督管理依据与措施。在招投标阶段的监管中,英国在2001年的《公私合作指南》和《如何与选定的投标者合作》中分别提出了在初选投标者阶段、选定投标者阶段和定标阶段的监管,提出了对投标人的财务能力、专业知识、组织能力以及关系管理严格筛选的标准。在运营阶段的监管中,《运营任务指南2之项目移交指南》第3章中提出了对价格、服务水平、客服帮助平台以及重要事件进行监管的要求;而在《PFI合同规范化第4版》的第10章中对如何明确监管的责任、谁进行监管、什么时候进行监管、谁为监管付钱以及监管注意事项等均做了详尽的规范。

(八) 加强风险管控

凡是PPP项目都属于政府投资公共项目,特别是私人融资项目,虽然在有产出后才向投资者付款,但是,未来每年支出的现值总额便是政府的或有债务,如果PPP项目规模过大或总额过大都会给政府带来财政风险。国际货币基金组织(IMF)认为财政部门在PPP项目立项上应有否决权,以此防范项目带来的财政风险。

主要参考文献

[1] [英] 马歇尔著,朱志泰等译:《经济学原理》(上),商务印书馆1983年版。
[2] [美] E.S.萨瓦斯著,周志忍等译:《民营化与公私部门的伙伴关系》,中国人民大学出版社2002年版。
[3] [美] 斯蒂芬·P·罗宾斯著:《管理学》,中国人民大学出版社2002年版。
[4] 贾康、孙洁:《农村公共产品提供机制研究》载于《管理世界》2006年第12期。
[5] 贾康、孙洁:《社会主义新农村基础设施建设中应积极探索新管理模式—PPP》,载于《经济学动态》2006年第10期。
[6] 贾康、孙洁《在公立医院改革中采用PPP管理模式的探讨》,载于财政部财政科学研究所《研究报告》2009年第29期。
[7] 贾康、孙洁:《公私合作伙伴关系的起源、概念和功能》,载于《财政研究》2009年第

10期。

[8] 周小川:《城镇化及其融资问题》,载于《比较》2011年第4期。

[9] 苏明、贾西津、孙洁、韩俊魁:《中国政府购买公共服务研究》,载于《财政研究》2010年第1期。

[10] 孙洁著:《城市基础设施的公私合作管理模式研究》,中国人事出版社2007年版。

[11] 黄腾、柯永建、李湛湛、王守清:《中外PPP政府管理比较分析》,载于《项目管理技术》2009年第1期。

[12] Allan R J. PPP: a review of literature and practice [C] //Saskatchewan Institute of Public Policy Paper, 4. 1999.

[13] The European Commission. Guidance for successful PPP [R]. 2003.

[14] The National Council For PPP, USA. For the good of the people: using PPP to meet America's essential needs [R]. 2002.

[15] United Nations Institute for Raining and Research. PPP-For sustainable development [R]. 2000.

通过 PPP 化减地方政府债务压力的分析与建议*

■ 导读

在应对全球金融危机的过程中，我国地方政府债务迅速攀升。在以"阳光举债"机制替代地方隐性负债的同时，还有必要运用公私合作伙伴关系（PPP）的机制创新，针对适合项目选择性地适当降低地方政府债务规模，助益于化解地方政府债务风险减少地方债压力。这一转变所带来的机制创新，伴随非政府资金对于地方政府债的替换，并不会减少基础设施的建设和公共服务的提供，还会产生若干正面效应。

---

* 本文作者：贾康、曾晓安、孙洁。

近年在应对世界金融危机的过程中，我国地方政府债务规模大幅度攀升。为了防范地方财政风险，已提出增加债务信息透明度、建立风险预警机制、以"阳光举债"机制规范政府融资行为、加强监督管理等。除了这些之外，积极发展公私合作伙伴关系（PPP）概念下的新机制，有利于使地方政府尽可能少地发生债务，但又不影响到地方经济社会的发展。在此可先举一个简单的例子，假如地方政府要通过举债 100 亿元修建一条收费高速公路，那么地方政府就会形成债务负担（本金）100 亿元，而如果采用 PPP 模式中的 BOT（建设—经营—转让）形式，就是引用民营资本，让民营部门修建并让其经营一定年限后交给当地政府，路同样也修建了，而地方政府不会增加一分钱的债务。由此可以看出，公私合作伙伴关系机制在治理地方政府债务方面的潜力可观。

一、PPP 的概念及其特征

楼继伟部长在最近一次工作报告中指出，广义 PPP 是指政府与私人部门为提供公共产品或服务而建立的合作关系，以授予特许经营权为特征，主要包括 BOT、BOO、PFI 等形式。按照这个广义概念，从管理角度来看，PPP 是指政府公共部门与民营部门合作过程中，让非公共部门所掌握的资源参与提供公共产品和服务，从而实现政府公共部门的职能并同时也为民营部门带来利益。其管理模式包含与此相符的诸多具体形式。通过这种合作和管理过程，可以在不排除并适当满足私人部门的投资营利目标的同时，为社会更有效率地提供公共产品和服务，使有限的资源发挥更大的作用。

PPP 具有三大特征。第一是伙伴关系。伙伴关系是 PPP 中最为首要的问题。政府购买商品和服务，给予授权，征收税费和收取罚款，这些事务的处理并不必然表明合作伙伴关系的真实存在和延续。比如，即使一个政府部门每天都从同一个餐饮企业订购三明治当午餐，这也不能构成一种伙伴关系（Kelly，2000）。PPP 中民营部门与政府公共部门的伙伴关系与其他关系相比，一个显著的独特之处就是项目目标一致。公共部门之所以和民营部门合作并形成伙伴关系，核心问题是在其中存在一个共同的目标：在某个具体项目上，以最少的资源，实现最多最好的产品或服务的供给。民营部门是以此目标实现自身利益的追求，而公共部门则是以此目标实现公共福利和利益的追求。形成伙伴关系要落实到项目目标一致之上，但这还是不够的，为了能够保持这种伙伴关系的长久与发展，还需要伙伴之间相互为对方考虑问题，具备另外两个显著特征：利益共享和风险分担。所以第二是利益共享。在这里需要明确的是，PPP 中公共部门与民营部门并不是简单分享利润，而且还需要对民营部门可能的高额利润进行控制，即不允许民营部门在项目执行过程中形成超额利润。其主要原因是，任何 PPP 项目都是带有公益性的项目，不以利润最大化为目的。如果双方想从中分享利润，其实是很容易的一件事情，只要允许提高价格，就可以使利润大幅度提高。不过，这样做必然会带来社会公众的不满,甚至还可能会引起社会的混乱。既然形式上不能与民营部门分享利润,那么如何与民营部门实际地共享利益呢?共享利益在这里除了指共享 PPP 的社会成果之外,也包括使作为参与者的私人部门、民营企业或机构取得相对平和、长期稳定的投资回报。在此,利益共享显然是伙伴关系的基础之一,如果没有利益共享,同样也不会有可持续的 PPP 类型的伙伴关系。第三是风险共担。伙伴关系作为与市场经济规则兼容的 PPP 机制,其中利益与风险也有对应性,风险分担是利益共享之外伙伴关系的另一个基础。如果没有风险分担,也不可能形成健康而可持续的伙伴关系。无论是市场经济或计划经济、无论是私人部门或公共部门、无论是个人或企业,没有谁会喜欢风险。即使最具冒险精神的冒险家,其实也不会喜欢风险,而是会为了利益千方百计地来避免风险。在 PPP 中,公共部门与民营部门合理分担风险的这一特征,是其区别于公共部门与民营部门其他交易形式的显著标志。如政府采购过程,之所以还不能称为公私合作伙伴关系,是因为双方在此过程中是让自己尽可能小地承担风险。而在公私伙伴关系(PPP)中,公共部门却是尽可能大地承担自己有优势方面的伴生风险,而让对方承担的风险尽可能小。一个明显的例子就是,在隧道、桥梁、干道建设项目的运营中,如果因一般时间内车流量不够而导致民营部门达不到基本的预期收益,这时公共部门可以对其进行现金流量补贴,这种做法可以在"分担"框架下有效控制民营部门因车流量不足而引起的经营风险。与此同时,民营部门实际会按其相对优势承担较多的、甚至全部的具体管理职责,而这个领域,对于公共部门而言,却正是政府管理层"官僚主义低效风险"的易发领域,这种风险由此而得以规避。

如果每一种风险都能由最善于应对该风险的合作方承担,那么毫无疑问,整个基础设施建设项目的成本就能最小化。① PPP 管理模式中,更多是考虑双方风险的最优应对、最佳分担,而将整体风险最小化。事实证明,追求整个项目风险最小化的管理模式,要比公、私双方各自追求风险最小化更能化解准公共产品供给领域内的风险。所以,我们强调,PPP 所带来的"一加一大于二"的机制效应,需要突破简化的"融资模式"理解而上升到从管理模式创新的层面上理解和总结。

二、我国地方政府债务的规模及构成

厘清地方政府债务的来源及不同用途,会使我们可以针对不同的来源采用不同形式的 PPP 以降低地方政府债务规模和化解地方政府债务风险。根据国家审计署最近公布的信息,以截止到 2013 年 6 月底,我国地方政府债务数据为基础,可对基本情况作如下分析。

---

① [美] E. S. 萨瓦斯著,周志忍等译:《民营化与公私部门的伙伴关系》,中国人民大学出版社 2002 年版,第 265 页。

（一）债务规模结构

地方政府债务包括省、市、县、乡四级政府的债务，2013年6月底地方债务总额为178 909亿元，其中，

负有偿还责任债务为：108 859亿元，占60.85%；

具有担保责任债务为：26 656亿元，占14.90%；

承担一定救助责任的债务为：43 394亿元，占24.25%（见图1）。

本文所讨论借助PPP机制化解的地方政府债务主要是指政府负有偿还责任的债务。对于后两类"或有债务"即担保责任债务和承担一定求助责任的债务，不在本文讨论当中。因此，后文所称的我国地方政府债务，即指负有偿还责任的债务。

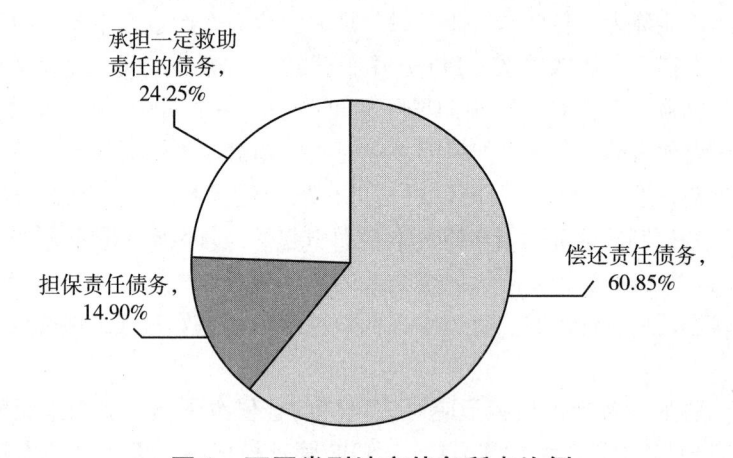

图1　不同类型地方债务所占比例

（二）债务主体构成

各级政府负有偿还责任的债务为108 859亿元，其中省级为17 781亿元，占16.3%；市级为48 435亿元，占44.5%；县级为39 574亿元，占36.4%；乡级为3070亿元，占2.8%。从图2可以看出，市级政府举债最多，其次是县级政府，分别占44.5%和36.4%，而省级政府只有16.3%，乡级政府更低仅有2.8%。形成这样局面的原因主要是市县两级政府承担的市政基础设施建设所造成的。

（三）债务用途结构

从表1和图3可以清楚看到，当前我国地方政府举债主要用来进行市政建设（占37.5%）、土地收储（占16.7%）、交通运输设施建设（占13.8%）、保障性住房（占6.8%）、教科文卫（占4.8%）、农林水利建设（占4.0%）、生态建设和环境保护（占3.2%）。前三项较为集中，占整个债务的68%。

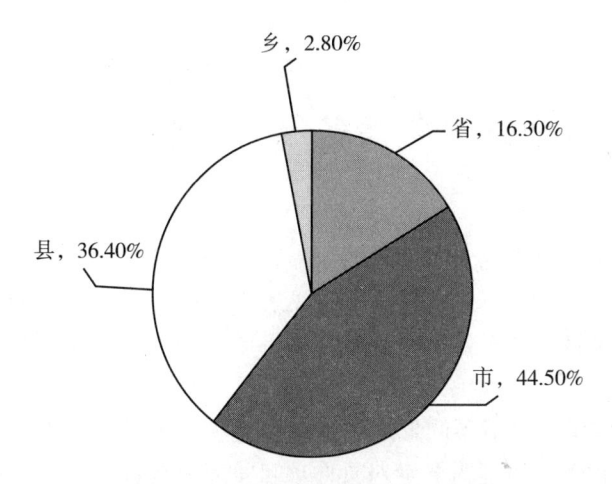

图 2 地方各级政府债务比例

表 1　　　　　　　　　　地方债务用途表

用途	金额（亿元）	比例（%）
市政建设	37 935.06	37.5
土地收储	16 892.67	16.7
交通运输设施建设	13 943.06	13.8
保障性住房	6851.71	6.8
教科文卫	4878.77	4.8
农林水利建设	4085.97	4.0
生态建设和环境保护	3218.89	3.2
工业和能源	1227.07	1.2
其他	12 155.57	12.0
合计	101 188.77	

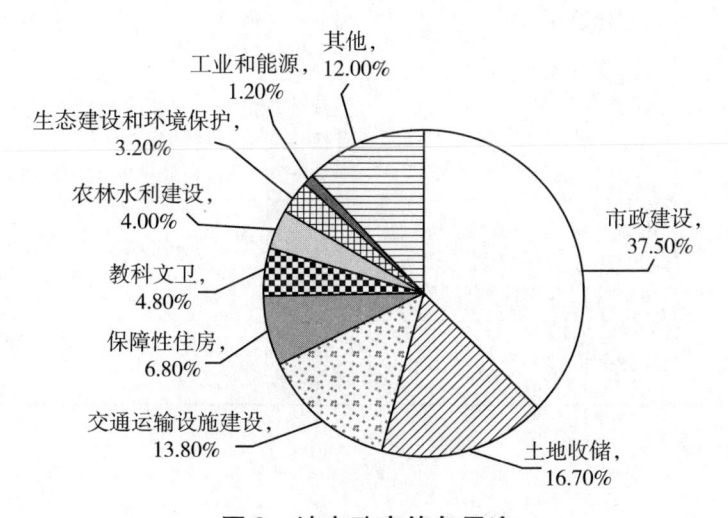

图 3 地方政府债务用途

三、化减地方政府债务压力可选择的 PPP 形式

基础设施形态一般表现为三种形式:一是已经建成的基础设施;二是需要改造和扩建的基础设施;三是新建基础设施(见表2)。一般来讲,已有债务存量是发生在已有基础设施项目上,而新债务是发生在将要建设或者是需要改造和扩建的基础设施项目。

从表2可以知道,针对不同形态的基础设施项目可以选择不同的 PPP 模式,如果通过 PPP 化解债务,可能需要针对具体项目重新选择适合化解债务的 PPP 具体运作模式。

表2　　　　　　　　　PPP 管理模式的部分分类

基础设施类型	模式	描述
现有基础设施	租赁(L)	政府将基础设施出租给民营企业,民营企业在特许权下经营并向用户收取费用。
	运营和维护的合同承包(O&M)	民营企业经营和维护政府拥有的基础设施,政府向该民营企业支付一定的费用。
	转让—经营—转让(TOT)	政府将基础设施转让经民营企业,民营企业经营期过后再转让给政府。
扩建和改造现有基础设施	租赁—建设—经营(LBO) 购买—建设—经营(BBO)	民营企业从政府手中租用或收购基础设施,在特许权下改造、扩建并经营该基础设施;它可以根据特许权向用户收取费用,同时向政府缴纳一定的特许费。
	外围建设(WA)	民营企业扩建政府拥有的基础设施,仅对扩建部分享有所有权,但可以经营整个基础设施,并向用户收取费用。
新建基础设施	建设—转让—经营(BTO)	民营企业投资兴建新的基础设施,建成后把所有权移交给公共部门,然后可以经营该基础设施 20~40 年,在此期间向用户收取费用。
	建设—拥有—经营—转让(BOOT)或者建设—经营—转让(BOT)	与 BTO 类似,不同的是,基础设施的所有权在民营部门经营 20~40 年后才转移给公共部门。
	建设—拥有—经营(BOO)	民营部门在永久性的特许权下,投资兴建、拥有并经营基础设施。

（一）现有基础设施

如果将现有基础设施转化为 PPP 模式可能有多种形式的选择，如政府可以通过租赁、运营和维护合同承包等形式与民营企业合作，由政府向民营企业发放特许经营权证，让民营企业进行经营和管理。民营企业可以直接向使用者收费，也可以通过政府向使用者收费。如果通过 PPP 模式来化解政府在建设过程中所发生的债务，可考虑选择 TOT 模式，就是将已建成的基础设施转让给私人部门，政府将转让所得化解原来债务，而私营部门在得到基础设施一个较长时段的运营权后进行经营管理，取得合理回报，当运营期结束再交还给政府。

（二）扩建和改造现有基础设施

这方面可采用的 PPP 模式也有若干，如政府可以通过租赁—建设—经营、购买—建设—经营、外围建设等形式与民营企业合作。对于如何化解这方面的债务可分为两个方面：一方面是前期因建设形成的债务；另一方面是因需要扩建和改造带来新的债务。这两个方面都可采用 TOT 的模式来化解原来的债务和防范未来发生的债务。如果仅仅因改造或扩建需要贷款融资，可以仅对改造部分采用 BOT 的模式。政府将需要升级改造的基础设施转让给私人部门，由私人部门对原有的基础设施进行升级改造，并对升级改造后的基础设施经营管理。经营者在特许权下向使用者收费，并向政府缴纳一定的特许费。经营期过后再将基础设施转交给政府。

（三）新建基础设施

对于新建的基础设施，政府可以采用建设—转让—经营（BTO）、建设—经营—转让（BOT）、建设—拥有—经营（BOO）等 PPP 模式。这些方式可以有效避免政府债务的发生的模式有 BOT、BOO。建设—转让—经营是指由民营企业对基础设施进行建设，建设完成后转交给政府部门，然后再由民营部门进行经营管理。这种形式有利于提高基础设施建设的效率和质量，也可以提高经营管理的效率。在民营企业对基础设施经营管理期间，所有权属于政府。民营企业以租赁的形式获得经营权，同时也可以把建设时所使用的资金作为租金，从而获得优先租赁权。建设—经营—转让是指由民营企业对基础设施进行建设，建成后由民营企业进行经营管理，按照特许经营的合约时间，经营到期后转交给政府。在经营管理期间，基础设施的所有权是属于政府的，但是，不需要向政府缴纳使用费，只是在经营到期后，无偿交还政府。在交给政府之前，必须保证基础设施的完整性、正常功能等。建设—拥有—经营（BOO）是指由民营企业建设基础设施，建设完成后，民营企业获得基础设施的所有权，同时获得基础设施的"永久性"经营权。当然这里的"永久性"经营权是个相对概念，是在特许权下面的"永久性"经营。这三种合作的形式主要目的是为新建基础设施融入民间资本，同时提高资金的使用效率和提高基础设施的建设质量与运营服务水平。

四、不同领域基础设施项目化解债务所选择的 PPP 形式

有了债务种类以及化解债务的 PPP 形式，下面我们来分析一下不同领域下如何不同的化解债务的 PPP 形式。

（一）市政建设

市政建设主要由供水、供气、供热、污水处理、垃圾处理和轨道交通等组成。其经济水平也不尽相同，有些项目通过向使用者收费可以收回投资，一些项目不能通过向使用者收费收回投资。对于能够通过向使用者收费收回投资的项目，我们可以根据项目情况优先采用 TOT 或 BOT 的方式，对于一些不能通过向使用者收费收回全部投资的项目，政府可以给予相应的补贴，同样也可选择 TOT 或 BOT 模式。对一些没有必要转让给政府的项目，可能采用 BOO 的方式。

政府可以通过转让已有项目归还银行贷款，从而化解因市政建设所带来的地方政府债务。对于新建项目，政府可以通过选择合理的 PPP 模式，避免政府形成新的债务，同时又能及时提供社会所需要的市政设施。

（二）土地收储

土地收储不是一般的基础设施项目，只是一种带有土地储备性质的前期投入，这种投入会给未来带来收益。因此，土地收储同样可以采用 PPP 模式，如果是新的土地收储项目，政府完全可以通过公开招标选择一个 SPV，让其对土地前期整治，未来土地收益可以通过与政府分享方式获得相应的报酬。而对于已经通过贷款进行的土地收储项目，政府可以招标方式选择一个 SPV，让其承接政府没有完成的工作，同时将前期政府投入归还政府，同样可以通过土地未来收益获得相应的报酬。

（三）交通运输设施建设

交通运输设施主要指高速公路、铁路等，可以将政府投资的高速公路经营转让给私营部门，将转让所得化解由该项目带来的任务。当然这里要避免将快要归还完债务或已经归还完的高速公路再次出让。对于已经经营不同年限的高速公路所选择的特许期也会有所不同。对未来再建的高速公路尽可能选择 PPP 模式而不是继续由政府贷款修建。对于铁路而言，我们可以选择一些经济较好的路段进行 PPP 模式的

试点。待积累一定经验后再推广到一般的铁路项目当中。

（四）保障性住房

保障性住房的债务主要集中在廉租房和公共租赁住房，对于限价房和经营适用房并不带来政府债务。对带来的政府债务的两类保障房，应当采用 TOT 形式，将已经建设的保障房转让给 SPV，由 SPV 进行运营管理，经营期后再转让给政府。政府将转让所得归还债务。由于这两类保障房的房租所得不能覆盖投资成本，因此需要政府通过补贴可延长经营期限方式提高投资者收益。

（五）教科文卫

教科文卫中的政府债务化解，主要是对基础设施建设所带来的债务的化解，对已经建设的基础设施带来的债务，同样可以通过 TOT 的方式来化解，就是将已经建设好的基础设施转让给 SPV，由其进行经营管理维护，经营期结束后再转让给政府。由于教科文卫基础设施项目的经济性较弱，可能需要更多的政府补贴来实现 PPP 模式的成功实施。对新建基础设施可以借鉴 PFI 模式（PFI 即为政府付费的 PPP 形式，现在已发展为 PF2，与 PFI 相比，PF2 要求 SPV 有一定的注册资本金，同时政府持有 SPV 的股份）。

（六）农林水利建设

农林水利建设项目存在较大不同，一些纯公益类项目，依然需要由政府投资，而为类项目可以采用 PF2 的方式。对于一些经济性较好的项目，可以采用 TOT（已建基础设施）或 BOT（新建基础设施）。如水力发电可以采用 BOT 或 TOT 形式，而水闸则需要通过 PF2 的方式。

（七）生态建设和环境保护

生态建设和环境保护项目一般为纯公益类项目，所能采用的 PPP 模式要根据项目自身的经济效益来确定，如果经济性较好的话可以采用 BOO 或 BOOT 方式，如果完全需要政府投入，建议选择 PF2 形式。

（八）工业和能源

工业和能源项目所带来的政府债务较少，一是由于是接近市场化的项目，二是能源项目本身就有很好的收益，因此，私营部门参与的积极性较高，只需政府给私营部门特许权就可以了。

（九）其他

其他项目给政府带来的债务所占比例并不少，化解此类项目债务根据项目具体特征来选择合适的PPP形式，首先优先化解经济性较好的项目，所选择的模式依然是TOT或BOT。对于经济性较弱的项目建议选择PF2。

五、通过PPP化解和防范地方政府债务过程中所要解决的关键问题

除选择适合的PPP形式外，我们在选择通过PPP化解地方债务过程中，还应当解决好以下几个方面的问题：

（一）首先选择直接效益相对好的项目

通过PPP化解地方政府债务，首先要选择有一定回报能力、运营中可产生现金流量的项目，如果项目本身的现金流较弱，则应该注意构造较好的长期盈利模式。一些基础设施项目有较强的社会性，即具有较高的间接经济效益，而直接的经济效益较弱，因此，构造盈利模式时可合理加入垄断性。如水厂项目的供水、电厂项目的供电，都是政府特许的垄断项目，产品的定价和出售都可同有关部门签订合同而得到一定保证。垄断性有利于保证项目有足够把握达到财务目标。如果所选择的项目盈利能力较强，其垄断性则可以降低一些。

（二）对经济回报能力较弱的项目提供灵活的政策和有力度的激励措施

根据项目的特点，政府应该为经营者提供相应的优惠激励措施。特别是对于那些经济回报能力较弱的项目，激励方式通常有如下几个方面：（1）最低经营收入保证。为了确保项目的成功实施，政府应该在一定时期内以固定的价格购买一定数量的产品或服务，如电厂、水厂等。或者在现金流大幅度下降时，政府给予适当的补贴，如隧道或公路交通等。即使用补贴产生一定的财政压力，也会比政府自己办项目的财政压力低很多。（2）授予经营现有收费设施的专营权。（3）商业自由空间。准许项目公司在授权范围之内进行符合公司利益的延展开发。（4）无第二设施担保。必要时政府应该担保在该项目经营期内不再建设第二设施，以保证该项目的独家垄断地位。

（三）将一部分 BT 模式的项目转为 BOT

目前，地方政府为了加快基础设施建设，不少地方采用了 BT 的模式。往往转让时间段较短、且成本较高，给地方政府造成不少债务压力。面对这种债务，地方政府可以采用通过将 BT 转为 BOT 的方式化解。其经营的方式可以做多样化的选择。例如市内轨道交通，虽然不可能通过向用户收费的方式收回投资，但可以将道路两边的经营权交给投资者，让其获得相应回报，极而言之，如果还不足的话，政府也可进行适当补助以达到投资者最基本的投资收益保障。

（四）积极探索狭义 PPP 概念下的 SPV 形式

众所周知，在 PPP 模式中，SPV 的作用是非常重要的，因此，我们应当在选择 PPP 模式时就尽可能要求设立 SPV，特别是对公开招标项目，招标对象一定要求是符合项目条件的 SPV 才能参与投标，并对 SPV 设立一定的条件，如注册资本金比例、股东构成等要有一定的约束。

（五）加强监督管理

在通过 PPP 化解债务过程中应当加强监督管理，一方面，防止那些没有条件的项目也采用 PPP 模式，或因采用 PPP 模式给服务质量带来下降风险。另一方面，提高公众参与度，让更多的公众参与对 PPP 项目的监督，同时也充分发挥媒体的监督作用。

主要参考文献

[1] 贾康：《地方融资与政策性融资中的风险共担和风险规避机制》，财政部科研所《财政研究简报》2009 年第 34 期。

[2] 贾康、孙洁：《公私伙伴关系（PPP）的概念、起源、特征与功能》，载于《财政研究》2009 年第 10 期，第 2~10 页。

[3] 贾康、刘微、张立承、石英华、孙洁：《财政风险视角下的地方债务研究》，财政部科研所《研究报告》2008 年第 108 期。

[4] 苏明、贾西津、孙洁、韩俊魁：《中国政府购买公共服务研究》，财政部科研所《研究报告》2009 年第 88 期。

[5] 孙洁著：《城市基础设施公私合作管理模式研究》，中国人事出版社 2007 年版。

[6] E.S. 萨瓦斯著，周志忍等译：《民营化与公私部门的伙伴关系》，中国人民大学出版社 2002 年版。

社会主义新农村基础设施建设中应积极探索新管理模式——PPP

■ 导读

农村基础设施是建设社会主义新农村的重要内容,仅仅依靠政府资金来建设,不能适应形势发展的要求。为了发掘市场经济大环境中的潜力,而且也为了扭转基础设施建设中重建设轻管理现象和提高建设、管理效率,有必要注重发展公私合作伙伴关系(PPP)的经营管理模式。这包括吸引民间资金、借贷资金介入的多种形式,也包括国务院提出的引导农民自愿出资出劳,开展农村小型基础设施建设,有条件的地方可采取以奖代补、项目补助等办法给予支持,等等。通过PPP为社会主义新农村提供基础设施,有可能成为未来农村基础设施建设中的一种重要的经营管理模式,应给予充分的重视和作出积极的探索。本文结尾对此提出了几点初步的建议。

党的十六届四中全会审时度势地提出"两个趋势"的重要论断,指出"在工业化初期,农业支持工业,是一个普遍的趋向;在工业化达到相当程度后,工业反哺农业,城市支持农村,也是一个普遍趋向。"党的十六届五中全会又进而提出了建设社会主义新农村的重要方针。

关于社会主义新农村的要点,有"生产发展、生活宽裕、乡村文明、村容整洁、管理民主"的20字表述。我们可以看出,建设社会主义新农村首先是要发展生产,而生产发展要以提高农业综合生产能力为建设重点,这是建设社会主义新农村的物质基础。但要提高农业的综合生产能力,也包括优化生活条件、改进文明与村容等,都必须有良好的公共基础设施作为保证。近几年,国家已采取"多予、少取、放活"的方针,出台了"两减免、三补贴"等一系列惠农政策,并停征农业税,使农民负担减轻,收入提高,但是,由于长期"二元经济"格局下农村公共基础设施的低起点,加之长期实行的城乡不同的财政政策,公共产品与服务在城市和在农村的差距,仍然十分鲜明,可以说新农村建设的要求,也凸显了农村公共产品供给的不足。实事求是地说,新农村建设有可能加快改变这种现状的步伐,但公共财政阳光普照广大农村区域的进程,仍然只能是逐步的。多年的实践和基本的国情表明,改善和增加农村基础设施和公用事业,光靠农民自己的力量不行,但光靠政府的资金,面对中国如此广阔的农村区域和欠发达地区,也是力所不及的,难以适应形势发展的要求。我们认为,在市场经济发展的背景之下,我国已经越来越有可能、也越来越有必要发掘市场微观主体的潜力、通过公私合作伙伴关系(PPP)管理模式来为农村提供基础设施,以求更好地满足在新农村建设中日益增长的公共基础设施需求。

PPP 是英语 Public-Private Partnerships 的缩写,通常翻译为公私部门的伙伴关系或"公私合作伙伴关系"。是目前国际上愈益为人们所看重的为基础设施和公用事业进行融资与管理的一类模式。在基础设施建设中,一些国家已较为广泛地使用PPP。本文从下面几个方面讨论在我国社会主义新农村的基础设施建设中采用新管理模式——PPP 的相关问题。

一、农村基础设施的基本内容和特殊经济属性

(一)农村基础设施所包括的基本内容

1. 乡村交通。在这里主要指农村村庄内的道路规划、建设以及村与村之间的道路建设。有资料显示:目前全国还有近5万个村不通公路,但没有资料显示全国还有多少个村内没有修成道路。在农村调查中,我们可以见到,依然有许多村内没有像样的道路可走,雨雪后泥泞满地,干旱天尘土飞扬。农村随处可见"要想富,先修路"的标语。说明农民已经意识到交通道路的重要性,当然这还主要是指与外部

路网接通的道路是发展生产、提高收入的前提条件之一,但也逻辑地关联着村内道路是必然的配套因素和乡村生活状况改善的标志之一。

2. 农村通讯。这主要是指农村区域固定电话、移动通讯和网络通信的基本建设。由于农村不像城市那样有着高密度的居住人群,加上农民经济水平较低,能够用得起固定电话、移动通讯、网络的人较少,导致通讯设备的安装使用成本高,和电信、移动通讯公司为农村提供服务的积极性低。

3. 农村自来水设施。自来水设施是指提供净化处理后的生活用水的水管网络。目前在我国农村区域缺水的地区,往往连用上井水、河水都是最大的奢望。就是在东部沿海地区,也有未使用自来水的村庄。

4. 农田水利设施。在农村实行联产承包责任制二十余年之后,原来一些大型的、传统的农田水利设施老化或被破坏了,新型的农田水利设施亟待建设起来。虽然国家一直鼓励支持农民采用新型灌溉技术和方法,但是由于成本较高,所以一直没有得到普及。

5. 农村电力供应。电力是农村生产和生活的一个重要条件。我国农村电力供应近年有所改善,但是还存在一些问题:一是电力供应上的保障不足,特别是在急需时,如在播种、收割、抗旱等时间。二是农村用电的价格仍显偏高。

6. 农村基础教育的设施。农村的基础教育可以分为两个方面:一是九年义务教育;二是对农民的科普教育。在农村普及义务教育所需的基础设施配套事项包括校舍、远程教育网络建设等。国务院关于《推进社会主义新农村建设的若干意见》中指出要"继续实施国家西部地区'两基攻坚'工程和农村中小学现代远程教育工程。"至于对农民的科普教育,在我国农村更显薄弱,相关设施在欠发达地区往往是空白,或者难以维持。

7. 农村医疗卫生基础设施。农村医疗历史上曾由政府统一安排,各乡设卫生院,要求各个行政村都有卫生所。但是,近年农民看病难、看不起病,因病致贫、因病返贫的问题比较突出。在构建新型农村合作医疗制度的过程中,亟须加强农村医疗卫生基础设施建设。

8. 农村文化、娱乐设施。农村的文化、娱乐设施包括图书馆、电影院、体育活动场所等。目前我国农村普遍存在文化、娱乐设施不足的现象,而这又产生了与一些农村封建迷信活动、赌博、私彩盛行的关系。农村文化娱乐设施的建设,不仅仅是为农民提供社区娱乐场所,同时也是为他们提供学习、交流和提高素质的一种平台。

(二) 农村基础设施的特殊经济属性

1. 某些具有自然垄断性质。农村基础设施和城市基础设施一样,许多具有自然垄断性。正是由于这种自然垄断性,私人进行农村基础设施投资和经营时,有必要受到政府的合理管制。

2. 具有准公共产品性质。无论是城市基础设施或农村基础设施,大多都属于准公共产品而不是纯公共产品，有的具有非排他性，有的具有非竞争性。但其中有一些较接近于纯公共产品，另一些较接近私人产品。如村内道路就可能是一定意义上的纯公共产品，很难想象对其收费，而农村文化娱乐设施比较接近私人产品，一般可以向前来娱乐的人收取合理的费用。

3. 受益范围的区域性、有限性和使用上的相对低效性。通常基础设施随着使用者的增加，其边际成本会不断降低。由于大多数农村社区具有明显的区域性、边缘性和分散性，基础设施使用者明显少于城市，使得农村基础设施产品相对城市基础设施产品而言受益范围较有限，使用效率也较低。

4. 较弱的可经营性，私人参与意愿不高。农村基础设施和公用事业的可经营性较弱表现为其运营不能产生足够的现金流量，导致投资者不能从项目的经营中收回投资，特别是在经济欠发达的地区，如想通过建成后向消费者收费的方式收回投资，困难很大。因此，一般情况下私人参与农村基础设施建设的意愿不高。

二、以往管理模式存在的主要问题

（一）政府对农村基础设施投入不足

提供基础设施首先要解决其建设资金投入从何而来，过去农村的小型基础设施投入主要是由当地政府投入，大型的则有些能得到上级政府转移支付的支持。由于农区地方政府的财力不够雄厚，很难拿出足够的资金用于农村基础设施建设。即使是一些较为发达的地区，地方政府往往重视城市基础设施的建设，追求城市化，而鲜有把农村基础设施建设放在首位的。现阶段的上级转移支付，还远不可能全面解决其供给问题。

（二）体制不顺、基层财政困难

体制不顺、机制不活是造成农村基础设施建设不足的另一个重要原因。从财政体制框架看，农村基础设施建设事权（职责）主要落在低端层级（县乡），而由于分税分级财政体制在1994年财税配套改革后迟迟未能在省以下、特别是在县乡基层实质性地贯彻到位，过渡体制的负面因素积累而造成县乡财政普遍困难，更无力加强农村基础设施。

（三）对多元投融资激励不足

农村区域基础设施的多元投融资，通常要难于城镇区域，客观上需要更有力度的政策优惠来激励，以提高非公共部门的市场主体介入的意愿，而我国过去这种政策激励也是不足的。

（四）管理效率低

由于农村基础设施的建设者与受益者联系不紧，易造成只有建设、使用却无人管理的现象。例如政府在农村建设的小型水利基础设施，由于国家、集体、受益农户三者的职责和义务没有明确界定，导致建设、管理、使用三个环节脱节，往往疏于管理，经常出现"国家管理不到、集体管理不好、农户管理不了"的尴尬局面。

三、引用 PPP 管理模式的可能性和必要性

（一）私人可能参与农村基础设施供给的理论依据

1. 公共产品理论。公共产品可分为纯公共产品和非纯公共产品。纯公共产品必须同时具有两个属性：非竞争性和非排他性。所谓非竞争性就是指一个人对公共产品的使用并不减少其他人对公共产品的使用。非排他性是指一旦提供某公共产品，就不可能排除任何人对它使用。

现实生活中纯公共品甚少，大量存在的是准公共品，而对于准公共品没有必要完全由政府来提供，可以通过私人参与的方式让政府与市场来共同提供。特别是具有排他性的"俱乐部物品"，为私人提供创造了条件。由于排他性，可以把使用者和没有使用者区别开来，对于使用者可以收费。

2. 世界银行的基础设施可销售性评估理论。在公共产品理论的基础之上，世界银行在1994年发展报告中对基础设施的性质进行了详细的分类，并提出了对于不同类型基础设施评估和推行体制改革的政策建议。世界银行选取竞争潜力、商品或服务的特点、向用户收费补偿成本的可能性、公共服务的责任、环境外部性等五个因素作为可销售性评价指标，最后给出了可销售性的综合评价估值（见表1）。

在表1中，各种产品或服务的可销售性从1～3计分，数值越大越容易销售，最后一栏是前五项的平均值。

从世界银行的基础设施可销售性评估理论可知，公私合作的潜力可以参照基础设施的可销售性来判断。可销售性越强的基础设施和公用事业项目，私人进入的可能性就越大，那么采用公私合作管理模式的可能性就越大。相反，可销售性越弱的基础设施项目，私人提供的可能性就越小，采用公私合作管理模式的可能性就越小。虽然世界银行的基础设施的可销售性评估表大多是针对城市基础设施进行的评估，但是由于城乡基础设施的普遍特征在主要方面是相同的，其评价理论框架同样适合农村基础设施的建设和管理，但有些指标的量值和相关判断需要修正调整。

表1　　　　　　　　　　　　　基础设施可销售性评估表

		竞争潜力	商品或服务的特点	向用户收费补偿的可能性	公共服务的责任	环境外部性	市场化指数
电信	地方性服务	中	私人产品	高	中	低	2.6
	长途、增值服务	高	私人产品	高	很少	低	3.0
电力和天然气	热力发电站	高	私人产品	高	很少	高	2.6
	电力输送	低	俱乐部产品	高	很少	低	2.4
	电力分配	中	私人产品	高	很多	低	2.4
	天然气生产、运输	高	私人产品	高	很少	低	3.0
运输	农村道路	低	公共产品	低	很多	高	1.0
	铁路货运和客运服务	高	私人产品	高	中	中	2.6
	一级公路、二级公路	中	俱乐部产品	中	很少	低	2.4
水	管道网络	中	私人产品	高	很多	高	2.0
	非管道系统	高	私人产品	高	中	高	2.4
排污	管道排污与处理	低	俱乐部产品	中	很少	高	1.8
	公寓污水处理	中	俱乐部产品	高	中	高	2.0
	现场处理	高	私人产品	高	中	高	2.4
水	收集	高	私人产品	中	很少	低	2.8
	净化处理	中	公共产品	中	很少	高	2.0
灌溉	一级与二级网络	低	俱乐部产品	低	中	高	1.4
	三级网络	中	私人产品	高	中	中	2.4

资料来源：World Bank, 1994c；World Development Report 1994: Infrustructure for Development, pp. 115. New York, Oxford University Press.

（二）从现实生活看对PPP的要求和其可能性与优点

1. 随市场经济发展，开展多渠道融资，为农村基础设施建设提供一部分资金，弥补财政投入的不足，既有必要也有可能。目前，我国农村基础设施建设的水平远远不能满足广大农民生产生活的需要，距离建设社会主义新农村的目标有很大的差距，如果仅仅依靠财政投资，不能适应形势发展，也不符合市场经济的环境特点。运用多渠道的融资方式来为农村基础设施建设筹集财力，在经济较发达的沿海地区和中部某些地区，已首先具备了可能性；即使在欠发达的西部，也不应排除结合土特产基地、旅游资源项目开发等活动，在"招商引资"中，运用适当方式吸引民间资金介入相关基础设施投融资。PPP管理模式，能够为农村基础设施建设提供多渠道的融资模式：一方面可以利用民营企业的自有资本；另一方面也可以通过民营企业向银行贷款等方式融到更多的资金,这样有利于加快我国社会主义新农村建设的进程。

2. PPP 模式有利于提高农村基础设施的经营管理效率。过去我国农村基础设施十分缺乏的同时,对已经建设的基础设施又往往没有能够很好地加以利用和保护。农村基础设施和城市基础设施相比,重建设轻管理的现象更为严重。常出现有人建设、有人使用,却没有人管理的情况。例如建设出来的乡村道路,往往只有使用没有维护、时间不长便被破坏了。农村基础设施和公用事业的经营管理效率低下是一个普遍现象,主要是由于责权不明晰所导致的结果。如果以 PPP 模式建设并管理农村基础设施和公用事业,其管理效率则有望得到大幅度的提高。

四、在农村基础设施建设中如何采用 PPP 管理模式

(一) 基础设施的 PPP 管理模式

根据美国民营化专家萨瓦斯的研究,可以根据基础设施的不同形态,采用不同的 PPP 管理模式 (见表 2)。

表 2　　　　　　　　　PPP 管理模式的分类

基础设施类型	模 式	描 述
现有基础设施	出售	民营企业收购基础设施,在特许权下经营并向用户收取费用
	租赁	政府将基础设施出租给民营企业,民营企业在特许权下经营并向用户收取费用
	运营和维护的合同承包	民营企业经营和维护政府拥有的基础设施,政府向该民营企业支付一定的费用
扩建和改造现有基础设施	租赁—建设—经营 购买—建设—经营	民营企业从政府手中租用或收购基础设施,在特许权下改造、扩建并经营该基础设施;它可以根据特许权向用户收取费用,同时向政府缴纳一定的特许费
	外围建设	民营企业扩建政府拥有的基础设施,仅对扩建部分享有所有权,但可以经营整个基础设施,并向用户收取费用

续表

基础设施类型	模式	描述
新建基础设施	建设—转让—经营（BTO）	民营企业投资兴建新的基础设施，建成后把所有权移交给公共部门，然后可以经营该基础设施20~40年，在此期间向用户收取费用
	建设—拥有—经营—转让或者建设—经营—转让	与BTO类似，不同的是，基础设施的所有权在民营部门经营20~40年后才转移给公共部门
	建设—拥有—经营	民营部门在永久性的特许权下，投资兴建、拥有并经营基础设施

资料来源：转引自E.S.萨瓦斯：《民营化与公私部门的伙伴关系》，中国人民大学出版社2002年版，第259页。

可知，政府与民间资金合作的主要途径可分三个方面：

1. 已有基础设施。已有的基础设施，政府可以通过出售、租赁、运营和维护合同承包等形式与民营企业合作，由政府向民营企业发放特许经营权证，让民营企业进行经营和管理。民营企业可以直接向使用者收费，也可以通过政府向使用者收费。如果民营部门通过购买或租赁的形式获得基础设施的使用权，民营部门就可以在政府的特许经营权下，自己向用户收费。如果是民营企业对政府拥有的基础设施进行经营和维护，那么就由政府向民营企业支付一定的费用。通过出售、租赁、运营、维护的合同承包等形式的合作，可以提高基础设施的使用效率。在出售和租赁的形式中，还可以为政府融资和置换资金，从而支持和从事新的基础设施建设。

2. 扩建和改造现有基础设施。这方面政府可以通过租赁—建设—经营、购买—建设—经营、外围建设等形式与民营企业合作。政府向民营企业发放特许经营权证，由民营企业对原有的基础设施进行升级改造，并对升级改造后的基础设施经营管理。经营者在特许权下向使用者收费，并向政府缴纳一定的特许费。通过这种形式，可以加快提升农村基础设施的功能和基础设施升级、改造的速度。在提升原有基础设施的同时，也可为政府新建其他基础设施筹集一定的资金。

3. 新建基础设施。对于新建的基础设施，政府可以采用建设—转让—经营、建设—经营—转让、建设—拥有—经营等形式与民营企业合作。建设—转让—经营是指由民营企业对基础设施进行建设，建设完成后转交给政府部门，然后再由民营部门进行经营管理。这种形式有利于提高基础设施建设的效率和质量，也可以提高经营管理的效率。在民营企业对基础设施经营管理期间，所有权属于政府。民营企业以租赁的形式获得经营权，同时也可以把建设时所使用的资金作为租金，从而获得优先租赁权。建设—经营—转让是指由民营企业对基础设施进行建设，建成后由民营企业进行经营管理，按照特许经营的合约时间，经营到期后转交给政府。在经营管理期间，基础设施的所有权是属于政府的，但是，不需要向政府缴纳使用费，只是在经营到期后，无偿交还政府。在交给政府之前，必须保证基础设施的完整性、正常功能等。建设—拥有—经营是指由民营企业建设基础设施，建设完成后，民营企业获得基础设施的所有权，同时获得基础设施的"永久性"经营权。当然这里的"永久性"经营权是个相对概念，是在特许权下面的"永久性"经营。这三种合作的形式主要目的是为新建基础设施融入民间资本，同时提高资金的使用效率和提高基础设施的建设质量。

（二）在农村基础设施建设中使用PPP管理模式所要解决的关键问题

农村基础设施有一些方面不同于城市基础设施，特别是可营利性较低，因此在农村基础设施建设中，要想成功使用PPP管理模式，必须着重注意以下几个问题：

1. 选择合适的项目。在我国选择农村基础设施项目采用PPP管理模式的时候，首先要选择盈利能力较强、具有较好现金流量的项目，如果项目本身的盈利能力较弱，则应该注意构造较好的盈利模式。一些基础设施项目有较强的社会性，即具有较高的间接经济效益，而直接的经济效益较弱，因此，构造盈利模式时可合理加入垄断性。如水厂项目的供水、电厂项目的供电，都是政府的垄断项目，产品的定价和出售都可同有关部门签订合同而得到一定保证。垄断性有利于保证项目有足够把握达到财务目标。如果所选择的项目盈利能力较强，其垄断性可以低一些，相反，如果项目的盈利能力较弱，其垄断性应该高一些。

2. 灵活的政策和有力度的激励措施。根据项目的特点，政府应该为经营者提供相应的优惠激励措施。通常有如下几个方面：（1）最低经营收入保证。为了确保项目的成功实施，政府应该在一定时期内以固定的价格购买一定数量的产品或服务，如电厂、水厂等。或者在现金流大幅度下降时，政府给予适当的补贴，如隧道或公路交通等。即使补贴产生财政压力，也会比政府自己办项目的财政压力低很多。（2）授予经营现有收费设施的专营权。（3）商业自由空间。准许项目公司在授权范围之内进行符合公司利益的开发。（4）无第二设施担保。必要时政府应该担保在该项目经营期内不再建设第二设施，以保证该项目的独家经营权。

3. 技术上的创新。在新农村的基础设施建设中，强调使用新的技术是非常关键的。例如现代的水利灌溉技术在我国农村水利基础设施中的应用、农村能源的有效利用等。如果缺乏技术创新的公私合作，其意义就会大打折扣。公私合作的一个重要目的就是利用民营企业的管理效率和新技术。

4. 重视财务经济分析。我们传统的基础设施经济评价重点放在项目的社会经济效益，容易忽视财务状况。重视财务经济分析是国际惯例，也正是我们以往的薄弱环节。政府如何对项目公司作出承诺和担保，如何商定项目设施的收费标准及收费标准的调整幅度，如何合理形成具体的PPP操作方案（合同和专营管理办法）？这些都需要财务经济分析作为依据。由于目标的差异，不言而喻，民营申办方在获取最大利润目标的驱动下倾向于把风险推给政府方，而政府部门如何判别其合理性与可接受性，其基础正是项目的财务经济分析。

5. 制定有效的专营管理办法。专营管理办法的主要内容取决于具体项目的特点及财务状况。一般应该包括以下几方面：第一是要界定项目的边界；第二是明确项目公司的职责；第三是明确政府的权力范围；第四是政府对项目公司的承诺。

五、小结及政策建议

为了更好地落实《中共中央、国务院关于推进社会主义新农村建设的若干意见》中提出的"要把国家基础设施建设投入的重点转向农村"方针政策，加快我国社会主义新农村的建设，有必要在农村基础设施建设及经营管理中，积极探索和采用公私合作伙伴关系（PPP）管理模式。其主要原因有如下两点：加强农村基础设施建设，需要政府投入之外的多渠道融资，市场经济环境也提供了这方面的潜力和可能性。PPP 有利于避免以往政府投入模式的重建设轻管理的现象，并提高农村基础设施经营管理的效率。

因此，PPP 模式有可能在将来成为农村基础设施建设中的一种重要的经营管理模式。

为了争取 PPP 管理模式在我国新农村基础设施建设中得到成功实施，充分发挥其对新农村基础设施建设的促进作用，提出如下政策建议：

1. 应积极宣传和探索在我国新农村基础设施建设中运用 PPP 模式。建议首先鼓励沿海发达地区和城镇周边地带的试点。

2. 今后欠发达地区得到中央对于农村较大型基础设施的专项资金支持时，也应积极配套和延伸可能的 PPP 项目。

3. 积极构建民间资金进入农村基础设施建设的激励机制，以必要、合理的政策手段，鼓励更多的民营企业财力和信贷资金，参与到新农村基础设施建设中来。

4. 积极为民间资金进入农村基础设施出台相关的法规和形成政策保障。在实践探索、总结经验的基础上，逐步地、由粗到细地形成明确规定，哪些基础设施可以由民营企业实行哪类经营管理，哪些基础设施可以由民营企业阶段性拥有，等等。

5. 各地新农村建设中，应高度重视引导农民自愿出资出劳的方式开展小型基础设施建设，或自愿与公共资金"拼盘"从事本地基础设施建设。有条件的地方可采取以奖代补、项目补助等方式给予支持，并由政府方面实施必要的建设与运营监督。

主要参考文献

［1］萨瓦斯：《民营化与公私部门的伙伴关系》，中国人民大学出版社 2002 年版。
［2］Stevens，"Comparing Public and Private – sector Efficiency"。
［3］世界银行：2004 年发展报告《让服务惠及穷人》，中国财政经济出版社 2004 年版。
［4］加雷斯·D·迈尔斯著：《公共经济学》，中国人民大学出版社 2001 年版。

［5］欧文·E·休斯：《公共管理导论》，中国人民大学出版社2001年版。
［6］孙洁：《城市基础设施经营的公私合作管理模式研究》，博士论文，2005年。
［7］《中共中央、国务院关于推进社会主义新农村建设的若干意见》，2006年中央一号文件。
［8］丹尼斯·C·缪勒著，杨春学等译：《公共选择理论》，中国社会科学出版社1999年版。

PPP 管理模式在高等教育产业化中的应用研究

■ 导读

　　本文从管理的角度研究了 PPP 管理模式对我国高校产业化的影响。我国目前正处在高校快速发展时期,在发展的过程中出现了学生人数快速增长、基础设施建设投资大幅度增加、资金出现巨大缺口以及管理落后等问题。恰当地在高校产业化过程中采用 PPP 管理模式,可以有效解决以上问题,以使高校产业化进入健康发展的轨道。

一、PPP 管理模式的内涵

（一）PPP 的概念

PPP 是英文 Public-Private Partnerships 的缩写，通常翻译为公私合作伙伴，但是在中文文献中，有关 PPP 的译法多种多样，如公私合作伙伴模式、民营化、公立私有伙伴关系、官方/民间的合作、公共/私人合作关系、公共民营合作制、官督商办模式、国家私人合营公司等。这些概念的差异反映了学者们在对 PPP 的理解和认识上的仁者见仁，智者见智。相应地，关于 PPP 的概念也有着多种不同的表述，下面是几种具有代表性的表述：

1. 美国民营化专家萨瓦斯：我们可以从三种意义上使用公私伙伴关系这一术语。首先是广义界定（这多少有点夸张），是指公共和私营部门共同参与生产和提供物品和服务的任何安排。合同承包、特许经营、补助等符合这一定义。其次，它指一些复杂的、多方参与并被民营化了的基础设施项目。再次，它指企业、社会贤达和地方政府官员为了改善城市状况而进行的一种合作（E. S. Savas，1999）。

2. PPP 是指在两个或两个以上的团体之间建立正式或非正式的、契约性或自愿的合作关系，这种合作关系包括共有或兼容的目标，并将具体的角色和责任在各参与方之间进行普遍认可的分配。其意义在于通过共同投入资源来实现风险共担、权力共享和互惠互利（Environment Canada preface）。

3. PPP 是指公共部门与私营部门之间签订长期合同，由私营部门实体来进行公共部门基础设施的建设或管理，或由私营部门实体代表一个公共部门实体（利用基础设施）向社会提供各种服务。（G. Peirson，P. Mcbride，1996）这种模式通常具有如下特征：（1）公共部门实体通常根据协议向私营部门实体移交基础设施（是否付款作为回报要视情况而定）；（2）由私营部门实体建设、扩展或重建一项基础设施；（3）由公共部门指定基础设施的运行特性；（4）私营部门实体在既定期限内，利用基础设施来提供公共服务（通常对运营和定价进行限制）；（5）在协议到期之后，私营部门实体同意向公共部门移交基础设施（是否付款视情况而定）。

4. PPP，指在合作双方的专业技术基础上，公共部门和私营部门进行合作经营，通过恰当分配资源、风险和收益来满足明确界定的公共需要。PPP 的主要特征在于合力实现共享或一致的目标：他们的经营是为了实现互惠互利；强调风险共担和资金价值（value for money，VFM）；在合作关系中联合投入资源，共享权力。(the Canadian Council for Public-Private Partnerships) 其含义包括以下几个方面：公共部门和私营部门之间签订合同；与可能存在的广泛合作结构一致；在共同目标上具有明确一致性；合作目的在于提供公共基础设施和服务；可以通过传统的公共部门来提供。

根据以上各种概念的表述，联合国发展计划署总结为：PPP 是指政府、营利性企业和非营利性组织基于某个项目而形成的相互合作关系的形式。通过这种合作形式，合作各方可以达到比预期单独行动更有利的结果。合作各方参与某个项目时，政府并不是把项目的责任全部转移给私营部门，而是由参与合作的各方共同承担责任和融资风险。(联合国发展计划署，1998)。

(二) PPP 的要素及特点

1. 关于 PPP 概念的解释还有多种说法，不过，从上述各种叙述中，我们可以确定 PPP 所具有的基本要素：

(1) 确定的对象。政府公共部门和私人部门所共同面对的对象就是一个确定的、可行的项目，这个项目是公私合作的必要条件。作为合作对象的某个项目，应该具备如下条件：①该项目具备非纯公共物品（或准公共物品）的性质。不能是私人物品，也不能是纯公共物品。根据公共物品理论可知，私人物品可以完全通过市场来提供；而纯公共物品只能由政府来提供。②该项目运营过程中自身存在的经济性。项目自身经济性的大小将直接影响着私人部门参与的积极性，项目自身经济性越大，私人部门参与的积极性就越大，相反，私人部门参与的积极性就越小。③项目的自然垄断性。自然垄断性越高，私人部门参与的积极性越大，反之，私人部门参与的积极性就越低。

(2) 完备的合约。一个对双方都具有约束作用的完备的激励合约，是 PPP 成功实施的主观必要条件。激励合约的核心内容应该包括双方的权力与义务，并在各自的优势上承担各自的风险。权力共享是各自的权力，风险共担是各自的义务。体现最优风险分配的激励合约是公私合作管理模式的一个重要标志。如表 1，是在 PPP 中公共部门与民营部门风险分配表。

表 1　　在 PPP 管理模式中公共部门与民营部门风险分担表

风险类别		政府承担	民营部门承担	保险公司（或第三方）承担
商业风险	成本超出	√	√	
	经营风险		√	
	利润风险	√	√	
财政风险	债务偿付	√	√	
	汇率风险	√		
政治风险	价格规制	√		
	充公风险	√		
	转资风险			√
	争端解决			√

续表

风险类别		政府承担	民营部门承担	保险公司（或第三方）承担
其他风险	技术风险		√	√
	环境风险	√		
	不可抗力			√

资料来源：此表是作者根据萨瓦斯《民营化》总结所得。

（3）明确的目的。公私合作必须有一个明确的共同目标，双方是为了共同实现这一目标才进行合作的。例如：一个通过公私合作建立的污水处理厂，政府建立污水处理厂是为了处理更多的污水，而民营部门为了获得更多的利润，也需要通过处理更多的污水而获得，因此，政府和民营部门的共同目标都是为了处理更多的污水。也就是说，在公私合作过程中，公、私双方不仅仅目标明确，而且还要达到高度的一致。如果公、私双方的目标不明确或不一致，将会导致公私合作的失败。

（4）参与者。在公私合作管理模式中，有两个主要的参与者，就是政府公共部门和私人部门。政府公共部门可以是一个公共部门，也可以是几个公共部门的联合体；同样，私人部门也可以是一个私营部门或几个私人部门的联合体。多个私营部门之间可以通过各种形式的契约形成联合体，进而与政府公共部门合作。在公私合作管理模式中，除了政府公共部门与私人部门两个主角之外，还有许多相关参与者，例如：法律事务所、会计事务所、咨询公司等。

2. 公私合作管理模式有如下四个主要特点。

（1）以项目为主体，全过程的合作。PPP是以某具体项目为主体，在项目的全过程中合作，并不是在项目的某个阶段进行合作。从项目的设立开始，到项目的结束终止，整个过程都是由公共部门与私人部门共同完成的。

（2）利益共享、风险共担，强调风险最优分配的原则。PPP所面对的项目是由公共部门和私人部门共同投资来完成的。采取利益共享、风险共担的分配原则。在风险分配时，强调整个项目风险最小化的原则，即政府公共部门和民营部门各自承担自己最有能力承担的那部分风险。

（3）构造现金流。我们知道，PPP所面对的项目是生产公共产品或服务的，一些项目本身的现金流量非常小，或者根本就没有现金流，如果仅仅靠项目自身的现金流是不可能维持项目运营的。这时，就要构造现金流以使项目正常运营。

（4）可以使效率与公平在PPP中达到的有机结合。一个项目采用PPP管理模式，有两个明确的目的：一个是可以引进民营部门的资金；二是利用民营部门的效率。民营部门的参与可以使项目运营的效率大提高，政府部门的参与又可以使项目为社会公平的提供公共产品或服务。在这里，公平与效率可以达到完美的结合。但是，公平与效率的有机结合还需要有完备的激励合约作为基础。如果没有完备的激励合约，可能会达不到想要的结果，甚至达到相反的结果，使得项目运营更低效，所提供的产品或服务更缺乏公平。

PPP 侧重于通过在政府部门和私营部门之间建立合作关系来为公众提供物有所值的公共产品或服务，并且在合作各方之间合理分配风险、收益。它不同于资产所有权发生转移的国有企业私有化，也不同于政府直接提供公共产品或服务的传统方式。它们之间的差异主要体现在五个方面：是否发生资产转移、政府角色、服务提供的方式、风险与收益的分配和各方关系性质等。

（三）PPP 的适用范围

PPP 的适用范围较为广泛，从经济学公共物品理论来分析，凡是生产或提供具有非纯公共物品或服务的项目都可以采用 PPP 的管理模式，但不应涉及私人物品或服务的领域。严格符合纯公共物品的产品或服务非常少，因此，它广泛地适用于提供非纯公共物品或服务的项目领域，特别是在基础设施中应用的较多。根据西方发达国家的经验，适于 PPP 模式的工程包括：交通（公路、铁路、机场、港口）、卫生（医院）、公共安全（监狱）、国防、教育（学校）、公共不动产管理。但是，目前在我国还在较多地应用在基础设施方面，特别是在城市基础设施方面有较多地项目在采用这种管理模式。例如：上海浦东威望迪自来水厂、上海友联污水处理厂、上海黄浦江外环线隧道的建设等。在教育、卫生、社会保障等方面，我国目前还较少地甚至还没有涉及公私合作的管理模式。

由于我国正处于转型阶段，许多领域都处于向民营资本开放的过程之中，因此，PPP 在我国有着更为广阔的发展空间。特别是在教育产业化的过程中，教育产业的高速发展，与政府投入的不足，使得许多高等院校从银行大量融资，这将成为学校以后发展的沉重的负担。如何解决高校快速发展中资金不足问题，将是高校发展过程面临的一个严峻的课题。

二、教育产业化的特点

虽然目前已有不少人对于"教育产业化"的表述提出异议或批评，但在现实生活中，我国教育的产业化特点可说是一种不争的事实。其相关情况可列举如下几个方面：

（一）教育产业化的背景与现状

1. 高校学生数量快速增加（普通高校本科生、专科生）。从图1可以看出，我国高校招生从1999年大幅度增加，1999年比1998年增加47.3%，2000年比1999年增加38.1%，2001年比2000年增加21.6%，2002年比2001年增加19.5%，2003年比2002年增加19.4%，2004年比2003年增加16.9%。平均每年增幅高达

23.5%。如此快的增长速度,给高校基础设施增加了巨大的压力,许多高校人满为患。高校人数的快速增长必然带来对高校基础设施的急速增加,这就要求学校进行大规模的基础设施建设。

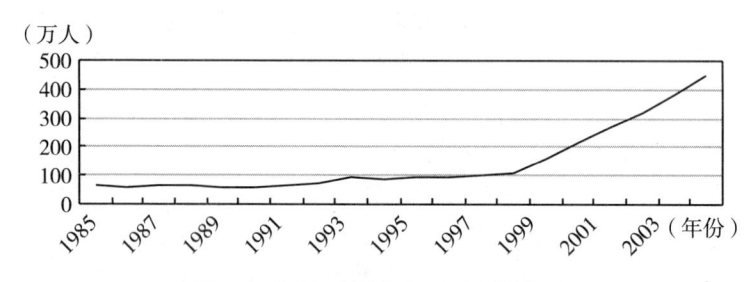

图1 高校历年普招人数曲线图

资料来源:历年全国教育事业发展统计公报。

2. 高等教育财政投资的有限性。

(1) 财政压力巨大,高等教育经费不足。目前中国的高等教育经费严重不足,这主要源于总的教育经费的严重不足。在高等教育规模不断高速增长的情况下,教育经费不足以至影响高等教育事业发展的问题日显突出。从20世纪70年代到90年代,中国每年教育经费占当年GDP的比例,各年都在2%左右,总是占世界各国的倒数第十几位。世界上发达国家的教育经费一般占GDP的5%~7%,而与中国经济水平相当的发展中国家,教育经费一般占GDP的4%左右。如要按人均教育经费算,中国更少得可怜。具体到高等教育经费,约占教育总财政投入的20%左右。因此高等教育财政性经费在国家总的教育经费不足以及高等教育经费占总教育经费比例不高的双重作用下显得捉襟见肘。

(2) 高等教育经费的主渠道薄弱、结构不合理。近年来政府的财政拨款虽然已经逐年递减,但其所占比重仍然偏高,说明高等教育仍没走出市场化的道路,辅助渠道还没完全发挥其应有的作用。另外,中国对专门针对教育而征收的税费比例又过低,近年来一直低于1%,没有很好的发掘教育税这一条教育经费来源渠道。高等教育学生缴纳的学费应是高等教育经费的重要来源渠道,近年来中国高等教育学费呈上升趋势,但是,仅仅依靠学费收入,仍然不可能满足高校基础建设高额的投资需求。

(3) 财政性教育经费事权、财权不统一。我国财政性教育经费的预算管理,长期处于事权和财权分离的状态,教育经费的预算未能单独立项。造成一系列问题:一是教育经费预算数量相对弹性较大,缺乏透明度。二是教育发展和政府对教育的拨款脱节。三是教育部门无权行使有效的宏观管理权与调控权,造成教育资源浪费。

(4) 对多元化筹措教育资金的政策扶持力度不够。在政府投入是高等教育经费主渠道的前提下,能否开拓非政府渠道,关键在于政府的政策导向。中国虽然也颁布了捐赠法,但在具体税收政策上并没有明确的规定。目前只是实行税前从所得中全额扣除捐赠额外,没有其他税收优惠以鼓励社会捐赠。企业投资也是高校经费、特别是科研经费的重要来源之一。另外,中国高等教育经费来自于社会的投资也不是很高，虽然近几年民办高校发展迅速，但中国民办高校的发展长期受国家政策的制约，《高等教育法》规定"设立高等学校……不得以营利为目的"。

3. 银行融资规模较大。随着学生规模的急剧膨胀，大多数学校的宿舍、教室、实验室等顿时紧张起来，一些学校甚至计划内学生的住宿问题都不能解决，为此不得不要求学生写出同意自己解决住宿的保证书。由于学生人数的快速增长，学校的基础设施显得非常短缺，特别是教室和学生宿舍，因此许多学校都在大兴土木建筑。但是由于高校的基础建设资金主要来源于财政投资，如果仅仅依靠财政投资来进行基础设施建设，根本无法满足高速增长的需求。在这种情况下，许多学校从银行融资进行基础设施建设，部分学校银行贷款占整个基础建设投资额的90%以上。巨大的银行贷款将会成为未来学校发展的沉重的包袱，学生的学费收入还不够每年银行贷款的利息，而财政拨款仅够维持日常的开支。据了解，一些学校已经通过银行向本校老师借款，说明金融机构已经注意到向学校贷款的风险在加大。

学校通过银行贷款融资进行基础设施建设主要基于以下三个原因：一是学校建设资金短缺，而又没有其他融资渠道；二是政府支持，许多贷款都是政府的主持下获得的；三是学校认为，如果学校还不了贷款，政府会最后来买单。

(二) 教育产业化的过程

在高校产业化的过程中，首先实行产业化的领域是高校后勤，其次是科研，再次是教学。下面我们从三个方面来分别探讨高校产业化的过程。

1. 后勤产业化。高校产业化的第一步就是后勤与高校分开，后勤也是较容易实行产业化的领域，这主要是后勤所提供的产品或服务的性质所决定的，后勤所提供的产品或服务更具有私人物品的性质。如学生食堂、学生宿舍等。许多高校在新建的学生宿舍中引进了民营资本，民营企业通过向学生收取住宿费的形式收回成本并获得利润。

2. 科研产业化。学校科研产业化可分两个方面：一个是基础研究，另一个是应用研究。相对于应用研究而言，基础研究的经济性较弱，并且能够用于实践的周期较长，并且承担着较大的风险，因此基础研究的科研经费一般还是由国家来提供，很少能够通过市场化的形式取得。相反应用研究就可以通过市场化的方式取得科研经费。因为，应用研究所得到的科研成果较容易转化为能够带来利润的产品，而且研究的周期相对于基础研究来说较短。有些科研项目本身就是企业提供并赞助的，企业通过向社会公开招标的方式寻求合作伙伴。同时也有学校的一些应用性较强的科研项目，通过向社会招标的方式寻求企业合作伙伴，并约定该项目完成后与企业共同拥有成果。

3. 教学产业化。相对于后勤和科研产业化，教学产业化就不那么容易了。教学产品就是老师为学生提供的服务，这种服务能否产业化要看它是否具备产业化的条件。用经济学的公共物品理论可以很好地回答为什么实行九年义务教育和研究生收费教育，可是对于大学生缴费的解释就不那么完美，原因很简单，那就是，他们毕业后的就业已经成为不可回避的问题。解决他们毕业后就业的问题，就不是那么容易了。大学生的收费的理论基础在哪里？虽然现在也实行了收费，如果毕业后他们的就业环境不能改善，这种收费的教育方式就会被大打折扣。教学产业化还存在着相当多的问题，如果进一步深化教学产业化的改革，还有待深思。

简单回顾了高校产业化的过程之后，有利于我们更好地认识正确处理高校产业化问题的重点和难点。同时，也为下一步如何利用公私合作的管理模式来促进教育产业化做准备。

（三）教育产业化的困境

目前我国教育产业化改革中面临着三个困境，他们分别是：

1. 投资缺口巨大。由于高校的合并，许多高校都建设了新区，而且校园占地面积较大。巨大的新校园区需要基础设施建设，而基础设施建设又需要大量的资金。众所周知，学校的基础设施建设历来都是由政府投资的，现在政府的财政投资仅仅能维持正常的开支，不可能有更多的资金投入到基础设施建设，从而形成巨大的投资缺口。目前解决如此巨大资金缺口的主要方式是从银行贷款，这种银行贷款将会很快转化为学校的深重经济负担，成为高校进一步发展的阻力。

2. 学费收入不能满足快速增长的基础设施投资。目前一些学校依靠学生的学费收入还银行贷款的利息，银行已经意识到贷款的风险在增加，据了解，一些银行已经不再继续为学校贷款。此时，学校只有通过银行向本校教师借款方式来获得建设资金。由于学生的学费不可能再继续提高，而招生的总数已经很大，如果继续增加，学校也将很难承受。如果一旦学校无力归还贷款，将给银行造成呆账、坏账，那么高校进入民营化的日子将不会太久远。

3. 管理落后。我国高校近几年有了快速的发展，无论是从学校的占地面积规模还是学生的招生规模来看，高校每年都在发生着巨大的变化。有人曾说，我国高校的基础设施建设在全世界都是一流的。但是，我们的高校管理并不是世界第一流的，和过去的管理方法没有太大的改变，落后的管理已经严重制约了学校的进一步发展。这种管理落后的现状主要表现在以下三个方面：

（1）管理观念落后。由于受计划经济体制的影响，加上过去学校的基础设施建设资金全部是由政府财政投资的，他们相信国家不会让他们成为民营高校，并且相信政府最终会为他们的贷款买单。在这种落后观念的引导下，一些高校大量从银行贷款，并且盲目扩张校园，盲目扩大投资规模。

落后的观念还表现在，资产利用率和效益观念淡薄。长期以来，校内资产在使用上缺乏严密监督、严格考核，没有必要的费用控制手段，也缺乏一定的激励机制和奖惩制度。一些人不花自己的钱不心痛，致使资产利用率低，效益差，浪费多。一些设备配置缺乏认真论证，到货后才发现选型不恰当或暂时用不着，甚至发生到货多年不开箱；有的则是缺乏全面了解，选取技术落后的设备满足不了现代教学要求而提前退役或闲置；有的不顾实际需要喜新厌旧，片面追求高、新、全，既多花了钱又使许多功能得不到开发利用，造成闲置浪费；有的好打小算盘，多多益善，宁可闲置也不调配给别的部门使用，急需部门只能重复购置；有的实验室是今改明拆，缺乏长远规划；有的以教学需要为由，行少数人使用之实，自然利用率就不高。

（2）管理体制落后。现行的高校管理体制还是过去计划经济体制下的管理模式，高校除了增加对学生的各种收费之外，与过去的管理模式并没什么大的区别。特别是在学校的基础设施建设方面，有的学校虽然也在表面上实行项目的招标，其实都在私下商定好了。落后的管理体制已经大大制约甚至阻止了高校的发展。传统的计划经济体制下的投融资模式已经不能满足高校日新月异发展的需要，需要有新的投融资体制与之相适应。在传统的投融资体制下，学校根本无法取得正常的融资渠道，一些学校在银行的贷款也是在政府的直接干预下取得的。

（3）管理方法落后。虽然高校经过快速的发展阶段，但是其管理的方法与水平并没有与学校的规模的增长而快速的增长。传统的行政干预手段依然是主要的管理方法，学校原本是以教学为主导地位，老师是学校的主力军，但现实的情况并非如此。

三、PPP 在教育产业化中的作用

在高校产业化的过程中引进 PPP 的管理模式，可以对高校产业化产生以下三个方面的作用：

（一）解决高校发展过程的投资不足或融资方式单一问题

目前高校的发展还是依靠传统的模式，主要是依靠财政拨款、学费收入、还有银行贷款。这三种方式都存在问题，一是财政投资和学费收入的有限性。财政投资和学费收入已经远不能满足高校的快速投资增长的需求，二者之间形成巨大的缺口。二是银行贷款的风险性。我们知道，学校并不是像企业一样有着较好的盈利模式，学校的收入大部分是通过收取学生的学费来实现的，前面刚谈过，学生的学费收入是有限的，已经不能满足目前的投资需求。在这种情况下，如果通过银行贷款来进行大规模的基础设施建设，就会带来如下问题：随着贷款规模的增大，当学校不能如期归还银行贷款利息的时候，银行就会因为风险的增加而终止向学校继续发放贷款，而学校又没有其他的资金来源，势必要终止在建所有工程，从而产生一些烂尾巴工程。

公私合作可以有效解决这两个问题。首先是增加高校投资，弥补财政投资的不足。通过 PPP 可以引进民营资本到高校的基础设施中来投资，从而弥补高校投资过程中资金的不足。引进的方式有多种多样，可以根据不同的项目性质来决定通过不同的模式来引进民营资本。例如现在已经被部分高校所使用的 BOT 的形式，但是仅仅是通过 BOT 的形式来建设高校的学生宿舍，在别的地方用的还比较少见。其实还有许多 PPP 的形式都可以用来为高校进行融资。除了学生宿舍之外，同样也能用到其他设施上面，如教室、体育馆、游泳馆等。通过与民营部门的合作可以为高校引进大量的建设资金，从而解决高校建设投资不足的问题。其次是防范风险，与民营部门共同承担风险。学校通过银行贷款进行建设，是学校自己承担风险。如果通过与民营部门合作，引进民营资本进行建设，不仅可以引入了民营资本，同时也可以与民营部门共同承担风险。况且，民营部门有着比高校更强的承担建设和经营管理方面风险的能力。民营部门不仅可以投入自有资金，同样也可以通过各种形式向金融机构贷款，这与学校向银行贷款有着本质的不同。学校贷款一般是信用贷款，而民营部门的贷款一般是抵押贷款。如果资金再遇到前面所述的不足现象，民营部门除从银行贷款外，还可以通过其他渠道获得资金。例如通过发行股票或债券等从证券市场获得融资。从而避免给高校产生一些烂尾巴工程的风险。

（二）提高高校的管理效率

通过公私合作的管理模式可以提高高校的管理效率。不同形式的 PPP 可以从不同的方面来提高高校的管理效率。例如：通过 PPP 建设并管理的学生宿舍，一方面可以提高建设的效率；另一方面还可以提高对宿舍经营管理的效率。在学校单独进行建设时，往往成本相对较高并且不能按期完工。如果让私人投资建设，效率会得到大提高。在管理方面，私人部门的管理效率高于公共部门的管理效率这已经是个不争的事实。如果让私人部门对学生宿舍进行管理，其效率也会得到很大的提高。同样，在其他地方采用 PPP 管理模式，也会提高效率。如对学校内的花草的管理，可以采用服务外包的形式。美国民营化大师萨瓦斯对服务的外包有着深入的研究，他认为："市政部门从事同样工作的成本比承包商高 88%（考虑税收效应和利润效应），换言之，市政机构的资源利用效率要低得多。"① 关于私人部门为什么比公共部门更有效率的研究还有史蒂文斯得出的结论："在大多数公共机构中，诸如清晰准确的任务界定、明确的工作标准和责任追究等原则并没有像在多数私营企业那样得到严格落实。这一区别似乎是公共机构和私人部门之间存在巨大成本差异的主要原因。"② 通过与民营的合作来提高高校的管理效率，这也正是采用公私合作管理模式的重要因素之一。我们会经常看到这样一些现象：一些校园内的花草树木种了拔，拔了又种，这已经不仅仅是管理效率低的问题了，给学校造成了极大的浪费。还有一种情况就是：学校内的正式工人不干什么活，他们又从外面招聘临时工来做。如果学校内不设这些工作岗位，所有这样的工作都通过合同承包的方式让专业公司来做，不仅仅效率得到很大的提高，同时还会得到高质量的服务。

---

① ［美］E. S. 萨瓦斯著，周志忍等译：《民营化与公私部门的伙伴关系》，中国人民大学出版社 2002 年版，第 168 页。

② Stevens："Comparing Public and Private-sector Efficiency," 545.

(三) 促进高校产业化健康的发展

新中国成立以来，教育事业的发展都被认为是政府的责任，应由政府投资，政府建设及政府经营，是标准的带有公益性质的公共事业。然而，随着经济社会的发展，维持教育事业的这种制度安排已日显艰难。从表面上看，作为教育事业行业原有提供主体的公共部门的供给能力，已难以满足日益增长的需求，而其长期的投资不足又成为政府巨大的财政负担，财力不足制约了投资，使供给的数量难以增长，质量难以提高。

从前面的数字我们可以清楚地看到，近几年学生的招生数量在飞速增长，导致的结果是：学生的总数增加了，学生数增加必定要扩大学校的基础设施规模；而基础设施的扩大建设又需要巨大的资金，这时候又通过增加招生来增加收入。这就进入了一种怪圈，学生越来越多，校园越建越大，资金越来越紧张。为了增加收入，学校又要求增加招生规模，给学校造成更大的基础设施建设的压力。

财政投资的不足已经制约了高校的发展，通过扩招增加收入已经进入怪圈，银行贷款又会产生许多难以克服商业风险。

因此，公私合作是促进高校产业化健康发展的理想途径。PPP 能够很好地解决目前我国高校发展过程所遇到的三大问题：(1) 资金问题；(2) 风险问题；(3) 效率问题。这在前面已有论述，本处不再赘述。

四、高校产业化过程中如何采用 PPP 管理模式

(一) 选择合适的项目

在选择一个项目决定采用公私合作管理模式时，要从项目本身的条件来决定采用哪种形式的管理模式，根据不同项目的特点来选择合适的管理形式，并不是说所有的项目都适合采用公私合作的管理模式。不同的项目有着不同的特点，同一个项目在不同的阶段也有着不同的特点。一般而言，所要准备采用公私合作管理的项目应该具备如下条件：

1. 项目自身的经济性。一个项目的经济性是指该项目所产生的现金流量。现金流量越大说明项目的经济性越强，相反现金流量越小表示项目的经济性越弱。一个项目的经济性强弱是该项目能否采用 PPP 管理模式的一个关键条件。经济性强的项目比较容易引起民营部门的注意，相反那些经济性较弱的项目常常不能引起民营部门的注意。如果一个项目有着较好的现金流量，通过项目自身的经济性能够偿还贷款并实现盈利，这类项目会有较多的伙伴愿意与高校来合作。如果一个项目经济性较弱，通过自身的经济性不能盈利，甚至不能还清贷款，只有通过财政的补贴才能

实现盈利，这类项目相对而言就没有前面所述的项目受民营部门的喜欢。项目本身的经济性强弱是一个项目成功实施 PPP 管理模式的关键，对于经济性强的项目，高校会有较多的合作伙伴可供选择，对于经济性较弱的项目可能就没有那么多的合作者来参与。项目经济性的强弱可以通过西方或世界银行的基础设施可销售性指标来进行判断，一般地，可销售性指标越高其经济性越强，反之越弱。

2. 项目所要求的技术性。项目的技术性是指该项目的建设，以及运营和管理所需要的技术水平。不同的基础设施项目有着不同的技术水平的要求。对于有较高技术水平要求的项目，在选择合作伙伴时就要针对在该项目上有着较高技术水平的合作者来进行招标，以便能够引进更先进的技术。对于没有太高技术水平要求的项目，就应该向更多的合作者进行招标，以便能使成本降到更合理的位置。一个项目的技术性也是对该项目能否成功实施 PPP 管理模式的一个重要因素。

3. 项目所处的环境。一个项目采用 PPP 管理模式所需要的环境包括多个方面，如政策环境、经济环境、技术环境、市场环境等。在这里主要谈的是市场环境，也就是说，该项目所处的是一个什么样的市场环境。市场环境是指竞争性市场还是自然垄断性的市场。如果该项目所处的是竞争性的市场环境时，高校应该充分利用市场的优势，让市场充分发挥作用，而不是过多地进行干预。此时，高校合作的对象不应该是一家，而是和多家进行合作，让他们之间形成充分的、理性的、有序的竞争。如果该项目处于自然垄断的市场环境时，高校只能和一家民营部门进行合作。同样，在这种情况下也可以把竞争引进过来，如在招标合作伙伴时采用竞争招标的方式。这也称之为事前竞争。在自然垄断的市场环境下，高校在 PPP 管理模式中的地位和作用就会比竞争环境下大一些。

（二）合作伙伴的选择，合作伙伴的条件

有了明确的项目之后，就要确定合作伙伴。合作伙伴的选择在 PPP 管理模式当中有着重要的地位和作用，也是一个非常重要的环节。如果选择到了一个合适的合作伙伴，项目就会进展的很顺利，如果选择的合作伙伴出了问题，项目就会变成一个烂摊子工程。因此，作为高校在选择合作伙伴时应该慎之又慎。选择合作伙伴有一个基本的原则，就是在选择的过程中要做到"三公"，即公开、公平、公正。在选择合作伙伴时还要营造充分公平的竞争环境。

1. 选择合作伙伴时应该遵循的基本原则。

（1）引入竞争机制的原则。在选择合作伙伴时要引入竞争的原则，其目的是：一方面为了能让有资格的民营部门的经营管理者，平等的参与竞争；另一方面通过竞争可以降低成本、提高效率。由于高校项目的特殊性，在经营管理中引入商业竞争的可能性不大。只有把这种商业竞争机制放在选择合作伙伴的环节上，从而改善和提高经营和管理的效率。引入竞争的方式有很多，最为常用的还是公开招标的方式。目前我国在公开招标方面，许多地方做得还远远不够规范，名义上公开招标，实际上是暗中指定。有时以故意抬高进入门槛的办法，把一些有能力的民营部门管

理者排除在外。

（2）规范、透明运作的原则。在选择合作伙伴时，应该遵循规范、透明运作的原则。只有规范、透明运作才能体现公开、公平、公正的基本原则。要建立规范的操作流程，透明的运作制度。要向所有的有意愿参与和高校合作的民营部门提供统一的招商材料。由项目小组制定《资格预审公告》、《资格预审须知》等资格预审文件，并在规定的时间内向参与竞争合作伙伴的公司发送资格预审文件。通过预审后，项目小组再对通过预审的公司递交的申请文件进行初步审核，由项目组成员会同有关部门人员在完全封闭、保密的情况下，根据该项目对合作伙伴的要求及评审的要求，对通过预审公司提交的申请文件进行全面的分类整理。然后由专家进行评分，在公证人员的监督下，根据专家的评分结果来确定最后的合作伙伴。有多种形式的选择合作伙伴，但是，应优先采用公开招标的方式，对暂不具备公开招标条件的，应更强调决策的透明性和责任制度，强调专业性中介机构的作用并强化签约前的审批制度和签约后的备案制度。

（3）公众参与机制的原则。高校在选择合作伙伴时，应该让公众有参与选择民营部门的程序，建立公众参与高校选择合作伙伴的机制。让每个公众参与没有必要也不太现实，但应该建立让更多公众参与的机制。如在该项目的受益者中，选拔出能充分体现公众意愿的代表，参加到决策小组中，和决策小组成员一起投票。至于在决策小组中所占人数的比例，还应该有待进一步的研究。

2. 选择合作伙伴的基本条件和要求。不同的项目有着不同的特点，在选择合作伙伴时，要根据不同的项目来进行选择。

（1）应具有投资、经营和管理此类或类似项目的经验。所要选择的合作伙伴首先应具有在此类项目的投资、经营和管理的经验，特别是对于有着通过采用PPP管理模式来引进先进的管理经验的目的的项目，在选择合作伙伴时更应该注重这方面的要求。缺乏或者没有此类项目的投资、经营和管理经验的民营部门竞争者应该排除在外。如果选择的合作伙伴根本就没此类项目的投资、经营和管理的经验，也就失去了采用PPP管理模式的意义。

（2）主要管理人员应具有与项目相关的技术和管理能力。选择的合作伙伴的管理人员应具有与项目相关的技术和管理能力。管理人员所拥有的技术和管理能力，是合作伙伴参与的基础。如果所选择的合作伙伴的管理人员缺乏应有的技术和管理能力，等到与高校合作之后再从新来进行培训，这无形中就增加了合作的成本。同时也不符合采用PPP管理模式的初衷。对所选择合作伙伴管理人员具有的技术和能力应有较高水平的要求，在行业内应具有领先的地位。管理人员的技术和管理能力，在PPP管理模式中有着核心地位和作用。在公私合作模式中，民营部门拥有的技术和具有的管理能力是其能够与高校合作的优势条件之一。

（3）应具有与项目相当的财务实力。要选择的合作伙伴应该具有与经营管理的项目有相当的财务实力。这一方面的要求特别在有着融资目的的PPP管理模式的项目里会有更严格的界限。合作伙伴的财务实力与资信能力代表着其具有的投资和融资的能力。一般高校的基础设施投资都需要巨大的资金，高校之所以与民营部门合作，目的之一就是为了引进民营部门的资本投入到高校的基础设施建设中来，从而解决政府在高校的基础设施投资的不足。对合作伙伴的财务实力一般都有具体的要求，自有资金的投入一般要求不低于项目投资额的35%或更高的比例。

（4）合作伙伴应符合国家目前相关行业资质管理的一般规定。所选择的合作伙伴除了具有技术、管理、财务等方面的要求外，还应该符合国家目前相关行业的资质管理的一般规定。党的十六届三中全会通过的《关于完善社会主义市场经济体制若干问题的决议》中已经明确提出了"放宽市场准入，允许非公有资本进入法律法规未禁入的基础设施、公共事业及其他行业和领域。"使得民营部门有了更多的参与城市基础设施建设的机会。

3. 选择合作伙伴的程序。选择合作伙伴的程序较为复杂，不同的项目有着不同的特点。就是同样的项目也会有不同的合作形式，在选择合作伙伴时可能要采用不同的方式，不同的方式就会有不同的程序。但是，尽管程序有所不同，都会经过这样几个阶段。

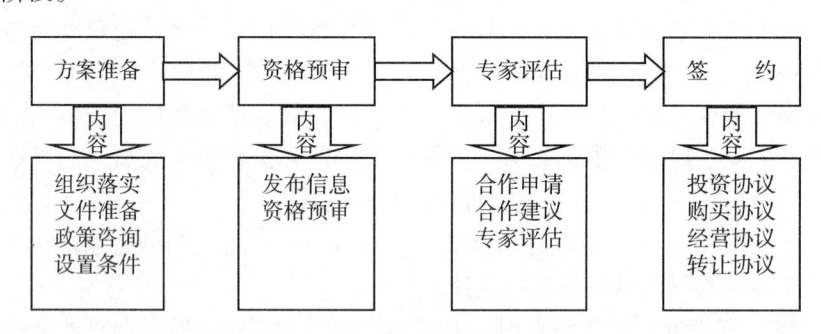

```
┌────────┐    ┌────────┐    ┌────────┐    ┌────────┐
│方案准备│ ═> │资格预审│ ═> │专家评估│ ═> │签  约  │
└───┬────┘    └───┬────┘    └───┬────┘    └───┬────┘
   内容           内容           内容           内容
┌───▼────┐    ┌───▼────┐    ┌───▼────┐    ┌───▼────┐
│组织落实│    │发布信息│    │合作申请│    │投资协议│
│文件准备│    │资格预审│    │合作建议│    │购买协议│
│政策咨询│    │        │    │专家评估│    │经营协议│
│设置条件│    │        │    │        │    │转让协议│
└────────┘    └────────┘    └────────┘    └────────┘
```

图 2

（1）方案的准备。①组织落实。成立项目领导小组，主要负责招商工作的协调、决策。同时也可委托招标公司作为招商代理，负责全过程的具体事务。②文件准备。这个阶段的主要工作是，编制《合作协议书》以及相关的文书和协议。在编写这些文本的过程中，应尽可能的详细、严谨、规范，并要咨询法律顾问。③政策咨询。政策咨询的主要内容包括：政府的授权、经营权的期限、税收的优惠政策、前期的工程费用、土地政策和物价政策等。项目是否成功的关键离不开政府的支持，特别是在政策方面的支持。④设置条件。根据具体项目的内容和要求，结合行业特点，对项目合作伙伴确定相应的条件。

（2）资格预审阶段。①发布信息。发布信息应该按照《招标法》规定的格式和程序，在公开媒体上进行信息发布。对招标说明书做尽可能广泛的广告宣传，确保宣传超过在专门报刊上刊登一条声明这一最低要求。从竞标消息发布之日到正式竞标，要留出充分的时间供投标商进行准备。要举办一个竞标商讨论会，解答竞标商提出的种种疑问。避免在招标书中出现过多的标价，避免以不适当的理由否决竞标商的投标。当一个竞标者出现失误时，不能让其重新提交标书。②资格预审。要由专家组成的资格预审组进行预审，在资格预审中要做到"公开、公平、公正"的原则。这里主要是排除不合格的参与者，选择符合条件的参与竞争者。这里应注意两个方面的问题：一个是要防止不合格的参与者参与部标；二是不要让合格的参与者排除在外。在这方面，有些地方曾采用抽签的方式决定参与部标者，还有些地方人为的设置一些条件，让一些合格的竞标人排除在外。这都说明了现在有些地方做得还不够规范。

（3）合作申请与评估阶段。①招商申请。通过资格预审的参与者，在此阶段领取合作的文件，并根据合作文件的要求进行准备投资及经营管理的建议书。②合作建议书递交。参与竞争者提交投资及经营管理建议书。对递交的投资及经营管理建议书要进行规范、整理，不能使评标人从竞争者的建议书中看出是哪家竞争者所投的建议书。目的是为了让评标人能够客观公正的打分。③招商评估。这是一个重要的环节，主要有这样几个工作：首先，经过整理后的建议书，要经过竞争者的再次确认。其次是专家选择，有条件的可能采用在公证处进行随机抽签产生。专家的组成结构应由技术与管理、金融、法律等。再次是，在公证处代表的公证下，召开专家评估会进行评估。会议还可分为技术与管理、经营与管理，可分别进行独立的评估。

（4）签约。选择合作伙伴的最后一项工作就是签订合作伙伴的各种协议。其中主要有这样几种：投资协议、产品或服务的购买协议、经营权的协议、变更协议、转让协议等。还要根据合作的内容及合作的形式签订相关的附属协议。

总之，选择合作伙伴是一项复杂而艰巨的工作，在实际操作中可能会遇到许多复杂的问题，还需要进一步的规范。目前存在主要问题还是操作不够规范，暗箱操作的现象时有发生。选择合作伙伴是PPP管理模式的开始，如果合作伙伴没有选择正确，那么该项目采用PPP管理模式就很难达到预期的目的。

（三）建立监管体制与绩效评估制度

1. 建立监管体制的问题。由于教育行业特殊性的存在，建立监管体制是公私合作成功的关键，对公私合作制管理模式的正常发展至关重要。建立监管体制，包括监管主体和监管对象两个方面。也就是说由谁来监管和监管什么的问题。对于监管主体三个方面的要求：第一是监管主体必须具备独立性。这既是监管主体的一般组织特征，也是最重要的特征，是监管主体其他特征的基础。独立性特征要求监管主体在结构上要与政府其他部门严格分开，以独立执行监管政策。第二是监管权的配置必须协调，即监管主体与其他政府部门及监管机构间是分工协作的关系。第三是还应包括对监管主体进行监管的内容。监管的内容通常也可分为三个方面：（1）经济监管；（2）技术监管；（3）普遍服务。对于监管的对象包括两个方面的要求：一是要有利于引入竞争。二是要有完善的信息获取和传递机制，以确保信誉机制的有效。

2. 建立绩效评估体系。绩效评估已经被日益广泛地应用到经济社会的各个方面，绩效评估不是目的，它是一种有效的管理方法，通过绩效评估我们可以对公私合作进行有效的管理。无论采用何种方法进行评估，都要对所评估的结果与传统的管理模式相比较，前后比较的方法也是最直接与最有效的评估方法。萨瓦斯在其《民营化》一书中，以公共服务的合同承包为例做了大量的前后比较研究。前后比较的评估方法虽然实用，但是它有个无法克服的弱点，就是不能考察各种因素之间的相互影响关系，只对单个的效果进行比较。

建立绩效评估体系，应该包括三个方面：一是评估主体；二是评估对象；三是评估方法。作为评估的主体应该具有独立性，否则将缺乏公正性。作为评估的对象应该明确、清晰。它也应该包括评估的内容。作为评估的方法，要根据不同的项目特点来选择。对公私合作管理模式的评价并没有一个全能的评价公式，不同的公私合作管理模式的形式会有不同的评价方法。这主要是因为公私合作形式的多样性所导致的结果。

只有建立了有效的监管体制和绩效评估制度，才能确保公私合作管理模式在我国高校产业化中发挥作用。否则，不仅不能够促进高校产业化的健康发展，相反，会使得产业化既无效率又缺乏公平。因此，在高校产业化过程中应当谨慎采用公私合作管理模式。

主要参考文献

[1] [美] E. S. 萨瓦斯著，周志忍等译：《民营化与公私部门的伙伴关系》，中国人民大学出版社 2002 年版，第 168 页。

[2] Stevens: "Comparing Public and Private – sector Efficiency," 545.

[3] 世界银行：2004 年发展报告《让服务惠及穷人》，中国财政经济出版社 2004 年版。

[4] 加雷斯·D·迈尔斯著：《公共经济学》，中国人民大学出版社 2001 年版。

[5] 欧文·E·休斯著：《公共管理导论》，中国人民大学出版社 2001 年版。

[6] 王晶编著：《城市财政管理》，经济科学出版社 2002 年版。

[7] 孙洁著：《城市基础设施经营的公私合作管理模式研究》，博士论文，2005 年。

[8] 徐瑞娥：《完善我国财政教育投入体制问题的研究综述》，2004 年。

运用PPP机制提供保障性住房的建议

■ 导读

  保障房种类较多，由于经济适用房和限价房其资金来源并不紧张，因此，本文仅仅讨论廉租房和公共租赁住房如何运用PPP模式提供。廉租房可以选择三种PPP形式，而公共租赁住房可以选择两种PPP模式。

  加快提供保障性住房是当前政府解决民生问题的一个重大事项。国务院领导已明确了今后5年新建3600万套保障性住房的目标，2011年新建1000万套保障性住房的"硬任务"已具体划分为各地的建设任务目标。据估计，1000万套保障性住房要高达1.3万亿元以上。如此巨额的开支，仅仅依靠政府财政投入是不可能的，政府大包大揽模式也不是一个能保证较高效率的好模式。显然，必须积极引导、拉动社会资金的参与，才能顺利实现保障房建设目标。当前保障性住房包括廉租房、公租房和经济适用房等。鉴于各地经济适用房、"双限房"供给方面漏洞甚多、弊病丛生、管理成本甚高而扭曲现象防不胜防的现实，除"共有产权"式的有利于封杀套利空间的经济适用房之外，我们原则上并不支持再继续提供完全产权经济适用房，因此，本文讨论的保障房建设，主要是如何通过PPP提供廉租房和公共租赁住房。

一、关于廉租房的 PPP 提供模式

廉租房是政府向低收入家庭提供的租用房。由于房租低,不可能由市场自行提供,必须政府提供特定政策支持来建设这种住房,但引导、拉动非政府资金参与建设仍是必要和可能的。我们建议廉租房可以通过以下两种 PPP 方式提供。

建议一:政府与投资机构合作,通过建设—转让(BT)的模式提供廉租房

BT 是 Build(建设)和 Transfer(转让)两个英文单词的缩写,BT 的含义是:政府公共部门通过合同约定,将拟建的项目(在这里即为政府规划中已确定建设的廉租房)授予投资人,在规定的时间内,由投资人按照政府要求,在得到合同确定的政府特定政策支持的条件下,承担工程的融资和建设,合同期满后政府按照合同的约定回购该项目。

BT 方式的基本操作过程是:政府公共部门通过公开招标的方式选择一个项目公司,与项目公司签订一个包括政策支持内容(如优惠条件提供周边开发权等)以及回购内容的合约,项目公司根据此合约进行融资并建设,项目建成后项目公司根据回购的相关条款转让给政府的相关部门。政府接收部门根据回购条款一次或分次将资金付给项目公司。

BT 方式的关键点有三个:一是选择的投资机构要有足够的资金实力,同时应有较强的融资能力;因为,选择 BT 方式一个重要的原因是解决廉租房建设中的资金不足问题,如果项目公司自身实力不强和其融资能力不强,就失去了选择 BT 形式的意义。对于项目公司的自有资金要有一定的要求,如自有资金应当达到项目总投资额的一定比例等。自有资金比例占得越大,项目风险越小,反之风险就大。二是回购的方式选择要合理。政府在选择回购时,可根据资金情况来确定,如果未来资金不够充裕可分阶段来回购。三是政策支持条件应合理,符合国土开发的"顶层规划"和适度、可操作的原则。

BT 这种形式的参与主体,一方是政府公共部门,作为项目的发起人和业主,是项目的最终所有者。另一方是投资人,通常有两种组成方式:一种是由出资人和承包商结为联合体,组成投资人;另一种是承包商独自成为投资人。将 BT 作为建设廉租房的适用模式,主要基于以下几个原因:

第一,政府提供廉租房的一大障碍是建设资金不足,而 BT 这种形式最大的优势就是为项目提供和筹措建设资金,缓解建设期间的资金压力。通过成立 BT 项目公司,项目建设方可采用项目融资方式实现表外融资,实际借助市场筹资从而后移与平滑分散处理"还本付息"压力,并有效提高资金的使用效率,分散投资风险。

第二,采用 BT 方式可以降低工程实施难度,提高工程投资建设的效率。BT 项目由建设方负责工程全过程,包括工程前期准备、设计方案细化、施工及监理等建设环节,有利于有效实现设计、施工的紧密衔接,减少建设管理和协调环节,实现

工程建设的一体化优势和规模效益。

第三，BT方式一般采用固定价格合同，通过锁定工程造价和工期，可有效地约束工程造价，降低业主的投资建设风险。廉租房建设中控制造价的效果尤为明显，因为建设住房的材料涉及各个方面，风险控制较难把握，在低端房建设中控制房价成本难度更大，而通过BT可有效调动施工方内在潜力与积极性，控制这种风险。

第四，BT方式目前是国际上通用的首先以融资为目的的公私合作形式，通过设置回购承诺和回购担保条款，可降低项目投资风险，对资金实力雄厚、管理运作规范的大型施工项目而言，BT项目属良好投资渠道，通过BT方式参与工程项目的投资建设，能够充分发挥企业自身技术和资金的综合优势。另一方面政府则通过这种BT方式，既为建设廉租房融入资金，也为社会较快提供了更多、更好的廉租房，形成让更多中低收入家庭能够住有所居的有效供给，改善其生活质量。

建议二：政府与房地产商合作，通过土地"拼盘开发"方式提供廉租房

政府引导、拉动社会资本参与廉租房建设与提供的另一个可行办法，是政府在向房地产商转让土地使用权用于开发时，拼盘搭配式地要求开发商必须向政府提供占整个建设面积一定比例（如30%）的廉租房。

这种做法的实质是政府用原可得的更高土地出让金的一部分"内含式"地用于建设廉租房，只不过在这种办法中，政府省去了许多中间过程，表现为廉租房直接由开发商提供，其费用在土地转让金中直接减去。也就是说，开发商在参加投标时的土地报价中，已经将其拼盘提供廉租房的成本减去了。

通过这种方式提供廉租房过程中，政府的责任是：一是负责组织土地使用权的出让，可以仍然采用招投标方式，由竞争中的中标者取得开发权；二是负责开发地块与其整个辖区建设的通盘规划的优化协调匹配，以及地块开发具体方案内部各要素的合理拼盘搭配；三是全面、清晰、合理设定廉租房建设的具体规格、标准及相关管理要求；四是持有廉租房所有权并负责廉租房的公平合理分配；五是组织必要的工程监理与验收。开发商的责任：一是按照中标合同要求建设廉租房；二是负责廉租房建设的融资。

建议三：政府案揭

私人通过案揭购房已经成为人们普遍的购房方式，政府案揭和私人案揭并没有什么运行机理上本质的不同，只不过是政府购房成本不包含土地出让价格，仅仅包含建筑价格和开发商的市场投资平均利润。就是说，政府提供一块土地，通过公开招标寻找开发商，由开发商向银行融资建设，建设完成后由政府通过案揭的方式全部购回。

这与前面的BT有某些类似，但也有所不同。不同之处主要是，在BT中，政府如分期付款、是付给投资机构，而在案揭中，政府主要是分期付款给银行。

二、关于公共租赁住房的 PPP 提供模式

与廉租房相比,公共租赁住房的房租相对较高(但仍低于市场价格),且征收稳定。公共租赁住房的建设成本,可以通过房租部分收回,如果政府再给予适当的补贴或政策优惠条件,经营者则可以通过对其建成后的经营管理,收回成本并获得一定的利润。因此,对于公租房的提供,我们可以考虑 PPP 大概念下的以下两种具体形式:

建议一:政府与投资机构合作,采用 BOT 模式提供

BOT 是 Build(建设)、Operate(经营)、Transfer(转让)三个英文单词的缩写,概念上代表着一个完整的项目融资、建设和运营时段,现在已经成为 PPP 管理模式下的一个重要形式。这种形式的基本思路是,由政府授权项目公司对项目进行建设和经营管理,项目公司在经营管理期收回投资并获得合理的商业利润,最后根据协议将该项目无偿转让给相应的政府管理机构。这种方式已经在我国被广泛地应用在包括水务、发电、垃圾处理等多个领域中的建设项目,在政府的公共租赁住房建设管理中,也存在广泛的应用空间。

在政府公共租赁住房建设中选择 BOT 方式,主要是基于以下几个原因:

第一,公共租赁住房所收的房租要比廉租房高,投资者在建成后如继续持有经营权,通过房租可以收回一定的投资成本,如果政府再给予一定补贴或优惠政策条件,投资者可以通过对公共租赁住房的建设、经营收回投资并获得一定的投资回报。

第二,通过 BOT 方式实施公共租赁住房建设,可以为政府在更长的时间段实际融入更多的建设资金,让更多的民营资本在更长的时间段上参加到公共租赁住房的建设与提供中来。民营资本除了利用自有资金进行建设外,还可以通过资本市场为公共租赁房建设融资,从而进一步扩大公共租赁建设的融资渠道。

第三,提高资产运营效率。在由民营部门建设的公共租赁房完工后,继续由民营部门进行经营管理,不再是原来惯常的由政府公共部门自身运营,可以提高经营管理的效率,因为民营部门对市场有着更为敏锐的洞察力和更为细致、先进的管理机制,以及丰富的专业运作经验。这同时也有利于使政府公共部门从一些繁琐的事务中摆脱出来。

第四,可以明显减轻政府公共职能尽责的资金压力。由于民营部门是通过一个相当长的时间段内实施对项目的建设和竣工后的运营管理,才收回全部投资,在合同期过后,政府可以无条件根据 BOT 合约收回公共租赁房的全部产权,这近乎政府经过特许权的阶段性操作,在不花钱的情况下,提供了原来只有大笔花钱才能办成的公租房供给。

第五,总体上可显著加快政府保障性住房建设步伐。由于 BOT 方式中,政府投入很少或者根本不用账面财力投入,完全由民营资本进行建设和管理,这样可以大

大加快各地廉租房建设的步伐，让更多的中低收入家庭尽早得到住房条件。

BOT 基本操作过程是：政府公共部门确定公共租赁房规划与建设项目后，对该项目进行公开招标，中标单位就此项目成立项目公司，由项目公司负责对项目进行融资、建设并管理（也可委托其他公司进行管理），经营期过后把所有项目资产转交给政府相关公共部门。

由于项目是公共租赁房，其现金流量也可能不足以使民营部门在收回投资时伴有合理回报，此时政府可以通过现金流量补贴的形式，使其达到收回投资并得到合理投资回报的水平。补贴有两种方式，一是补贴给公租房使用者，再经房租形式由经营者收取，二是直接补贴给经营者。

凡有政府补贴成为必要的 BOT 方式的关键点，是合理确定现金补贴量，这涉及企业能否实现合理的投资回报。现金流量补贴的高低通常与经营的期限长短成负相关，即经营期限越长，政府现金补贴越小，反之越大。

建议二：与私人持有者合作

前面几种建议都是针对新建的保障性住房，但提供保障性住房，除了新建外，还可以通过私人拥有产权的住房来提供。政府通过社会中介公司，收集一定数量符合保障性住房条件的闲置的私人产权的住房，对这些私人产权住房给予一定的优惠条件（如房租税收优惠等），让房主提供给需要公共租赁住房的人。如果公共租赁住房的房租水平与他们的出租价格相比过低，政府可以通过对出租者补贴或对入住者补贴的方式来解决问题。

政府通过与住房私人持有产权者合作的方式提供公共租赁住房，有三大优点：一是能够很快提供出公共租赁住房，而不像新建设住房那样，需要较长的时间才能投入使用；二是政府可以灵活掌握提供的数量，需求量大时，政府可以多寻找一些房源，而需求较少时，政府便没有必要寻找更多房源；三是实现社会资源配置的优化，让社会闲置住房发挥积极的准公共品作用。一些资料显示，目前我国城市存在为数可观的空置房，如果能够加以利用，可有效减缓当前住房压力，并且产生遏制房价快速上升的效应。

灾后重建中合理采用 PPP 管理模式

■ 导读

　　5.12 汶川大地震造成了巨大的人员伤亡和财产损失，灾后重建需要大量的人力、物力和财力，如果仅仅依靠捐助和财政资金，还远不能满足灾后重建的需要。为了加快灾后重建速度，同时也为了充分发挥财政资金在灾后重建中的主导和引导作用，有必要注重采用公私合作伙伴关系（PPP）的管理模式，它可以在基础设施、公用事业、企业恢复生产、居民住房等多方面的灾后重建中发挥积极作用，更有效率地发掘民间资金潜力和推动灾后重建工作。

2008年5月12日，发生在四川汶川的大地震，给人民生命财产造成重大损失。专家估计直接经济损失高达5000亿元人民币以上。灾后恢复生产和多方面的重建任务是非常艰巨的。中央财政已安排了700亿元灾后恢复重建基金。但仅仅依靠财政投入显然是不够的，如何让财政资金发挥更大的作用和如何使之与社会捐助资金以及可能引致的民间资本形成合力用于灾后重建，十分值得重视。既要发挥财政资金的主导作用，又要发挥财政资金引导、拉动民间资本的潜力，因此在灾后重建中应当合理采用PPP管理模式。

一、PPP管理模式的内涵

PPP是英文Public-Private Partnerships的缩写，通常翻译为公私合作伙伴关系，但是在中文文献中，有关PPP的译法多种多样，如公私合作伙伴模式、官方/民间的合作、公共/私人合作关系、公共民营合作制、官督商办模式等。这些概念的差异反映了学者们在对PPP的理解和认识上的仁者见仁，智者见智。两种比较典型的观点是：

第一，美国民营化专家萨瓦斯认为，可以从三种意义上使用公私伙伴关系这一术语。首先是广义界定，是指公共和私营部门共同参与生产和提供物品和服务的任何安排。合同承包、特许经营、补助等符合这一定义。其次是中口径的界定，是指一些复杂的、多方参与并被民营化了的基础设施项目。再次是窄口径的界定，它指企业、社会贤达和地方政府官员为了改善城市状况而进行的一种合作（E. S. Savas, 1999）。

第二，联合国发展计划署总结为：PPP是指政府、营利性企业和非营利性组织基于某个项目而形成的相互合作关系的形式。通过这种合作形式，合作各方可以达到比预期单独行动更有利的结果。合作各方参与某个项目时，政府并不是把项目的责任全部转移给私营部门，而是由参与合作的各方共同承担责任和融资风险（联合国发展计划署，1998）。

可以说PPP管理模式是政府公共部门与私人部门在为社会提供公共产品和服务的项目上进行合作而形成的，通过这种合作管理过程，可以在不排除、并适当满足私人部门的投资营利目标的同时，为社会更有效率地提供公共产品和服务。由于本文研究的是灾后重建问题，所以，PPP管理模式所涵盖的范围会更为广泛。除了一般的公共产品和服务外，还涉及灾后政府需施以援手的一般性企业，以及私人产品的范围，如在居民住房等领域的公私合作。

二、选择公私合作管理模式的必要性与可行性

(一) 必要性

这可从以下四个方面来看:

1. 此次地震灾害所造成的损失巨大,重建任务重、时间紧。四川汶川大地震已经造成近 7 万人遇难,37 万余人受伤,1.8 万以上的人失踪外,有数以万计的人已形成终生伤残。除此之外,据初步统计,在基础设施方面:公路受损里程为 53 294 公里;受损水厂 8426 个和受损供水管道为 47 642.5 公里;6443 个规模以上工矿企业受损。另外,还有许多公共设施造成破坏,如学校、医院、厂房设备、政府行政事业单位办公楼等。

在农业方面,因地震造成一些地区夏粮绝收,秋季农作物也无法耕种。大部分农民已经从山区安置到都市地区,由于交通和其他条件的限制,即便是有土地,也无法回家继续耕种。在旅游方面,可能会因为地震,近三年甚至更长的时间内都很难恢复到灾害前的水平。

据专家估计,此次地震造成的直接经济损失可能高达 5000 亿元以上。如果考虑到间接的经济损失,数字更大,重建工作具有任务重、时间紧迫的特点。

2. 重建所需资金数量巨大,投入主体多元化。汶川 5.12 大地震造成的破坏严重,灾后重建过程可分为时间上有所迭压的几个阶段:第一是应急阶段,这一阶段为灾害发生到其后 6 个月左右;第二个阶段是对受灾群众的安置阶段,一般是从发生灾害 3 个月到其后 3 年的时间;第三个阶段才是以重建为重点内容的阶段,一般从发生灾害 1 年到 10 年或更长的时间来完成(见图 1 所示)。

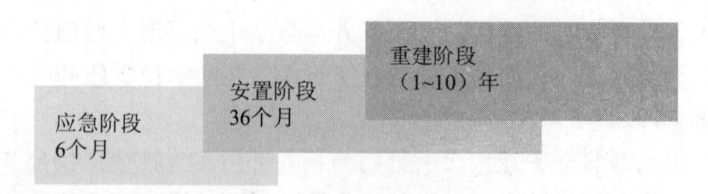

图 1 灾后重建时间表

有关专家预计,四川省灾后重建资金需求将达到约 1 万亿元人民币左右。它包括基础设施建设、居民住房建设、公用设施等。仅仅居民住房建设就需要约 7000 亿元人民币。初步估计应急阶段大约需要 1000 亿元、安置阶段大约需要 2000 亿元、重建阶段大约需要 7000 亿元。在应急阶段以财政性资金和社会捐助资金为主导;安置阶段以财政性资金和社会捐助资金为主的同时,积极合理引入社会非营利组织的参与;在重建阶段应当以财政性资金为引导,充分发挥市场机制,让更多的社会资

金参加到灾后重建中来。

3. 财政资金有限，社会资金潜力大。全国人大、国务院已决定今年先行安排700亿元，建立灾后恢复重建基金。同时，国务院还决定，中央国家机关今年的公用经费支出一律比预算减少5%，用于抗震救灾。

即便是中央保持每年投入700亿元，3年投入总量才能达到2100亿元，再加上其他一些财力面对1万亿元的重建资金需求仍然存在着为数可观的缺口。而社会捐助资金，6月底统计已接近550亿元，此后一次性捐助估计增长量不大了，但以项目合作等方式引致民间资本进入的潜力则十分可观。

4. 市场经济环境下和政务公开进程中，公众日益关注灾后重建资金的使用效益。对于民间捐助资金如何透明、高效地运用，公众已给予了前所未有的高度关注，政府各有关部门、审计机关也一再表明了严格监管、注重绩效的态度，这客观上形成了在严把"合规性"关口的同时，积极探索能够带来高效率的PPP新运行机制的迫切要求。

（二）可行性

除了一般的理论分析解释之外，灾后重建中，公私合作的管理模式有着比以往任何时候都更为广阔的发展空间。

1. 从市场角度来看。作为市场的主角——企业，面对这场灾难都纷纷捐款、捐物献出自己的爱心。但是，仅仅捐赠是不够的，其作用也是很有限的，更重要的是参加灾区重建工作，利用企业自身的优势来贡献更大的力量。以往谈到PPP可行性时，更多地是强调项目产生的利润对企业的吸引力，今天，在这里还加入了公众与企业都越来越认可的企业的社会责任。灾后重建的大型基础设施建设离不开企业的参与建设和管理，或许项目自身利润是微薄的，但作为一个意在体现自己强烈社会责任感的企业，也会积极参与建设。

2. 从政府角度来看。向社会提供公共产品和服务是政府公共部门的基本职能。目前，无论是在理论上，还是在实践中，通过PPP向社会提供公共产品已经被越来越多的人们所认识和肯定。基础设施民营化从20世纪70年代末期英国开始，已经成为国际上的潮流与趋势。我国自改革开放以来，PPP也萌芽、发展，而在近些年显著成长，取得了一些经验。当前我们面对灾后重建基础设施、公共设施的任务，完全可以适当选择PPP管理模式，并可包括灾后居民住房建设配备以政府补贴等形式。

三、灾后重建过程中可以采用 PPP 管理模式的领域和形式

（一）基础设施和公共设施中的 PPP：主要包括学校、医院、体育场、道路、自来水厂、污水处理厂等

根据美国民营化专家萨瓦斯的研究，可以根据基础设施的不同形态，采用不同的 PPP 管理模式（见表 1）。

表 1　　　　　　　　　　PPP 管理模式的分类

基础设施类型	模式	描述
现有基础设施	出售	民营企业收购基础设施，在特许权下经营并向用户收取费用
	租赁	政府将基础设施出租给民营企业，民营企业在特许权下经营并向用户收取费用
	运营和维护的合同承包（O&M）	民营企业经营和维护政府拥有的基础设施，政府向该民营企业支付一定的费用
	转让—经营—转让（TOT）	政府将已有基础设施转让民营部门，民营部门在政府特许权下进行经营，经营期限过后，再转让给政府部门
扩建和改造现有基础设施	租赁—建设—经营（LBO）购买—建设—经营（BBO）	民营企业从政府手中租用或收购基础设施，在特许权下改造、扩建并经营该基础设施；它可以根据特许权向用户收取费用，同时向政府缴纳一定的特许费
	外围建设（Wraparound Addition）	民营企业扩建政府拥有的基础设施，仅对扩建部分享有所有权，但可以经营整个基础设施，并向用户收取费用

续表

基础设施类型	模式	描述
新建基础设施	建设—转让—经营（BTO）	民营企业投资兴建新的基础设施，建成后把所有权移交给公共部门，然后可以经营该基础设施20~40年，在此期间向用户收取费用
	建设—拥有—经营—转让（BOOT）或者建设—经营—转让（BOT）	与BTO类似，不同的是，基础设施的所有权在民营部门经营20~40年后才转移给公共部门
	建设—拥有—经营（BOO）	民营部门在永久性的特许权下，投资兴建、拥有并经营基础设施

资料来源：转引自［美］E. S. 萨瓦斯著，周志忍等译：《民营化与公私部门的伙伴关系》，中国人民大学出版社2002年版，第259页。

通过表1我们可以看到，在基础设施领域，政府与民间资金合作的主要途径可分三个方面：

1. 已有基础设施。在此次地震中，虽然受到地震灾害的影响，但是仍然还能使用的基础设施，政府可以通过出售、租赁、运营和维护合同承包（O&M）、转让—经营—转让（TOT）等形式与民营企业合作，由政府向民营企业发放特许经营权证，让民营企业进行经营和管理。民营企业可以直接向使用者收费，也可以通过政府向使用者收费。如果民营部门通过购买或租赁的形式获得基础设施的使用权，民营部门就可以在政府的特许经营权下，自己向用户收费。如果是民营企业对政府拥有的基础设施进行经营和维护，那么就由政府向民营企业支付一定的费用。通过出售、租赁、运营、维护的合同承包等形式的合作，可以提高基础设施的使用效率。在出售和租赁的形式中，还可以为政府融资和置换资金，从而支持和从事新的基础设施建设。

2. 需要维修、扩建和改造现有基础设施。在此次地震灾害中，遭到了破坏，需要维修或需要扩建或改造的基础设施，这方面政府可以通过租赁—建设—经营（LBO）、购买—建设—经营（BBO）、外围建设（Wraparound Addition）等形式与民营企业合作。政府向民营企业发放特许经营权证，由民营企业对原有的基础设施进行升级改造，并对升级改造后的基础设施经营管理。经营者在特许权下向使用者收费，并向政府缴纳一定的特许费。通过这种形式，可以加快提升农村基础设施的功能和基础设施升级、改造的速度。在提升原有基础设施的同时，也可为政府新建其他基础设施筹集一定的资金。

3. 重新建设的基础设施。对于已有基础设施完全遭到破坏，需要重新建设的基础设施，政府可以采用建设—转让—经营（BTO）、建设—经营—转让（BOT）、建设—拥有—经营（BOO）等形式与民营企业合作。建设—转让—经营（BTO）是指由民营企业对基础设施进行建设，建设完成后转交给政府部门，然后再由民营部门进行经营管理。这种形式有利于提高基础设施建设的效率和质量，也可以提高经营管理的效率。在民营企业对基础设施经营管理期间，所有权属于政府。民营企业以租赁的形式获得经营权，同时也可以把建设时所使用的资金作为租金，从而获得优先租赁权。建设—经营—转让（BOT）是指由民营企业对基础设施进行建设，建成后由民营企业进行经营管理，按照特许经营的合约时间，经营到期后转交给政府。在经营管理期间，基础设施的所有权是属于政府的，但是，不需要向政府缴纳使用费，只是在经营到期后，无偿交还政府。在交给政府之前，必须保证基础设施的完整性、正常功能等。建设—拥有—经营（BOO）是指由民营企业建设基础设施，建设完成后，民营企业获得基础设施的所有权，同时获得基础设施的"永久性"经营权。当然这里的"永久性"经营权是个相对概念，是在特许权下面的"永久性"经营。这三种合作的形式主要目的是为新建基础设施融入民间资本，同时提高资金的使用效率和提高基础设施的建设质量。

（二）生产中的 PPP

恢复生产是灾后重建的基础。在生产中无论是工业、农业或服务业都可以也应当灵活运用 PPP。

1. 工业方面。为使在这次灾害中受到损失的企业尽快恢复生产，政府可以采用财政贴息、税式支出等方式扶助企业尽快恢复生产；对于灾害中受到损失较严重的企业和在灾后重建和恢复生产过程中来受灾地区进行投资的企业，政府可以安排一定的财政支出资金定向资助。

2. 农业方面。地震后大量的农民从农村迁入都市，只能是暂时的安排，需创造条件让他们中的大部分尽快回乡恢复生产，重建家园。为此，政府可以加大对受灾地区农民的补贴力度。如免费为农民提供种子、农药、化肥和必要的农具，促使他们开展生产自救。

3. 服务业方面。为了帮助灾区人民尽快恢复正常生活秩序，政府可以通过资金补贴，引导、鼓励更多的人到灾区建立商业服务网点、医疗卫生服务网点等。如向社会宣布，建立一个小规模的超市，政府补助一定量的资金；具有医疗资质的人员建立一个医疗卫生点，政府资助一定比例的资金，等等。

（三）居民住房建设的 PPP

除廉租房等政策性、保障性住房外的一般商品化居民住房属于私人产品的范围，通常不属于 PPP 领域，但在灾后重建的过程中，后者也可以适当增加 PPP 的内容。具体而言：

1. 加快廉租房和经济适用房的建设。政府的目标是让没有住房的居民能够住上房子，"居者有其屋"并非一定拥有产权房。廉租房可以让更多的低收入家庭住上房子。经济适用房可以作为一种补充，让收入稍好一点的家庭能够买到房子。廉租房可以是政府自己建设并出租；也可以让民营部门建设，建成后整体转让给政府，然后由政府出租给居民；民营部门建成后，也可自己以廉价出租给居民，低于市场价的部分可以获得政府补贴。

2. 城市居民购买时可以采用政府贴息的方式进行补助。政府可以对受灾居民在购买一般商品住房时也给予一定的补贴，或对购房贷款给予一定的财政贴息作为特殊时期采用的特殊方式。这种安排的意义在于，鼓励那些有经济能力的人自己购买居住房，而不是等着政府统一安排经济适用房。

3. 农民自己建设的住房，政府可以给予一定量的补贴。对于农村居民建房，政府可以通过补贴的办法给予鼓励。鼓励农民自建房子，一是减轻政府建房的压力；二是使农民便于耕种并管理自己的土地，更快地恢复生活和生产秩序。

（四）政府、事业单位公共设施的 PPP

这次地震灾害使大量的政府行政、事业单位办公场所遭到破坏，修复或建造政府和事业单位办公场所也是当务之急，如何才能更有效率呢？我国政府机关、事业单位的公共设施一向都是由政府用财政资金建设，而面对这场突如其来的灾害，有更多、更急需财政资金投入的地方，为了节约财政资金，建议在政府机关、事业单位的公共设施建设方面采用资金引导方式，即允许民间企业进行建设，然后政府通过租用的形式来使用。这至少可节约当前吃紧的财政抗震救灾资金，降低当期行政运行成本。

主要参考文献

[1] [美] E.S. 萨瓦斯著，周志忍等译：《民营化与公私部门的伙伴关系》，中国人民大学出版社 2002 年版。

[2] 欧文·E·休斯著：《公共管理导论》，中国人民大学出版社 2001 年版。

[3] 世界银行：2004 年发展报告《让服务惠及穷人》，中国财政经济出版社 2004 年版。

[4] 加雷斯·D·迈尔斯著：《公共经济学》，中国人民大学出版社 2001 年版。

[5] 贾康、孙洁：《社会主义新农村基础设施建设中应积极探索新管理模式——PPP》，载于《经济学动态》2006 年第 10 期。

[6] 贾康、孙洁：《农村公共产品提供机制研究》，载于《管理世界》2006 年第 12 期。

[7] 孙洁著：《城市基础设施经营的公私合作管理模式研究》，中国人事出版社 2007 年版。

[8] 数据来源均为新华网，www.xinhuanet.com。

我国基础设施建设急需采用 PPP 模式

■ 导读

　　本文从基础设施当前存在的问题入手，研究了基础设施中可以选择的 PPP 形式，并提出了在基础设施中成功采用 PPP 模式的政策保障措施。

　　党的十八大提出了我国城镇化发展战略。如何推进城镇化，有两种不同的声音：一种是让农民到城市居住；另一种是让条件好的农村发展为城镇。这两种发展方式都需要有巨大的基础设施投资，这个巨大的投资量不是财政一家所能解决的，它必须通过财政资金的杠杆作用，带动社会资金共同参与基础设施建设。发挥财政资金杠杆作用的形式就是本文所要谈到的一种已经被发达和发展中国家普遍认同的 PPP 模式。

一、PPP 模式简介

（一）定义

PPP 是英文 Public Private Partnerships 的缩写，通常翻译为公私合作伙伴关系（简称公私合作）。由于早期人们对 PPP 的认识来源于项目融资，所以，早期人们对其定义也是基于融资角度下的。随着对 PPP 研究的不断深入，人们对 PPP 的认识也由项目融资发展为目前的管理视角。为此，我和贾康老师在 2009 年从管理角度给 PPP 进行了定义，即：公私合作伙伴关系（PPP）是指政府公共部门与民营部门合作过程中，让非公共部门所掌握的资源参与提供公共产品和服务，从而实现政府公共部门的职能并同时也为民营部门带来利益。其管理模式包含与此相符的诸多具体形式。在把 PPP 作为项目融资时期，是将其与 BOT、BT、BOO 等并列看待的，现在是将 PPP 看做包括诸如 BOT、BT、BOO 等与定义相符的诸多形式的管理模式。

（二）特点

融资是 PPP 模式的一个突出特点。PPP 早期就是作为一种项目融资模式被大家所熟知的，因此，利用 PPP 为项目进行融资是较常见的。无论是英国、法国还是澳大利亚，他们通常都是在利用 PPP 模式为基础设施项目进行融资。在融资模式下，政府从私人部门购买的是一项资产，而在管理模式下，除购买资产外，政府还要根据相应的合约购买一整套的服务。这就是融资与管理的本质区别。

风险分配是 PPP 的另一个特点。一般融资项目风险分配的原则是按责任划分，谁的责任谁来承担风险。而在 PPP 模式中，风险分配原则是按承担能力来划分的，谁最有能力承担某个风险，或者说，谁最有能力控制某个风险，那么这个风险就由谁来承担。这种分配的好处是使项目总体风险最小化，不足之处是，由于合作双方都想最小化自己的风险，只有在一定的约束条件下才能实现上述风险分配方式。

利润可控制（调节）是 PPP 的第三个特点。利润分配的一般原则是谁承担风险大，谁就分享利润大，在 PPP 作为融资模式时也是这样分配的，政府公共部门与私人部门共同分配利润。而在 PPP 管理模式下，政府不再从项目中分享利润，而是对私人部门的利润进行控制或调节。如果私人部门从一个 PPP 项目中所获得利润较低可能导致合作失败时，政府会根据合同要求对其进行补贴，相反，如果私人部门从一个 PPP 项目获得超额利润时，政府可根据合同约定控制其利润水平。

可持续是 PPP 的第四个特点。一个 PPP 项目一般时间在 15～30 年的持续时间，特别是基础设施项目。基础设施的这种可持续性可以有效实现其成本的代际分担，正是这种分担大大减轻当代人承担未来基础设施的建设成本的负担。

二、基础设施存在的突出问题

我国经济经历了长达三十多年的高速发展。在这个过程中,基础设施供给起到非常重要的支撑作用。如果没有及时跟上的基础设施供给,很难保证这一阶段经济的快速发展。然而,在提供巨大的基础设施过程中,成绩虽然是明显的,但其问题也是非常突出的。

问题一:投资主体单一

政府之所以是基础设施投资的投资主体是由其特征所决定的。第一,基础设施的自然垄断性不可能完全由私人来投资;第二,基础设施的公共产品性质也会导致私人资本不愿参与基础设施投资;第三,基础设施一般投资巨大,收益甚微,这也是私人资本不愿投入的原因之一;第四,基础设施是社会、经济发展的基础保障,因此提供基础设施是政府基本职责之一。基础设施产品由政府提供,但不一定由政府投资建设。

问题二:地方政府变相担保

由于基础设施投资需要巨大投资,虽然财政资金投入也在每年增长,与巨大的投资需求相比,显得杯水车薪。基础设施项目融资虽然有证券(股票和债券)、信托等方式,但主要方式还是银行贷款。银行在向基础设施项目提供贷款时往往要求政府提供担保,而按照现行法规规定,各级政府不得向银行提供担保,因此,在实际工作中,一些地方政府通过慰问函等方式向银行提供变相担保。当然,虽然目前部分项目也在尝试采用 PPP 模式,但是在具体操作上还有待进一步规范。

问题三:地方政府债务规模膨胀

目前,我国地方政府债务超过 10 万亿元,被炒得沸沸扬扬,而这些债务主要是由于地方政府承建基础设施,通过其投融资平台向银行贷款、发行债券等所形成的,除此之外,还有通过中央代发债券及向国外金融机制贷款所形成。除这些直接债务外,还存在一些地方政府间接担保所形成的间接债务,如安慰函等。高额的地方债务给地方财政形成巨大的压力,从而对地方经济发展形成一定的不利因素。

问题四:过度依赖土地财政融资

一段时期以来,地方政府通过土地收入为基础设施建设融资成为一个非常重要的资金来源渠道,而这种过度依赖土地获得财政资金的方式被形象地称为土地财政。由于基础设施投资巨大,离开土地很难融到政府所需要的巨额资金,迫使政府不得不通过土地拍卖或向银行抵押的方式获得资金。由于土地的稀缺性,这种通过土地融资的方式已经逐渐暴露出它的局限性。加之房地产调控力度的加大,土地财政已经无法满足地方政府对基础设施的投入。

问题五:重建设轻管理现象严重

重建设轻管理是我国基础设施领域长期以来一个普遍现象,由于基础设施建设成本较高，特别对于那些维护成本较大的基础设施，如果不能明确责任，建成后会在较长时间内不能发挥作用，个别基础设施就直接推倒重建。其根本原因是只有人负责建设，没有人负责管理，更没有人为此承担责任。其实，重复建设也是我国基础设施建设中的另一个重大不容忽视的问题。

三、适合基础设施的 PPP 模式有哪些

目前，人们对 PPP 的研究仍然在不断探索阶段，而对 PPP 的分类仍没有一个严格且统一的标准，不同地区、不同机构、不同专家都有不同的划分方式和划分标准。从实践来看，PPP 的形式具有多样性，很难用几种有限形式来概括。但具体到基础设施来说，可能有这样几种划分标准，一种是根据基础设施的形态来划分采用什么样的 PPP 模式，另一种是根据基础设施的终端消费者是否付费来划分采用什么样的 PPP 模式。所谓基础设施的形态就是指新建基础设施或者是已经建成的基础设施，而在已经建成的基础设施中又分为扩建和重建两类。对每种形态的基础设施都有相应的 PPP 模式，诸如 BOT、BOOT、BOO 等。下面我们重点介绍一下按终端消费者是否付费划分的 PPP 模式，这是英国通常采用的划分标准。

（一）使用者付费

使用者付费是指谁使用基础设施就由谁来付费，根据使用量多少决定付费金额。这类基础设施项目在英国统称为特许经营的 PPP 模式，主要包括 BOT、BOO 和 BOOT 等类型。如我们常见的高速公路、轨道交通、自来水等通常采用这种类型。

使用者付费项目分为三种情况：

第一是项目自身通过向使用者收费就能产生较好的经济效益的项目。这类项目通常只需要向使用者收费就能完全收回投资并获得较好的投资回报，一般来说，这类项目都具有自然垄断性，如何确定其价格的形成机制是成功实施 PPP 的关键因素。

第二是项目自身通过向使用者收费不能产生较好经济效益的项目。由于这类项目自身现金流较小，只能通过财政补贴的方式才能使项目正常运营。

第三是项目本身具有较多的不确定性。例如高速公路，一些高速公路在刚开始可能因车流量小而无法实现收益目标，当经济发展到一定程度，车流量会增加，不仅实现预期目标，还可能会大幅度提高未来收益。对于这类项目，政府会在其低收益时期给予相应的补贴，而当达到一定程度就不再补贴，但是如果高到一定程度后，政府还会给予合理的调节。

(二) 政府付费

政府付费是指没有确定的使用者或本身就是政府应当法定提供的基本公共服务，只能由政府利用税收资金向生产者购买服务。这种方式在英国被称为私人主动融资（PFI）的一种 PPP 模式。例如学校、医院等就可以采用这种 PPP 模式。这种模式的核心是私人部门负责结果（或成果），政府根据私人部门提供的最终结果付款，而其产生过程全部由私人部门负责管理。项目的全部成本和投资都是事前通过合约所确定的。我们也会将这种方式称为政府购买服务。

需要说明一点，政府付费与我们目前所做的 BT 是有较大区别的，我们的 BT 项目只做了具体的硬件设施或建筑，而 PFI 不仅仅有硬件的建筑还包含有相应的服务。像教育、基本医疗、养老等。在时间上，我们一般只是 3~5 年，而 PFI 一般在 25~30 年。BT 只能在短期内缓解财政支出压力，而 PFI 能够在较长时期内缓解财政支出压力。

四、基础设施采用 PPP 模式的保障机制

我国未来要想保持高经济增长态势，必然离不开基础设施的投资，而基础设施投资仅仅依靠财政资金是远远不够的，从国际经验看，通过 PPP 模式建设基础设施是一个成熟的模式。PPP 模式比较复杂，涉及多方利益，如公众利益、投资者利益、公共部门利益等，如何协调三方利益是成功实施 PPP 的关键。因此，要想成功实施 PPP 模式，必然需要建立一个较为行之有效的保障机制。

(一) 制定法律、法规

制定完善的法律、法规是私营部门资本进入基础设施的保障。基础设施不仅投入大，而且期限长，私营部门资本在进入这样的项目时会考虑进入后的风险，如果没有相应的法律、法规作为保障，就会成为他们进入基础设施的一个障碍。由于 PPP 涉及面较为广泛，建议应由全国人大制订私营部门资本进入基础设施法，以提高社会资本参与基础设施的积极性，进而推动我国 PPP 项目的发展。

(二) 明确政策

PPP 项目需要多方面的政策支持，如财政、税收、金融等，对于采用 PPP 模式的项目应当给予相应的政策支持，只有明确的政策支持，才能吸引更多私营部门的资金投入到基础设施项目。一个 PPP 项目都有一个较长的周期，不同的时期会需要

不同的政策支持，如一个基础设施项目在建设期、运营期和转让期都分别需要不同的税收政策给予相应的支持。

（三）加强管理

如果在基础设施中广泛采用 PPP 模式，离开严格管理是很难实现的，可以说管理是成功实施 PPP 的基础。从英国、澳大利亚等国家推广 PPP 的经验看，政府应通过设立相应的管理部门来加强对 PPP 项目的管理。英国是由设立在财政部下的基础设施局负责 PPP 项目的实施的，该局负责出台 PPP 的政策、法规，同时也对基础设施项目进行审批，决定是否采用 PPP 模式。为了加强 PPP 项目管理，我们认为，应在财政部设立或委托相关部门承担 PPP 项目的管理职能。管理职能应包括：制定 PPP 项目相关政策、实施指南、项目决策、评估、发布项目信息、监督管理等。

五、小　结

虽然我国之前已有不少项目采用了 PPP 模式，由于诸多因素导致部分项目没有达到我们所想达到的目的。为了提高我国基础设施建设水平，使我国经济持续保持健康的发展速度与质量，通过 PPP 模式建设基础设施已经是迫在眉睫的事情。同时也可借助亚行在推行 PPP 模式的机会，加强我国 PPP 模式推广的机构、法制、制度、机制的建设，为基础设施成功采用 PPP 模式打下良好基础并获得宝贵经验，进而推动我国城镇化进程。

在公立医院改革中采用PPP管理模式的探讨

■ 导读

　　公立医院改革是医疗卫生制度改革中的一项重要内容，计划经济体制下的行政管理模式已经不再适合市场体制的要求，而过度市场化的改革也被事实证明不能为社会公众提供让人满意的医疗服务产品。一种中间道路的公私合作伙伴关系已经被越来越多的西方国家所采用，本文对不同管理环节采用不同的PPP管理模式进行了分析探索，提出在公立医院改革中，应对不同经营内容采用不同形式的PPP管理模式。

近日医药卫生体制改革方案已经公布。关于公立医院管理体制改革，在《方案》中指出："从有利于强化公立医院公益性和政府有效监管出发，积极探索政事分开、管办分开的多种实现形式。进一步转变政府职能，卫生行政部门主要承担卫生发展规划、资格准入、规范标准、服务监管等行业管理职能，其他有关部门按照各自职能进行管理和提供服务。落实公立医院独立法人地位。"我们认为为实现这一目标，还有必要积极探讨采用公私合作伙伴关系（PPP）的管理模式。

多年实践证明，在市场经济体制下，由政府直接经营管理的公立医院出现的问题促使公立医院改革成为必然。然而由于公立医院的特殊责任，如果完全市场化，完全由私人部门管理并运作，也是不可行的。如果采用公私合作伙伴关系管理模式，一方面能有效提高公立医院经营管理效率；另一方面可以较好地"坚持公共医疗卫生的公益性质"。

一、公私合作伙伴关系（PPP）管理模式的内涵

PPP 是英文 Public-Private Partnerships 的缩写，通常翻译为公私合作伙伴关系，当前学者们在对 PPP 的理解和认识上有不同定义表述。两种比较典型的观点是：

第一，美国民营化专家萨瓦斯认为，可以从三种意义上使用公私伙伴关系这一术语。首先是广义界定，是指公共和私营部门共同参与生产和提供物品和服务的任何安排。合同承包、特许经营、补助等符合这一定义。其次是中口径的界定，是指一些复杂的、多方参与并被民营化了的基础设施项目。再次是窄口径的界定，它指企业、社会贤达和地方政府官员为了改善城市状况而进行的一种合作（E. S. Savas, 1999）。

第二，联合国发展计划署总结为：PPP 是指政府、营利性企业和非营利性组织基于某个项目而形成的相互合作关系的形式。通过这种合作形式，合作各方可以达到比预期单独行动更有利的结果。合作各方参与某个项目时，政府并不是把项目的责任全部转移给私营部门，而是由参与合作的各方共同承担责任和融资风险（联合国发展计划署，1998）。

根据人们对 PPP 的认识，并结合上面两种比较典型的观点，可以就 PPP 管理模式作出这样一个定义：所谓 PPP 的管理模式，是指政府公共部门与民营部门合作过程中，让私人部门参与提供公共产品和服务从而实现政府公共部门职能的管理模式。通过这种合作和管理过程，可以在不排除、并适当满足私人部门的投资营利目标的同时，为社会更有效率地提供公共产品和服务。

公共医疗卫生服务制度体系的提供属于政府职责，而实现这种职责不宜简单地由政府独自生产和操作，有必要加入向私营部门购买等方式来实现。即便是政府投资，也未必一定要亲自经营管理，可以通过委托民营部门经营管理的方式来实现。

二、PPP 管理模式与融资的区别

目前有一些学者认为 PPP 只是一种融资模式，并不认为是一种管理模式。我们之所以认为 PPP 是一种管理模式，其主要理由，有以下几点：

1. 融资只是 PPP 的目的之一，并不是全部。PPP 项目中会涉及融资问题，但不仅限于融资问题，政府和公共部门除了利用民营部门的资本以外，大多都还利用了民营部门的生产与管理技术。

2. 融资更多是考虑将自己的风险最小化。而 PPP 管理模式中，更多是考虑双方风险而将整体风险最小化。事实证明，追求整个项目风险最小化的管理模式，要比公、私双方各自追求风险最小化更能化解风险。PPP 所带来的"一加一大于二"的机制效应，需要从管理模式创新的层面上来理解和总结。

3. 与风险控制相对应，融资者考虑的是自己收益最大化，而 PPP 管理模式又加入了社会综合效益最大化的导向。可以说，实现收益最大化是每个融资者都要考虑的问题，但是，作为 PPP 管理模式中的合作双方，又是受到不允许过分追求局部利益的制约的，因为这一模式涉及更多的公众利益。在 PPP 管理框架下，政府为了吸引民间资本进入，减少民营部门的经营风险，会确保其经营具有一定的收益水平，但又不应收益过高，如果收益过高，政府方面也会作出相应控制。所以可以说，PPP 管理模式中更能体现出与政府公共部门合作的民营企业的社会责任感。政府公共部门在选择合作者时，也会更偏向选择那些视社会责任为己任的民营企业作为自己的合作伙伴。

三、采用公私合作伙伴关系（PPP）管理模式的必要性

1. 公立医院改革是医疗卫生体系改革的难点之一，有待推进相关的机制创新。这主要表现在两个方面：一是传统的公立医院由政府投资并经营管理，以行政手段为主要的管理手段，这与市场经济体制和环境存在着不适应的方面。二是公立医院又不可能像一般性企业那样放手进行市场化改革。如果完全以市场化机制运作，容易导致医院以盈利为目的，从而不能为社会提供有效的基本医疗保障服务以实现政府职能。如果把政府管理称为计划模式，把市场化管理称为市场模式，那么公私合作伙伴关系的管理模式可以称之为中间模式。亦即，计划与市场结合或搭配的混合模式。PPP 可成为推进相关机制创新的积极探索之路。

2. 公立医院需要提高经营管理效率，PPP 可望对此有所贡献。公立医院管理效

率低带有一定的普遍性，从而影响了公共资金投入的使用绩效，也不利于满足日益增长的社会公共需求。随着我国经济的发展，人民生活水平不断提高，当然人们对生活质量的要求也在不断提高，越来越关注自身健康。社会公众这种更多更高的要求，使得公立医院常常显得力不从心。与此相关的政府投入不足仅仅是一个方面，单一的投资渠道、缺乏灵活的管理机制等都是制约供给不足的重要因素，而PPP管理模式可以带来资金投入规模、经营管理效率、运行绩效、服务质量的较全面的激励性提高。

四、采用PPP管理模式的可行性

1. 政策上的可行性。让民营资本进入公共事业领域，在党的十六届三中全会通过的《关于完善社会主义市场经济体制若干问题的决定》中已有明确的表述：清理和修订限制非公有经济发展的法律法规和政策，消除体制性障碍。放宽市场准入，允许非公有资本进入法律法规未禁入的基础设施、公用事业及其他行业和领域。

温家宝总理在2009年政府工作报告中又一次明确指出：鼓励、支持和引导非公有制经济发展。落实放宽市场准入的各项政策，积极支持民间资本参与国有企业改革，进入基础设施、公用事业、金融服务和社会事业等领域。

在近期出台的《关于深化医药卫生体制改革的意见》中这样写道："坚持公平效率统一，政府主导与发挥市场机制作用相结合。坚持政府主导，强化政府在基本医疗卫生制度中的责任，加强政府在制度、规划、筹资、服务、监管等方面的职责，维护公共医疗卫生的公益性，促进公平公正；同时，注重发挥市场机制作用，促进有序竞争机制的形成，提高医疗卫生运行效率和服务水平、质量，满足人民群众多层次、多样化的医疗卫生需求"。

2. 实践操作中的可行性。PPP管理模式较早应用于欧洲各国，所涵盖的领域包括高速公路、收费公路、收费桥梁、电厂、电信业务基础设施、隧道、学校建筑、机场设施、政府办公楼、监狱、轻轨系统、地铁、铁路、停车站、博物馆、海港、地下管道、道路改造和维护、卫生机构和垃圾处理等。

在我国PPP管理模式的实践中，已经开始被广泛地应用到基础设施和公用事业的各个方面，如应用较多的BOT形式，被用在各地的高速公路建设中，以及自来水厂的建设和污水处理厂的建设等。在高校快速扩张时期，许多高等院校也用BOT的形式建设和管理学生宿舍。

从是否参与经营管理划分，PPP管理模式可分为两大类别。其一，对于参与经营管理的PPP管理模式，民营部门可以通过这种现金流量收回部分投资乃至全部投资，如果在现金流量不足时，政府公共部门可以根据经营过程中的现金流量，来决定是否给予经营者补贴，以保证经营者获得合理的投资回报。其二，对于不参与经营管理的，政府会通过回购的方式，购买民营部门为政府建设的各类基础设施。

在民营部门参与公立医院改革方面，我国一些地区的医疗改革中已经有一些大胆的尝试，比较突出的案例是江苏宿迁市的医疗体制改革，当然这也引起了较大的争议。这种争议与宿迁所采用的方式有很大的关系，那里采用了通过"产权置换"使公立医院变为民营医院的较为"激进"的改革方案。宿迁有其特殊的原因和情况，其改革成效如何还有待经受更长时间的检验，但在更多的地方，公立医院的改革可以首先考虑采用公私合作伙伴关系（PPP）的管理模式。

在国内PPP模式于一些领域已经拥有了较成熟的运作经验，如水务、高速公路等，也培养了一大批管理人才和实力雄厚的投资队伍，这些为在公立医院的改革中采用PPP管理模式创造了有利的条件和环境。

五、私营部门与公立医院形成 PPP 管理模式的几种方式选择

由于公立医院改革的复杂性，我们可以借鉴国际经验，先将医院划分为基础设施和提供服务两大部分，再根据基础设施和不同的服务来选择不同的PPP管理模式（见表1）。

表1　　　　　　　私营部门参与医院项目的几种选择

	选项	PPP 模式	私营部门职责	公共部门职责
服务	非临床支持服务	外包	提供非临床服务（如清洁、膳食、洗衣、保安、建筑物维护）并雇用相关工作人员	提供所有临床服务（和员工）并管理医院
	临床支持服务	外包	提供临床支持服务（如放射和实验室服务）	管理医院，提供临床服务
	专业临床服务	外包	提供专业临床服务（如碎石术）或常规手术（如白内障摘除）	管理医院，提供绝大部分临床服务

续表

	选项	PPP 模式	私营部门职责	公共部门职责
基础设施	公立医院内部或公立医院旁的私营侧楼共用同一场地	租赁	将私营侧楼（针对自费病人）投入运营，只提供住院服务或同时提供临床服务	管理针对公费病人的公立医院，与私营侧楼签约共担成本，共享人员和设备
	对公立医院的私营租赁和管理	特许经营	利用政府或公共保险基金管理公立医院，提供临床和非临床服务。可以雇用所有员工，也可以根据合同条款负责新的资本投资	与私营公司签约，让其提供公立医院服务，向私人运营商支付服务费，监管和控制所提供的服务以及履约情况
	对新公立医院的私营建造、融资和回租	建设—拥有—回租	建造、融资、拥有一座新公共医院，租赁给政府	管理医院，向私营开发商分阶段支付租赁费
	对新公立医院的私营建造、融资和运营	建造—拥有—经营	建造、融资、拥有一座新公共医院，提供临床或非临床服务，或兼顾两种服务	每年向运营商支付其提供服务的投资成本和经常性成本
	公立医院出售后继续经营	出售	购买设施，并按合同继续作为公立医院运营	向运营商支付服务费，监管和控制服务以及履约情况

资料来源：Taylor and Blair（2002），转引和改编自［英］达霖·格里姆塞、［澳］莫文·K·刘易斯著：《公私合作伙伴关系：基础设施供给和项目融资的全球革命》，中国人民大学出版社2008年版。

下面再作一些具体形式的考察：

（一）服务的外包

服务外包是较为常见的 PPP 管理模式，是公共部门通过合同外包的形式，将一部分服务让民营部门来提供。在公立医院改革中，所能通过外包让民营部门提供的服务一般有三种：

1. 非临床支持服务。主要是指：清洁、膳食、洗衣、保安、建筑物维护等。这些服务可以通过外包的形式让民营部门来提供，其实这种形式已经在其他领域早已被应用，即便是公立医院也已经有采用这种模式进行管理的实践。过去已提出的后勤社会化管理就是采用这种形式。在非临床支持服务的外包上，并不难实施。

2. 临床支持服务。主要是指放射、化验和实验室服务等。这种服务的外包对于民营部门有着一定的技术要求，必须具备一定水准的专业技术人员。为了能够提高效率，可以在一定的区域内建立一个检测中心，为周边的医院提供服务，并使这种服务在一定的区域内达到共享，检测所得到的结果能够被同等级别的医院一致认同。这样可以使同一地区资源的配置效率得到提高。这样做显然可以改变原来多家医院都各自设置相同的检测中心的情况，减少重复建设，提高资源配置效率。

3. 专业临床服务。主要是指为患者提供如碎石术、白内障摘除等专业手术服务。由于这要求有较高的临床技术，因此对民营部门的要求也较高，必须具有一定的资质才能从事这种专业技术服务的外包。

（二）租赁

租赁也是较为常见的PPP管理模式，一般是指民营部门租赁政府已经建立好的基础设施，但在这里是指公立医院租赁附近民营部门的基础设施。当公立医院提供的病房床位不足时，可能通过向附近民营部门租赁的形式加大供给，同时也可通过合同的方式让民营部门来提供病房床位。可以根据民营部门的自身管理条件，决定是否让民营企业提供住院服务或相关的临床服务。这样做的最大优点，是弥补公立医院在基础设施建设方面投资的不足。

（三）特许经营

建设部于2004年3月19日发布的《市政公用事业特许经营管理办法》中是这样给特许经营下定义的：特许经营是指由政府按照有关法律、法规规定，通过市场竞争机制选择市政公用事业投资者或经营者，明确其在一定期限和范围内经营某项市政公用事业产品或者提供某项服务的制度。取得特许经营权的企业为特许权取得人。我们根据这一概念，可以把它延伸到公立医院的经营管理领域。在此是指公立医院在特许经营下由民营部门进行经营管理，政府拥有医院的所有权。民营部门根据所签订的合约给公众提供公立医院的服务，政府向私人运营商支付服务费，并对其服务进行监管和控制。

（四）建设—拥有—回租

建设—拥有—回租是指由民营部门利用自己资金建设一所新医院，所有权归民营部门拥有，政府公共部门通过租赁的形式取得医院的使用权。在这种形式下，民营部门主要负责医院的建造和融资，政府通过向民营部门缴租金取得使用权。实事上，民营部门建设医院前应当与政府公共部门签订回租协议，成为民营部门建造医院的基础依据，民营部门通过收取租金收回投资。这种方式的一个最大优势，是民营部门为政府建造公立医院提供了必要的条件。政府在没有足够的资金建设公立医院的情况下，采用这种回租的方式取得医院的使用权，一方面解决了政府财政资金的不足，另一方面满足了社会公众对于提供医疗服务的需求。

（五）建造—拥有—经营

建造—拥有—经营也就是人们平时所称的 BOO 形式，它是指由民营部门进行融资，建设一座新医院，并负责医院的经营管理，这种民营部门建设并经营管理的医院之所以也称为公立医院，主要是它必须在 BOO 的协议下进行建设并取得经营管理权。BOO 协议是由医院的建造者民营部门与政府公共部门共同签订的，主要是对民营部门对医院经营管理的责任和义务的明确，通过协议约束民营部门要行使公立医院应当承担的为社会公众提供医院卫生服务的责任。

（六）出售

出售是指政府将原有的公立医院出售给民营部门，让民营部门按照合同仍然将医院按照公立医院的职能定位进行经营管理。由于民营部门经营者是按照公立医院要求向社会公众提供医疗卫生服务，那么政府公共部门要向运营商支付服务费，同时监管和控制其服务及履约的情况。在 PPP 的出售中，不同于一般意义上的出售，因为它是基于让购买者代替政府经营的一种合作管理模式。并非一般意义上的"一卖了之"的出售概念。

这些合作方式是在对新资本需求、转移运营风险的要求以及寻求提高效率的推动下产生的（Taylor and Blair, 2002），① 通过对公立医院不同环节采用不同的 PPP 管理模式，可以有效解决政府投入不足，同时也可以有效提高公立医院经营管理效率，让公共资源得到更加合理的配置和充分发掘提高政府资金绩效、引致民间资金的潜力。

主要参考文献

［1］［美］E. S. 萨瓦斯著，周志忍等译：《民营化与公私部门的伙伴关系》，中国人民大学出版社 2002 年版。

［2］［英］达霖·格里姆塞、［澳］莫文·K·刘易斯著：《公私合作伙伴关系：基础设施供给和项目融资的全球革命》，中国人民大学出版社 2008 年版。

［3］贾康、孙洁：《新农村基础设施建设应采用新的管理模式——PPP》，载于《经济学动态》2006 年第 10 期。

［4］丁伯康主编：《城市建设投融资——战略、模式及案例分析》，中国商务出版社 2008 年版。

［5］孙洁：《城市基础设施经营的公私合作管理模式研究》，博士论文，2005 年。

［6］关于深化医药卫生体制改革的意见（2009 年）。

---

① 转引自：［英］达霖·格里姆塞、［澳］莫文·K·刘易斯著：《公私合作伙伴关系：基础设施供给和项目融资的全球革命》，中国人民大学出版社 2008 年版。

以"PPP"机制支持"老年大学"式机构养老创新探索的几点认识

■ 导读

养老已经成为我国当前一个重要问题，本文分别讨论了 PPP 模式中如何发挥公共部门和私人部门的作用。并提出如何推动采用 PPP 模式解决养老问题的建议。

中国正快速步入老龄化社会，根据第二次全国人口普查，2010年，我国60岁以上老年人已经达到1.78亿人，占全球老年人口的23.6%，是全球唯一的老年人口超过1亿人的国家。预计2050年中国60岁以上老年人将占三成达31%左右。由于计划生育政策的实施和社会条件的变化，传统的居家养老模式已经不再适应社会的需要，特别是单身老人家庭的情况。如何解决好随"银发潮"而来的养老问题已经成为社会普遍关注的焦点问题之一。仅仅依靠政府单一主体的力量，没有很好的办法，一方面财力有限，另一方面需要庞大的人力投入，极易捉襟见肘。从世界各国情况看，一个较为理想的模式就是通过公共部门与私人部门合作（PPP）的机制来共同完成这一艰巨的任务，其中包括"老年大学"的方式。

通过"老年大学"这种方式养老，与社会养老中的"机构养老"有较相似的地方，但其服务质量和效果可能会更好。从国内看，虽然北京市早在1980年中期已出现以"海淀老年大学"为代表的老年大学，和我们这里所提的"老年大学"字面一样，但实质上还有根本的区别，我们所提出的"老年大学"并不局限于老年人"文化活动中心"的功能，而是定位于由民政部门归口管理、专业化社会组织主办、以学习为主要特色并伴之以养老、休闲的新型养老机构（亚洲开发银行等已有这方面的构想和探索意愿）。

一、充分利用政府闲置的不动产资源

在PPP模式下的机制建设中，一个重要的方面是充分利用政府资源，特别是养老PPP模式中，政府可以利用目前利用率不高或根本不再使用的校舍、旧厂房或办公建筑等。众所周知，由于计划生育政策的长期实施，适龄儿童数量大幅度下降导致一些学校生源减少，甚至不少学校要进行合并，从而就出现一些校园闲置。另外，由于这些年高校的合并与迁移多转移校址到城外郊区，旧校区也有闲置。除此之外，由于旧城区的改造和新城区的建设，一些原国有企业、政府部门因迁移到城市郊区或新城区也都留下旧的校舍、厂房和旧的办公建筑物。在解决养老的PPP模式中，政府应合理利用这些不动产资源，引入私人部门的力量，对这些旧的校区、厂区和旧的办公场所进行重新设计、改造，建设适合老人居住的和活动的场所，包括以老年大学的形式让老人到此生活、学习和交流，而不是简单地办成传统养老院形式。

政府在提供闲置资产的基础上，需要加强相关部门协调配合，如电力、通信、供热、供水等部门，一起降低民营部门运营的成本，提高其效率。

二、积极引导私人资本参与

在有了政府提供的土地等资源后，还需要通过引入私人资本的方式对旧的不动产进行改造，建成适合老人学习、生活和交流的场所。由于私人资本的趋利性，如果没有合理的回报，不会有私人资本进入（捐助则属于另一性质的慈善行为）。为了解决有效吸引私人资本进入问题，需有一个合理的回报模式，以对私人资金产生足够的吸引力。一个简明的方式，是可以通过收回租金的形式收回投资。租金包含这样几个部分：一是老人入住时所缴的费用中应当包含租金的一部分；二是政府给予适当的补贴（补贴的多少要根据最终住房所有权转让给政府的年限所决定，转让期长时补贴会相应降低，转让期短则补贴会相应提高）。如果通过租金收回投资时间较长，还可以通过向学校提供特定服务或产品的方式。如提供老人所需要的日常用品、学习条件、娱乐用品和食品等。

收回投资机制中，还要许可投资通过差异化服务方式收回投资，当然需在满足一般服务标准的前提下实施。如到老年大学的人，都应当享受到一般的标准化服务，同时，可以允许管理者向有特殊需求的老人提供差异化的服务。如一些疾病的康复、辅助治疗等。

政府对老年人大学还应当给予相应的税收优惠政策甚至免除所有税收，以降低投资者的成本。同时，也要对其利润进行有效监督与控制。

三、发挥社会组织的独特优势实施特定的专业化管理

对老年大学的管理，通常并不适合由投资者来直接做，而适宜由社会组织进行专业化管理的方式。社会组织应具有正规性、独立性、低营利性、自治性、志愿性和公益性等六个基本特征。这些特征决定了社会组织管理养老与政府及企业管理相比有着独特的优势。

（一）弥补政府和企业的不足，提供多元服务

由于居家养老服务的准公共物品性质，政府作为该类服务的提供主体，不可避免存在高成本、低效率、负外部性等问题，进而导致一定程度的"政府失灵"式现象的产生。如果依靠企业提供，由于资本的趋利性，可能会给服务带来较高成本。而经济社会的多元快速发展，同时带来了老年人生活理念和方式的不断更新变化，养老服务由此也呈现出多样化需求。在此条件下，政府因其自身存在的种种局限性，

难以满足多元化的居家养老服务需求。而企业提供的成本会使养老成本较高，只能使一部分人得到服务。

相较于政府和企业，非政府组织在这些方面则有比较优势。非政府组织不同于政府和企业，能够以更为弹性的方式，在较小的范围内灵活开展活动、提供服务，因此非政府组织介入养老服务中，有助于分解老年人差异化需求的压力，弥补政府提供的不足，促进养老保障社会化的实现。进而凭借自身的组织专业化优势更好地满足老年人不断变化的福利需求。

（二）补偿市场失灵，完善养老体制

通过社会组织管理可以避免"政府失灵"和"市场失灵"两类风险。非政府组织在提供养老服务时，其所获利润不能简单按市场化规则参与个人分配，因而在很大程度上减少了非政府组织在提供养老服务时的机会主义行为动机，有利于保护老年人的利益。典型而相对稳定的社会组织，是以"志愿者"理念贯彻信仰与追求，而配之以相对低标准的人员津贴来完成其功能的，这种独特的功能优势，在社会的养老保障体系中可扮演重要角色，与政府、市场、家庭、个人等主体共同为提供养老服务发挥作用，从而更进一步完善了社会养老体制。

（三）降低成本，提高服务效率

社会组织的参与可减轻政府方面的财政负担；对于家庭，可节约支付养老的开支；而对于社会，则吸引了一部分专门人才，并带动着相关的专业化发展。可以说，社会组织的介入，可减轻各主体的养老成本，为经济社会带来综合效益。

（四）整合社会资源，优化福利供给

社会组织整合社会福利服务，提高老年人福利服务的供给效率和满足不断变化着的老年人需求，是通过在政府、市场和家庭之间起桥梁中介、协调和沟通的作用，能缓解各种相关矛盾，并为不同的部门提供合作机会，整合不同的社会福利资源来优化组合，降低服务持续供给中的风险。

总之，面对我国老龄化问题的日趋严重，解决养老问题的机制建设迫在眉睫，以公私合作（PPP）机制通过政府、企业和社会组织的优势互补来优化养老体系，发展"老年大学"式现代养老机构，是值得充分重视、积极研讨的可选方式之一。

四、关于"老年大学"式养老探索、推进的几点建议

如按以上认识在实践中探索和推进，则需要：

1. 积极考察、借鉴国内外"老年大学"类型新式养老机构的经验。虽然国外一般没有以"老年大学"为名的养老机构，但其先进的"学习型"养老方式值得借鉴到我们所提倡的"老年大学"中来。据悉，亚行在积极探索"老年大学"养老的方式，希望能在我国一些城市举办具有范例性的"老年大学"，以获得值得进一步推广的经验。

2. 积极培育我国本土的合乎资质、能形成公信力的"社会组织"型"老年大学"管理主体。社会组织是政府提供公共服务的有效补充，对于社会组织参与"老年大学"的管理，政府应当给予相应的鼓励和支持，引导进入这一领域的社会组织的发展与壮大。从 2012 年开始，中央财政每年给予社会组织 2 亿元支持社会组织参与社会服务，这对我国社会组织的快速发展可望起到积极的推动作用。

3. 以必要的财税支持启动国内这方面的试验项目和示范园建设。以"老年大学"的方式养老是一种新型方式，为了能够普及推广，具有可复制性，政府应当通过适当的财税政策支持启动这一项目的试验建设。

4. 建立相关的社会监督与政府监督机制。由于养老是一种公共服务项目，民营部门的参与直接影响到民营部门投资收益高低与"老年大学"养老模式的服务质量与效果，因此，充分发挥社会监督、政府监督机制非常必要，如果没有一个有效监督机制，势必难以保证项目的最终效果。

关于上海市闵行区提供公共服务的调研报告

■ 导读

　　在调研基础上，本报告介绍上海闵行区公共服务的一些做法和在公私合作伙伴关系（PPP）框架下的创新探索，试总结分析其经验与问题，并提出四个方面的政策建议。

一、引　言

公共产品和服务的提供是政府的天职，正如亚当·斯密所言："所有政府组织体制的价值，全在于它们是否有助于增进它们所统治的那些人民的福祉，增进人民的福祉，是它们唯一用处与目的。"公共服务的传统提供方式是由政府承担，然而政府所掌握的资源的有限性与人民公共需求的无限性是天生的一对矛盾，如何用有限的资源来满足人民无限的需求是政府面对的一个现实问题。世界各国都在积极探索如何解决这一矛盾，英国的水务曾由私人提供转为政府提供，后来又进行市场化改革。说明公共产品的提供由私人和政府单独提供都存在不可避免的缺点与不足之处。正因为如此，通过政府公共部门与私人部门共同提供公共产品和服务在20世纪末期开始被人们所认识。近时期，在我国一些地方也在开始积极探索通过这种方式提供公共服务，下面我们就结合上海闵行区的一些具体做法提出未来采用公私合作伙伴关系提供公共服务的一些政策建议。

二、闵行区公共服务提供的具体做法

公共服务涉及的内容较多，如养老、卫生防疫、义务教育、公共交通的行业风气监督等，在这里我们仅以公共自行车及古美社区服务卡的提供为例。

（一）公共自行车服务的做法

上海市闵行区公共自行车服务项目是闵行区政府从问题、需求、项目出发，为倡导绿色出行，解决市民从轨道交通、公交站点到居住小区、商厦、医院、学校的"短距离出行"推出的实事工程。2009年，公共自行车服务项目列入区政府实事工程，由闵行区建设和交通委员会（以下简称闵行区建交委）牵头实施。经过调查论证、招标谈判、开展试点、稳步推进等工作，截至2010年10月末，已建立自行车网点556个；闸机网点7个（可容纳自行车4520辆）、锁柱21 265个；投放自行车1.65万辆，自行车使用率保持在每辆每天4次以上；发放自行车诚信卡17.4万张，每周可解决超过40万人次的出行需求。市民只需办理一张诚信卡，无须任何费用、任何抵押，在24小时自行车自助服务网点终端即可完成整个借用流程，骑车绿色出行。项目的实施如下：

1. 项目的实施部门。闵行区建交委是本项目的主导方；通过政府购买服务的方式，经过一定的招投标程序，确定了上海永久自行车有限公司为项目运行方；辖区内各镇、街道城管部门、居委会为项目基础事务各项工作的参与方；区政府相关部门为项目协助方；上海市交通运输和港口管理局为项目指导方。

2. 项目实施的主要过程。

（1）运作模式——政府主导、企业运作、社区参与、诚信借用、低碳出行。闵行区政府与上海永久自行车有限公司签署的《闵行区公共自行车系统设备租赁与运营合同》约定：闵行区公共自行车系统的建设、安装调试及运营由上海永久自行车公司全面负责，闵行区建交委对上海永久自行车公司的日常运营进行监督和考核；一线管理人员、服务人员的工资及福利待遇由相关街镇财政负担，相关经营广告的收益由上海永久自行车公司与闵行区建交委共同分享。这一运作模式的要点：一是政府出资购买企业服务，负责设施布点建设的规划，以及对企业运营服务质量的监督和考核；二是企业负责具体运营，向社会提供免费服务，并对设施设备拥有全部产权；三是居委会受区政府委托，负责受理、验证居民申请，并向符合条件者发放服务凭证——"闵行区免费公共自行车服务诚信卡"；四是居民凭"诚信卡"免费借用。按时归还加分，超时未归扣分，以"诚信换成行"；五是以公共自行车为载体低碳出行。

（2）服务理念——广覆盖、普惠性、全免费。闵行区建交委将公共自行车服务作为城市公共交通系统的组成部分，定位于公共性、公益性项目，最大限度地保障居民享受服务的安全、便捷。一是网点布局实行广覆盖。沿轨道交通站、公共换乘点、居民社区、学校及商业区等人流集散点布点建设。二是受益对象体现普惠性。规定年龄在16~65周岁，在闵行区居住，上海市户籍居民凭身份证、非上海市户籍居民凭身份证和长期居住证（或房产证）等指定证件，均可到居住小区的居委会申领"诚信卡"。三是居民享受全免费服务。办理"诚信卡"不收取任何手续费、成本费；车辆使用过程中如发生链条断落等非人为故障，使用者不承担维修责任；每张"诚信卡"中还包含新华保险公司的商业意外保险。

（3）管理机制——全天候运营、全过程监控、全社会评价。一是网点租赁系统全天候运行。项目配备了目前国际上最先进的自行车自助租赁终端，可实现网点无人化24小时值守。建立了运营服务指挥调度中心，针对公交枢纽网点上班高峰时无桩可还、下班高峰时无车可借的"潮汐"现象，配备了7辆卡车，及时调剂各网点自行车实有数量，同时在大型网点建立闸机系统，使用者无须对应锁桩即可还车。开通了客服热线400-820-1898，每天6:30~22:00接应居民的投诉和求助。二是后台管理系统全过程监控。项目采用了全智能化中央管理系统，是上海永久自行车公司自主研发，目前世界上唯一能实现对自行车使用、调度、保障、后勤维护及突发状况实时掌握和快速反应的先进管理体系，能对用户信息和车辆使用情况的动态数据进行收集、显示、分析、报警，成为及时发现、快速处置各网点运行中的问题，并科学规划网点、调整项目进程、提高管理效率的有效支撑。三是建立满意度评价考核机制。区建交委采用政府购买服务的方式，委托区乘客管理协会对项目进行考核，提高市民使用的满意度。

3. 采取的政策措施。（1）一线服务人员招募：按自行车投放数量的一定比例，由自行车发布所在镇、街道劳动部门推荐"4050"人员，解决下岗人员再就业。
(2) 一线服务人员费用标准确定：由闵行区建交委会同政府相关部门和镇、街道，商定一线服务人员年人均费用标准，确保一线服务人员队伍稳定，减少人员流动性。
(3) 一线服务人员培训：将一线服务人员上岗前培训纳入再就业培训系统，享受免费培训。(4) 购买社会机构服务，加强对项目服务质量的考核：委托社会中介机构，通过政府购买服务的方式，实施对项目服务质量的考核。

4. 资金来源与资金保障。本项目运行资金主要来源为三个方面：一是区财政资金，主要负责项目硬件和软件设施建设；二是镇、街道财政资金，主要负责按自行车投放比例确定的一线服务人员各种费用；三是通过自行车车身、锁柱体的广告，募集一部分资金。区、镇、街道财政资金列入预算解决。自行车车身、锁柱体等广告收入按比例抵扣一部分项目费用。

5. 项目实施过程的公众参与。本项目公众参与度、社会关注度高。自行车网点布设的周边小区居民，纷纷提出要求申请办卡，在一些小区，已达到了一卡难求的状况。为稳步推进，有序有效运行，体现普惠性，我们改"一人一卡"为"一户一卡"方法。对特殊群体可通过居委会平衡适当放宽办卡量。

（二）古美社区服务卡

1. 古美社区基本情况。古美区有 300 多支志愿者团队，共 8000 多人。36 个居委会，12.6 万人，2.6 万老人，1 万多流动人口。志愿服务者组织有：五常服务团、市民巡访团、古美新闻志愿者沙龙、老年协会、文体联合会、旗袍沙龙、讲师团、心灵坊等 27 支团队。社区服务卡首次发放 1133 个，实际发放人数 1061 人。

第一次发放社区服务卡时选定的商家有：特维家电维修、中央商场维修有限公司、象王洗衣东兰店、爱爱鲜花店、红星眼镜店、科艺眼镜店、闵家欢书店、攀宇健身、一兆韦德、芭芙莱游泳健身俱乐部等共十家。

2. 社区服务卡的参与方及参与方责任。古美社区服务卡主要参与方有：政府（古美区办事处）、志愿服务者组织和商家。

政府的责任是：第一，政府要收集公众对公共服务需求信息，把这些信息直接提供给志愿服务者组织；第二，政府负责在每一向志愿者提供服务的商家安装 POS 机，以方便商家向志愿者提供服务；第三，除收集公共需求信息外，政府还应当对公众服务的需求进行安排；第四，政府有责任引进本区没有的商家，同时并向引进的商家提供便利的条件或优惠的政策。如此次活动中引进的中原商场，中原商场是一家以各类家电维修为主要业务的商家，引次引进政府给了较好优惠政策。

志愿者责任是：志愿者根据政府提供的信息及政府对服务的安排为社会公众提供各种服务。

商家责任：商家的责任主要表现在两个方面：一是根据政府向志愿者发放的服务卡向其提供优质价廉的服务；另一方面还要向社会公众提供服务。当然在向社会公众提供服务时可能会比向志愿者在价格上有所不同。这也是商家能够成为向志愿者提供服务的前提条件。

3. 社区服务卡的运行模式。社区服务卡的运行模式主要是以志愿者向公众提供公共服务为主要目的。政府为了鼓励志愿者向公众提供公共服务，向志愿者发放含有100元现金服务卡，服务卡只能在政府指定的商家使用，商家向持卡志愿者提供服务并享受7折以上的价格优惠。商家是由政府和志愿者共同按照一定的条件和程序来选定的。

4. 社区服务卡进一步的完善。经过一个时期的应用，目前服务卡在进一步完善。首先是增加向志愿者提供服务的商家，目前商家已经发展为36家。第二是社区服务卡具有积分功能。以前服务卡含有100元的现金，现在不再充入现金，而是让服务卡具有积分功能，根据每个志愿者提供服务的时间进行积分，凭积分对积分高的志愿者进行奖励，同时志愿者也可凭借自己的积分换取同样积分的服务。第三是每个志愿者服务团都可以申请服务卡。

三、闵行区公共服务提供的经验及存在的问题

前面两个案例有着鲜明的特点，第一个案例需要有较好的财力作为支撑，同时还需要有较高素质的社会公众作为基础；第二个案例是要有较充分的志愿者作为基础，其政府投入的财力并不多。从这两个案例来看，可以给我们以下几点启示，同时也给我们指出当前公共服务提供需要解决的问题。

（一）经验

从这两个案例来看，给我们带来的共同经验有以下三点：

1. 公共服务的提供必须由政府引导、安排。任何公共服务的提供必须由政府来引导、安排。社区服务卡的发放虽然政府出资不多，但是仍然要由政府引导和安排。公共自行车服务的提供同样如此。因为，企业也好、志愿服务者组织也好，他们没有能力来在政企服务的社区范围内来安排这样的公共服务。此时，只能通过政府来引导和安排。如公共自行车服务中的自行车停放点的规划必有由政府来实现，企业没有能力完成这一项工作。

2. 公共服务的提供可以由企业运作。传统的观点总是认为公共服务是由政府提供，然而现代经济理论已经证明公共服务完全可以由企业提供。这在本文的第一个案例中就很好地说明了企业提供公共服务的优势。在第二个案例中公共服务是由社会志愿服务者组织提供也非政府提供。公共服务的提供通过企业运作可以充分发挥企业自身的优势，比政府自己运作有着更高的效率。从公共自行车服务的提供就可以明显看出这一点。如果让政府自身完成这一服务目标，可能要花费更大的精力、财力。

3. 公共服务的提供需要社区参与。在公共服务的提供中，社区参与是必不可少的。社区公众是公共服务的直接受益者，他们对服务的质量与数量有着最为亲切的感受，让社区公众满意是公共服务提供的最终目标，因此社区参与公共服务提供是实现公共服务让公众满意的关键。由于公共服务涉及每一个人的利益，因此让社区参与公共服务提供有利于公共服务质量的监督，也有利于及时发现问题并及时改正。从社区服务卡我们可以看到，社区每一个公民都是服务的享受者，同时每一个公民都有权利做志愿者来为他人提供服务。

（二）问题

1. 民营企业提供公共服务的责任有待提高。民营企业参与公共服务提供要有较高的社会责任感。虽然说企业以盈利为目的，但在参与提供公共服务上面，就不能仅仅以盈利为目的了，更要有较强的社会责任，仅仅以盈利为目的的企业不适合从事公共服务的提供。企业的盈利性要受到社会公众的约束，也就是说要公开透明其真实的盈利水平，其盈利水平应当在一个适度的范围之内，而不能因垄断经营而产生暴利。

2. 缺乏长期的合作机制。在调研中发现，公共自行车的服务成本是每辆自行车一年的成本是1500元左右。而经营的期限是5年，5年之后重新签订合同。由于自行车及自行车锁柱和相关信息设备其使用年限都远大于5年，这就不得不使企业考虑5年之后如果不能继续签订合同的风险，这种风险导致的损失企业一定会在经营期限内得到弥补，从而增加了运营成本。因此，为了降低这种风险带来的运营成本，必须要有长期的合作机制，以使经营者有充足的经营期限以降低先期的投入成本。

3. 私人提供公共服务的市场不完善。公共服务私人提供主要目的是引入竞争机制，提高经营效率。一般情况下，通过公开招标的方式选择合作者是引进竞争机制的方式之一。能够公开招标的前提是要有3家以上的私人企业参与竞争，由于目前缺少更多有经验的合作者，无法实现通过公开招标的方式选择经营者。

4. 强调社会公众的责任。每个公众都有义务也有责任成为一名志愿者。每个公众都在享受公共服务，当然每个公众也都有责任成为公共服务的提供者。在社区服务卡的案例中，可以让每个公民都能使用服务卡，其前提是先向别人提供公共服务得到相应的积分，然后再根据积分享受等时的公共服务。

四、政策建议

公共服务的提供不能简单地由原来的政府提供转变为政府从民营部门购买，如果是政府从民营部门简单的购买公共服务就会导致比政府提供更多的问题。而是应当通过公私合作伙伴关系的方式来提供。案例一就有从民营部门购买服务的意思，而案例二就有着公私合作伙伴关系的意味。下面笔者将就如何促进通过公私合作伙伴关系的模式提供公共服务提出几点建议：

（一）加强对公私合作伙伴关系提供公共服务的政策支持

目前通过公私合作伙伴关系的方式提供公共服务还不多见，一些地方或部门提出的政府购买服务显然没有公私合作伙伴关系更有优越性，因此，应当给予公私合作伙伴关系方式的公共服务提供模式更多的政策支持，特别是给予最大限度的风险控制和激励机制。鼓励更多的民营部门与政府公共部门建立合作伙伴关系，而不是一种买卖关系。政策支持包括财政资金支持和经营过程中的税收优惠等。

（二）相关法规法律支持

对于公私合作伙伴关系的模式还缺乏相关法律法规来规范。任何一种好的公共服务提供模式首先需要在比较完善的法律法规下来开展，如果没有法律法规作为保障，很容易出现与公私合作伙伴关系相背离的方向发展。在条件成熟时，可以将公私合作伙伴关系纳入财政预算范围，通过政府采购法的形成，确定其成为政府采购公共服务的主要方式之一。

（三）构建公共合作伙伴关系的协议框架

公私合作伙伴关系中政府公共部门合作的对象有营利性企业，而更多是非营利性企业。从国际经验看，政府与非营利性组织成为合作伙伴关系，一般都有一个全国性的合作协议框架，所有公私合作伙伴关系的合作协议都在这框架下进行。地方政府部门也可以根据全国性合作协议框架制定地方性的合作协议框架。

（四）给予社会组织政策性支持

社会组织特别是非营利性组织是公私合作伙伴关系中政府重要的合作对象，当前我们的社会组织无论是从规模还是能力上都在逐渐成长过程中，他们是未来社会公共服务提供的主角。提高社会组织的能力与培育和扩大社会组织规模是政府的重要责任，也是成功实施合作伙伴关系的重要基础。因此，有必要对社会组织的成长给予更多的政策支持，特别是在合作伙伴关系过程中，更应当给予适当的保护与培育。

采用PPP应当注意的几个关键问题[*]

■ 导读

　　PPP模式不是简单的项目融资模式，更是一种管理模式。只有正确认识PPP模式的内涵和特点，正确理解PPP模式的多样性、复杂性和长期性，才能更好地达到采用这一模式的目标要求。在管理模式下，PPP的风险分配原则是让最有能力承担风险的一方承担风险；PPP项目收益原则是盈利而不暴利；同时，监督管理是成功实施PPP的基础，而实现有效监督最好的办法是公开透明。

---

[*] 本文原载于《地方财政研究》2014年第9期，作者孙洁。

2014年以来，财政部力推PPP模式，引起各级政府学习PPP的热潮。但是，如何真正做好一个PPP项目却不是一件容易的事情。PPP模式自从作为一种项目融资模式引入到我国以来，已经有不少项目的实践经验，但此次财政部力推的PPP模式，并非以前的项目融资，而是一种管理模式，融资只是PPP项目过程中一个环节。在管理模式下，成功使用PPP模式应当注意以下几个关键问题：

一、正确理解PPP

想成功采用PPP模式，首先要正确认识PPP的内涵和特点。如果不能正确认识PPP，很难能够达到采用PPP的目标要求。

1. PPP是一个管理模式而非融资模式。任何一个PPP项目的实施，都会有一个SPV（特殊目的载体）的执行机构，一般来说，SPV是由政府公共部门和若干家企业共同组成。一个PPP项目的资金来源全部由SPV来筹集，一方面是SPV的自有资金，另一方面是由以SPV为主体的融资。因此，在PPP项目中，融资是企业的事情而非政府。PPP作为一种管理模式，是指政府公共部门与民营部门合作过程中，让非公共部门所掌握的资源参与提供公共产品和服务，从而实现政府公共部门的职能并同时也为民营部门带来利益。其管理模式包含与此相符的诸多具体形式。通过这种合作和管理过程，可以在不排除、并适当满足私人部门的投资营利目标的同时，为社会更有效率地提供公共产品和服务，使有限的资源发挥更大的作用（贾康，孙洁，2009）。融资只是PPP的一部分内容，而非PPP全部。英国在最早采用PPP时，除了缺少资金外，一个重要原因是当时政府项目超预算和超工期都是一种普遍现象，为了解决这些问题，政府才决定采用PPP模式。

2. PPP具有多样性。早期人们习惯于将PPP与BOT、PFI、TOT、BOOT等形式并列看为项目融资形式，而这种看法的错误是显而易见的，他们都是利用和民营部门合作来完成公共部门的任务，因此说，PPP是他们诸多形式的总称。说PPP具有多样性还不止这些，目前世界各国以及多边金融国际机构对PPP的分类都不尽相同。如英国将PPP分为两大类别：一是由政府付费也就是他们所说的纳税人付费的项目称为PFI，另一类是由使用者付费的项目，称为特许经营。世界银行将PPP分为五类，而亚洲发展银行分类更多。事实上，采用什么样的PPP形式是根据不同政策需求决定的，不同的政策需要不同的PPP形式。例如：对于新建的基础设施一般采用BOT的形式，而已经建设成的基础设施更多采用TOT的形式。因此说，不同的政策要求可以选择适合政策目标的PPP形式。

3. PPP具有复杂性。一个PPP项目涉及多方利益。首先是政府公共部门，它代表公众追求的是公平；其次是民营部门，它追求的是高效率和高收益；再次是公众希望得到更多物美价廉的公共产品和服务。如何将三者的利益协调一致是一个非常困难的事情。除此之外，还要涉及一个未来二三十年的运营过程，在这个长期的过程中，会发生什么情况谁也说不清楚，例如物价、汇率、经济周期、各种调控等都会对项目产生直接或间接影响。据英国专家介绍，一个PPP合同有上万页之多，可见一个PPP项目所涉及的问题之多了。基于PPP的复杂性，我们就有必要在一个项目采用PPP模式之前，做相当认真的准备工作，如果不能做好充分的准备工作而急忙上马的话，后面就会导致一系列的问题。

4. PPP具有长期性。一个PPP项目一般需要二三十年或更长时间，如果仅仅有三五年的话可能实现不了采用PPP所要达到的目标。我们近几年所采用的BT就是这个情况，一般仅有三到五年时间让政府回购，对政府而言，没有实现当初采用PPP所要达到的结果，相反会更加加剧了财政负担导致政府债务的一个主要来源。试想如果将BT项目延长到二三十年，并将管理维护也由民营部门负责，民营部门一定会将项目质量建设的非常好，因为这将影响到后面几十年的维护成本，而每年政府在该项目的支出也会大幅度降低，从而减少财政支出压力。当然这种由财政完全支付的项目应当受到本地财政收支预算的约束，不能一味采用这种方式上项目，一旦规模过大，超过财政承受的能力，会给地方政府带来更大的风险。

二、准确把握风险分配原则

PPP的风险分配原则是让最有能力承担风险的一方承担风险。PPP为什么选择这样的分配原则而不是一般的分配原则，因为PPP是政府与社会资本的合作而不是竞争。经济学最伟大的经济学家之一马歇尔在他的《经济学原理》中曾说：竞争可以是建设性的，也可以破坏性的，即便是建设的时候，也没有合作有利。经济学中博弈论囚徒困境的模型也告诉我们，合作有利于竞争，如果都选择自己的利益最大化，最终结果是对双方不利的，而只有考虑对方的利益的时候才能实现双方利益最大化。因此，合作有利于竞争。可是，如何实现这种合作而不是竞争呢，博弈论同样告诉我们，纳什均衡的结果是对双方不利的，也就是说，虽然说分配原则上是让最有能力承担风险的一方来承担，如何来实现这个分配目标呢？唯一的办法是通过合同来约束，如果没有合同的约束，没有任何一方愿意承担更多的风险。

一般人都会认为政府承担风险的能力会更强，其实不是这样，政府可能对部分风险有较强的承担能力，而对另外的风险民营部门承担能力会更强些。例如市场风险或运营风险一般由民营部门来承担会更好些，民营部门对市场的敏感性要比政府高得多，民营部门会根据市场微小的变化来调整运营的策略，而政府在这方面就会弱很多，主要是政府对市场的敏感度不够。相反政府对政策所导致的风险承担能力会大大高于民营部门。例如某个领域收费项目年限的调整政策的变化，如果让民营部门承担就不尽合理，而政府承担就会有更多的应对办法。

总之，风险分配是一个PPP项目成功的关键因素之一，如果不能合理分担风险，PPP项目会遇到诸多问题甚至导致失败。

三、合理确定利益调整机制

盈利而不暴利是 PPP 项目的收益的一个基本原则。为什么是这样的原则呢？企业盈利是正常的，企业经理人是为股东服务，为股东获得利益最大化，而 PPP 项目是一个长期而稳定收益的项目，为了让 PPP 项目正常运营，政府不可能让 PPP 项目处于亏损状态，众所周知，你不可能让一个亏损的企业为公众提供优质的公共产品和服务。在确保企业不亏损的同时，也不会让企业获得超额利润，因为这是公共产品或服务，他涉及公众利益，如果是超额利润，必然让公众承担了更多的成本。事实上，这也是在国外 PPP 饱受质疑的一个重要原因。过去我们研究 PPP 时，经常说的是利益分享，而现在提出了利益调节机制而不再是分享。因为，基于前面的原因，政府不应当分享项目的利润，而应当调节项目的利润。

如何实现这个原则呢？一般也通过合同约束，在合同中规定，当利润低的时候政府给予适当的补贴，如果收益高的时候政府会通过价格或其他方式降低经营的收益，让经营者总在一个适度的范围内获得长期而稳定的收益。这样既不让经营者因亏损运营不下去，也不会因产生超额的利润而让公众承担更高的成本。例如北京地铁四号线，通过对铁轨的租用，来调整 PPP 公司利润空间。

四、监督管理

监督管理是成功实施 PPP 的基础，如果一个 PPP 项目没有很好的监督就很难达到采用 PPP 所想达到的结果。而实现有效监督最好的办法是公开透明，可以说公开透明是监管的基础。监督可分三个方面：一是过程监督；二是质量监督；三是成本监督。为什么说要公开透明呢？因为公共投资项目本来是政府职能，由预算资金来实现，而采用 PPP 模式是让民营部门来建设并运营，而民营部门的预算是不会向社会公开的，所以公众难以了解自己所享受到的公共产品或服务的成本是多少，这也是 PPP 项目在国外饱受质疑的另一原因。因此，为了加强监督，有必要让经营者公开运营成本，特别经营者提出需要提高价格时，更应该让其公开经营成本后再讨论是否提高其产品价格。

监督的另一重要方式是公开招标，特别要实行真正意义上的招标。对于收费年限和投资回报率等问题都可以通过招标的方式达到最有效的结果，而不是通过谈判达到所要的结果。

附件一

英国开展公私合作伙伴关系的经验及借鉴*

英国是较早采用 PPP 模式开展基础设施建设的国家,从 20 世纪 70 年代末开始,英国对电力、电信、自来水和煤气供应等进行了大规模民营化改革,但考虑到民营化改革的影响和冲击,在英国提供公共服务最重要的领域——教育、医疗等却没有选择民营化。1990 年梅杰接任撒切尔夫人后,由于面临经济衰退,公共支出不断扩大,1992 年首次提出了私人融资计划(PFI)。PFI 是购买公共服务的一个重要技术,但只是 PPP 模式中众多采购方法的其中一种,PFI 占英国整体公共部门投资的 11%。目前,为了降低项目风险,提高公共部门权益,保证项目的成功率,英国将 PFI 进一步改进为新型私人融资(PF2),两者最大的区别是在 PF2 中私人部门对基础设施不再运营,同时提高特殊目的公司(SPV,是针对项目而设立的一个特殊目的公司,我们通常称为项目公司)的注册资本金,政府持有一定股权。在管理方面,英国 1993 年在财政部下设立私人融资工作组和私人融资办公室,1997 年在财政部设立专门工作组负责 PFI 推广工作,1999 年成立长期英国伙伴关系组织替代前期的财政部工作小组,2001 年该伙伴关系组织变为一个 PPP(原来由政府持有全部股权,2001 年就变为政府和私人部门共同持有股权,所以称为 PPP),政府持有 49% 的股权,私营部门持有 51% 的股权。英国财政部持有 44% 的股份,在特殊情况或特殊事项上拥有一票否决权,确保了在重大事项上公共部门的决定权。英国伙伴关系组织的目的是通过向政府部门提供更好的技术支持从而发展整个 PPP 市场以进一步获得投资机会。PFI 政策的主要制定者、实施者和监管者是政府商业办公室。2011 年,财政部设立基础设施局全面负责 PPP 工作。

一、英国采用 PPP 模式的背景

英国为了应对第二次世界大战后的经济困境,选择政府干预的凯恩斯主义,为了振兴经济,促进就业,工党政府增加公共支出,资金来源主要通过大量发行政府债券和增加政府借款予以保障。但是 1979 年后,保守党政府执政后面临庞大的国有经济体系(如自来水、污水处理、垃圾处理等公用事业完全由政府经营。),撒切尔

---

* 资料来源:谢煊、孙洁、刘英志:《英国开展公私合作项目建设的经验及借鉴》,载于《中国财政》2014 年第 1 期。

领导的保守党政府采取了紧缩的货币政策，并减少公共开支，减少政府债务的"双减"财政政策，同时进行民营化改革。但1990年自梅杰任英国首相后，英国一方面经济陷入衰退，另一方面公共支出却保持不断增长，为了应对这一难题，这一时期的保守党政府开始考虑利用私人资金来支持日益增长的公共服务支出，即推行私人融资计划（PFI）。

（一）历史欠账过多

20世纪90年代，英国基础设施需要巨大的维修资金。由于撒切尔上台进行民营化改革，使原来由政府提供的自来水、电力、电信等通过不同形式转让由私人部门经营。但由于公众强烈反对密切关乎民生领域的学校、医院、交通等民营化，而要求必须由政府提供，与此同时，政府又采取了紧缩的财政政策，使得政府很难支持这几个领域的巨大开支。比如，仅教育和医疗，1997年就需要维修资金100万英镑，而国家卫生系统的建筑维护资金超过30亿英镑，学校所需的维修资金更高达70亿英镑。

（二）"双超"现象普遍（时间超期和成本超预算）

传统的采购方式弊端重重。英国是市场制度高度发达而完善的国家，但即便如此，公共投资项目在采购过程中也常会遇到完工时间超期和成本超支的风险。例如，盖思医院预算3600万英镑，实际结算1.24亿英镑；法斯莱恩三叉戟潜艇泊位预算1亿英镑，实际结算3.14亿英镑；苏格兰议会大楼预算4000万英镑，实际结算3.14亿英镑。

（三）资本预算的有限性（政府债务转为企业债务）

在增加公共开支预算时，其中一部分来源于政府贷款增加或通过债券发行。为了控制财政风险，对政府债务所占比例具有一定的限制，很难再通过增加政府债务规模来提高政府公共开支预算。而采用PFI方案可以将政府债务转化为企业债务，同时增加公共投资规模。

二、英国PPP模式的主要形式与特点

英国PPP分为两大类，一类是特许经营；另一类是私人融资计划（PFI、PF2）。PPP项目中，凡是由使用者付费的称为特许经营；凡是由政府付费的就称为私人融资计划。目前，PPP模式在许多国家都有应用，不同国家所应用的领域与模式也不尽相同（PFI = DBFOM设计、建设、融资、运营和维护；PF2 = DBFM设计、建设、融资和维护）。英国PPP模式有以下几个突出特点：

（一）风险管控，降低政府风险

英国的PFI项目风险转移目标清晰：一是将项目的超期完工风险、超预算风险转移给私人部门；二是将项目的经营风险转移给私人部门。英国很少采用特许经营的PPP项目，即使有也没有政府补贴这种形式。理由是如果给予补贴，政府又将承担其经营风险。一个项目运营风险要依靠企业自身的判断，不能通过政府补贴来降低风险。例如通过PPP建设一个隧道，流量多少需要投资者自己预测，不能要求政府在流量低时给予补贴。

（二）价格固定，运营周期长

对于 PFI 项目，整个项目的成本是确定的，而政府负担的成本也是不变的。在政府传统采购项目中，其价格并不是固定的。另外，PFI 项目运营周期长，一般会在 25 年到 30 年，最少的也在 10 年之上，长的也有 40 年的项目。例如英国皇家医院，总投资额 20 亿英镑，经营期为 40 年，政府每年向这家投资机构支付 1.5 亿英镑的运营费（作为投资回报）。

（三）产出为基础，重绩效后付费

PFI 项目是以产出为基础的，只有在项目完工后，能够达到预期的产出目标，这时政府才开始向投资者付费。项目完工前或完工后却没有达到预期目标的，政府是不会向项目公司付费的。政府是根据结果付费而且是根据投入付费的，这是与传统采购项目根本的区别。

（四）领域集中，交通项目投资比重大

项目领域主要集中在交通、医疗和教育。从 1987 年到 2012 年，英国共批准 PPP 项目 730 个，650 个在运营中，运营金额达 540 亿英镑。从项目价值上看，交通占 36%、医疗占 19%、教育占 14%、宿舍（保障房）占 10%。从项目数量上看，医疗占 32%、教育占 24%、宿舍（保障房）占 13%、交通占 7%（见图 1 和图 2 所示）。交通项目虽然数量少，但每个项目的投资金额却非常高，而医疗和教育项目虽然数量多，但其每个项目的投资规模相对较小。

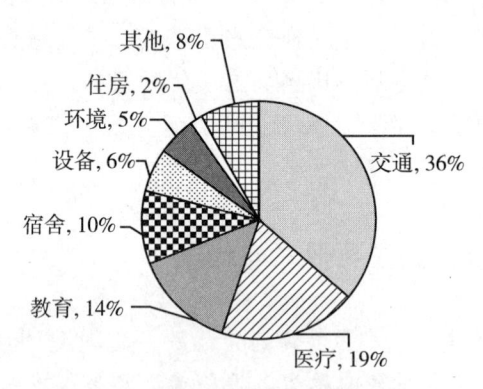

图 1　PPP 项目价值分布图

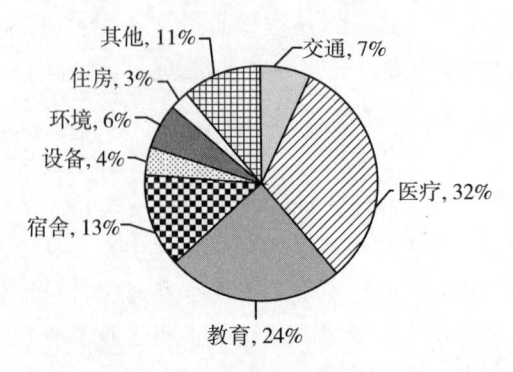

图 2　PPP 项目的数量分布图

（五）较少采用特许经营，多数情况下选择 PFI

特许经营的 PPP 项目，需要使用者付费，而 PFI 项目则是政府付费的。由于英国的教育和医疗是全民免费，所以，在 PPP 项目中采用 PFI 模式。即便是交通（高速公路、铁路等）绝大多数也是采用 PFI 模式，整个英国目前只有一条使用者付费的交通（公路项目 22 公里，因公路收费，使用者较少，目前政府打算收回国有）。为了降低项目风险，提高公共部门权益，英国将 PFI 进一步完善改进为 PF2。

三、当前我国开展 PPP 存在的问题

我国早在 20 世纪末就有通过 PPP 模式建设基础设施的项目，至目前已经在多个领域采用了该模式。虽然通过 PPP 模式解决了基础设施和市政建设在融资方面的问题，取得了成效，但存在的问题也是非常突出的，主要有以下几个方面：

（一）风险转移的目标没有充分实现

我国开展的 PPP 项目，很多经营性项目都有财政补贴，虽然名义上是采用了 PPP 模式，但并没有将经营风险完全转移，让民营部门（私人部门）承担，政府在许多项目中负责"兜底"，实质上承担了最终的风险。

（二）项目运营周期较短

当前我国实施的一些 PPP 项目（如 BT 项目）运营期通常只有 3~5 年，不仅没有解决政府财政融资问题，相反被私营部门增加了一部分成本，例如一些地方通过 PPP 建设的城市环线，通常建成之后政府付费 40%，接下来连续两年每年再付 30%。由于企业融资成本一般会高于政府融资成本，所以，这样不仅没有发挥财政资金的杠杆作用，最终还会成为政府一个重要的债务来源。这与采用 PPP 的初衷是不一致的。

（三）项目多集中在用户付费项目

PPP 的核心理念之一就是解决财政资金困难问题，在用户付费项目中，完全可能通过使用者付费来解决问题，这类项目完全可以通过市场化方式解决。例如污水处理、保障性住房中的公共租赁房等项目完全可以通过向使用者收费解决项目前期投资，无须政府投资。

（四）财政部门监督和约束力弱

我国 PPP 项目一般由各部门安排，与财政没有必然联系，在需要融资时还要求财政部门出"安慰函"。这与国际货币基金组织强调在 PPP 项目中财政部门有一票否决权是不一致的。

总之，如果我们不对当前使用的 PPP 模式及时规范、加强监督和有效控制，必然会给地方政府带来更严重的债务危机。

四、我国采用 PPP 模式的政策建议

为解决财政资金不足及提高使用效率问题，采用 PPP 模式是一个必然的趋势，

（一）近期工作

近期工作主要有以下几个方面：

第一，分清责任归属。按照国发［2010］13号文件明确的领域与方式确定所属部门责任，并根据项目具体情况审慎确定是否向使用者收费。

第二，加强监管，明确要求。对于向使用者收费的PPP项目，其实是一种特许经营，政府应加强监督管理，严格监督收费价格、产品或服务质量等。如果有经营期限要求，并最终将资产移交政府的项目，应当对移交资产质量有严格要求。

第三，延长经营期限。对于财政资金支付费用的PPP项目，应当严格确定私营部门运营期限，一般不能低于10年，如果太短，财政资金很难发挥杠杆作用。经营期限最好在20~30年为宜。

第四，降低财政风险，严控开展PPP项目的数量和规模。对于拟实施PPP模式的项目，要得到财政部相对应管理部门的审批，根据地方财政收入规模严格控制各地通过财政资金支付费用PPP项目的数量和规模。

第五，推试点、制法规。在全面推广PPP模式之前，建议在每一个领域选择一个项目作为试点，在试点（或已有做法）基础上，制定规范的PPP合同和流程。

（二）长远安排

从长远看，应当做好以下几个方面工作：

1. 完善法制体系。英国在PPP方面并没有专门的法律，但有较为完善的市场经济体制及相关法律环境，其通过相应的政策、指南和合同法来指导PPP项目实施，这是他们成功实施PPP的保证。但我国目前采用的是部委发"通知"，指定"政策"的方式来规范，其法律效力较低，而PPP的特殊性决定了要对项目公司、招投标和税收优惠等问题做出特别的法律规定，这就意味着PPP立法与一般法规必然存在一些冲突。国务院各主管部门在各自管理范围内做出的规定，只能适用于一部分行业，且都是从自身管理角度出发，法规文件各自为政，很多时候不能相互衔接，缺乏全局性和系统性。我们则需要通过立法方式来保证在PPP项目中的各方利益不受损害，特别是公众利益。同时通过立法，明确PPP应用的领域与方式。PPP项目的法律关系较为复杂，涉及许多领域的法律问题，有些问题在针对特许经营的法规中有统一规定，但更多的方面仍由该领域内我国现有的其他法规或行政法规来管制。

2. 加强机构建设。英国财政部基础设施局负责所有英国PFI项目的政策制定，国家审计署和公共事业管理委员会负责对重要的PFI政策方面进行调查研究并提出意见。

基础设施局为所有公共管理部门提供PFI的专业管理，尤其是采购方面的知识。并通过建议和指南对地方政府提供PPP项目支持，并帮助其制定标准化的合同。与此相比，我们目前没有专门的管理机构。英国财政部表示建立一个专门机构统一管理PPP项目是必要的，由于财政的特殊地位，其建议在机构设置方面参照英国经验,在财政部下设立相应的管理部门具体负责PPP政策制定、项目规划、审批和确定项目优先顺序,并在机构下设立PPP项目采购、合同管理指导的经济咨询机构,利用现有行业部委属下的具有专业知识(比如交通、污水处理等)的技术咨询机构,满足PPP模式在各行业的应用需求。

3. 明确政策指导。我国在开展PPP项目中虽然有20多年的经验,也出台了不少相关政策,但这些政策更多具有针对性,缺乏相互协调性。建议出台支持运营周期长的PPP项目政策,同时充分发挥市场机制,降低政府在PPP项目中的成本和风险。针对项目本身经济性的强弱采用不同的激励政策。对经济性较强的项目,可以采用市场化程度更高的方式,而市场化程度较低的也可借鉴PFI模式。

4. 提高项目开发和储备能力。我国目前没有相应的管理机构,更没有相应的项目开发和储备。在设立相应的管理部门的同时,建议该部门应当同时负责PPP项目的开发与储备,其方法是通过项目评估,确定项目是否采用PPP模式。采用的方法是依据"物有所值"的理念和定量计算的方法来确定一个项目是否能够采用PPP模式。一个PPP项目的成功实施需要较长的准备工作,一般要2~3年。由于目前我国"物有所值"评估体系的缺失以及对PPP项目适用类型题解不清,直接导致了PPP模式在国内选择的盲目性,这也是很多PPP项目失败重要原因之一。

5. 促进能力建设。PPP项目是一项技术性较复杂、专业性强的管理模式,涉及金融、法律、会计等多个领域的专业技术,有的甚至涉及政治问题,因此,需要一大批既有理论又有实践经验的复合型人才。为提高PPP的管理能力,一方面,要加强相关人员的培训(与PPP相关的法律、金融、政策等);另一方面,有必要加大相关专业人才和管理技术的引进力度。

6. 完善并加强合同管理。我国应加强合同的规范化管理,英国在《PFI合同规范化第4版》中,对PFI项目的合同管理做出了详尽的规定,各章节包括合同的持续时间、项目的开始时间、防止服务开始时间延迟、意外事件的防护、担保、服务定价方案、服务标准、服务监督、设施维修、服务变更的处理、法律变更的处理、通货膨胀时的价格处理、分包和雇员变动时的处理、所有权变更时的处理、交接时资产估价、提早结束服务的处理、知识产权的处理、争端解决方式以及政府合法介入等均做出了详尽的规定。在我国现有的合同管理政策中,包括《城市供水特许经营协议示范文本》、《城市污水处理特许经营示范文本》等,虽然对相应的定价、风险、标准等做出了规定,仍然存在诸如价格调整、风险控制等方面出现不少问题,希望能尽早完善并规范化管理。

7. 提升监管管理力度。参照英国管理PPP项目的经验,我们应当在不同阶段实施不同的监督举措,在招投标阶段、运营阶段和资产转让阶段都应有相应的监督管理依据与措施。在招投标阶段的监管中,英国在2001年的《公私合作指南》和《如何与选定的投标者合作》中分别提出了在初选投标者阶段、选定投标者阶段和定标阶段的监管,提出了对投标人的财务能力、专业知识、组织能力以及关系管理严格筛选的标准。在运营阶段的监管中,《运营任务指南2之项目移交指南》第3章中提出了对价格、服务水平、客服帮助平台以及重要事件进行监管的要求;而在

《PFI 合同规范化第 4 版》的第 10 章中对如何明确监管的责任、谁进行监管、什么时候进行监管、谁为监管付钱以及监管注意事项等均做了详尽的规范。

8. 加强风险管控。凡是 PPP 项目都属于政府投资公共项目，特别是私人融资项目，虽然在有产出后才向投资者付款，但是，未来每年支出的现值总额便是政府的或有债务，如果 PPP 项目规模过大或总额过大都会给政府带来财政风险。国际货币基金组织（IMF）认为财政部门在 PPP 项目立项上应有否决权，以此防范项目带来的财政风险。

附件二

案 例 分 析

案例1 北京地铁四号线 PPP 项目案例分析*

一、背景知识

（一）北京地铁四号线

随着北京申办2008年奥运会的成功，北京市轨道交通迎来了前所未有的发展机遇。根据《北京市2004—2015轨道交通发展规划》，自2004年至2015年，北京市将建设约260公里市内轨道交通，总投资达1000亿元。但北京地铁当时的经营体制已无法承担这一资金重担，如何在全球地铁经营不景气的情况下，创出一条经营体制的新路，成了当时北京市必须要解决的一个问题。

从所有权与经营权的关系上看，当时北京地铁的运营模式属于典型的"国有国营"模式，即由政府负责地铁投资建设，所有权归政府所有，运营也由政府部门或国有企业负责的一种传统运营模式。专家指出，世界上采用此运营模式的城市地铁没有一家是盈利的。而当时北京地铁的亏损人人皆知，每年国家要补贴几个亿，要解决地铁亏损就必须改变其融资模式与运营模式。

其实，在地铁的运营模式上，不同国家有不少可以参考的案例，如中国香港的"公私合营"模式、新加坡的"国有民营"模式、泰国的"民有民营"模式等。为此，国家发改委核准北京地铁4号线特许经营PPP项目，这是国家核准的第一个中外合作特许经营城市轨道交通项目。

北京地铁4号线是北京市轨道交通线网中的骨干线路和南北交通的大动脉。按照规划，4号线途经丰台区、宣武区、西城区和海淀区。线路起点位于南四环路北侧马家楼路与马家堡西路交口的南侧，之后线路向西转向北，经由北京南站后，偏西北方向行进，逐步转向北，进入菜市口大街至陶然亭站，向北沿菜市口大街、宣武门外大街、宣武门内大街、西单北大街、西四南大街、西四北大街、新街口南大街至新街口，转向西，沿西直门内大街、西直门外大街至首都体育馆后转向北，沿中关村大街至清华西门，向西经圆明园、颐和园、北宫门后向北至龙背村。地铁4

---

* 根据网络公开资料整理。

号线正线长度 28.65 公里，共设 23 座地下车站和 1 座地面车站，平均站间距 1.18 公里，全线采用地下线的敷设方式。

根据初步设计概算，北京地铁 4 号线项目总投资约 153 亿元。按建设责任主体，将北京地铁 4 号线全部建设内容划分为 A、B 两部分：A 部分主要为土建工程部分，投资额约为 107 亿元，占 4 号线项目总投资的 70%，由已成立的四号线公司（北京基础设施投资有限公司全资子公司）负责投资建设；B 部分主要包括车辆、信号、自动售检票系统等机电设备，投资额约为 46 亿元，占 4 号线项目总投资的 30%，由社会投资者组建的项目特许经营公司（以下简称"特许公司"）负责投资建设。

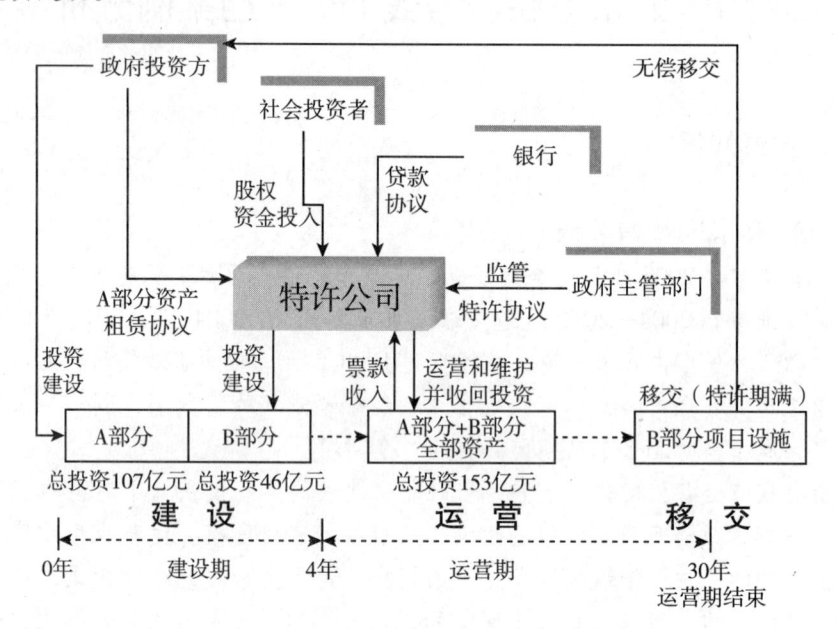

图 1　北京地铁四号线投资结构图

市政府授权主管部门与特许公司签署《特许协议》，授予特许公司 4 号线项目投资、建设和运营的特许经营权。特许公司与四号线公司签订《资产租赁协议》，在 4 号线项目竣工验收后，取得 A 部分资产的使用权。

4 号线项目特许期包括建设期和特许经营期，特许经营期为 30 年。在特许经营期内，市政府按照《特许协议》规定，在建设期内将监督四号线公司确保土建部分按时按质完工，并监督特许公司进行机电设备部分的建设。4 号线运营票价实行政府定价管理，采用计程票制，在特许期内，市政府根据相关法律法规、本着同网同价的原则，制定并颁布 4 号线运营票价政策，并根据社会经济发展状况适时调整票价。特许公司负责地铁 4 号线的运营管理、全部设施（包括 A 和 B 两部分）的维护和除洞体外的资产更新，以及站内的商业经营，通过地铁票款收入及站内商业经营收入回收投资。

特许经营期结束后，特许公司将 A 部分项目设施归还给四号线公司，将 B 部分项目设施完好、无偿地移交给市政府指定部门。

（二）运作过程

- 前期准备阶段（2003年7~12月）

2003年年底，北京市政府转发北京市发展改革委《关于本市深化城市基础设施投融资体制改革的实施意见》，明确了轨道交通可以按照政府与社会投资7∶3的基础比例，吸收社会投资者参与建设。

2003年11月，北京市基础设施投资有限公司作为北京市基础设施投融资平台正式成立。成立之后便着手制定了4号线市场化运作的初步方案，并开始与香港地铁等多家战略投资者进行接触，项目前期工作全面展开。

在此阶段，形成了项目运作的初步框架，以后各阶段的工作均在此框架基础上拓展。

- 方案研究和审批阶段（2004年1~9月）

2004年2月开始至4月，国际客流顾问对4号线的客流与收入进行预测，提出专业意见和报告；聘请技术顾问评估4号线的建设和技术方案。

2004年4月份，市政府相关部门对于项目采用单线招商方案还是4号线、5号线、9号线、10号线捆绑招商方案尚存在不同意见，对采取招标形式还是竞争性谈判的方式确定投资人亦无定论，因此奥运经济市场推介会和第八届京港洽谈会成了确定招商方案的试金石。

2004年4月、6月，北京市发展改革委分别组织召开了奥运经济市场推介会、北京地铁4号线、5号线、9号线、10号线国际融资研讨会等一系列大型招商推介会，面向国内外投资者对以4号线为重点的北京地铁项目进行了广泛深入的招商活动。

2004年9月形成《北京地铁4号线特许经营实施方案》，北京市发改委组织对方案进行了评审并上报市政府。11月，北京市政府批准了特许经营实施方案，4号线特许经营项目取得实质性进展。

通过研究和沟通，各方就项目主要原则和框架形成了初步的一致意见，形成了特许经营方案，并完成了《北京地铁4号线特许经营协议》等法律文件的编制和初步沟通工作。

- 竞争性谈判阶段（2004年10月至2005年2月）

2004年11月底，北京市交通委牵头成立了4号线特许经营项目政府谈判工作组，与香港地铁有限公司—北京首创集团有限公司（以下简称"港铁—首创联合体"）、西门子公司交通技术集团—中国铁道建筑总公司—北京市地铁运营有限公司（以下简称"西门子—中铁建联合体"）等社会投资者的竞争性谈判正式开始。

2005年2月初，政府谈判工作组与优先谈判对象"港铁—首创联合体"就《北京地铁4号线特许经营协议》等项目条件达成了一致意见。

- 协议签署阶段（2005年2月至2006年4月）

2005年2月7日，北京市交通委代表市政府与港铁首创联合体草签了《北京地铁4号线特许经营协议》。

2005年9月，国家发改委核准批复了北京地铁4号线PPP融资项目。

2006年1月，北京京港地铁有限公司注册成立，注册资本13.8亿元人民币，由北京市基础设施投资有限公司出资2%，北京首都创业集团有限公司和香港铁路有限公司各出资49%组建。

2006年4月，北京市交通委与北京京港地铁有限公司正式签署了《北京地铁4号线特许经营协议》。

（三）项目的实施情况

经过4年的建设，北京地铁4号线已于2009年9月28日开通试运营。北京地铁4号线一开通即实现最小行车间隔3分钟的纪录，并在开通后一年零七个月内，两次缩小运行间隔至目前的2分15秒，同时，2011年5月1日曾创下116万人次的最高日客运量。

按照建设计划的安排，北京地铁4号线初步客流预测见表1。

表1

	2010年（初期）	2017年（近期）	2032年（远期）
高峰小时单向最大断面客流量（万人次/小时）	2.81	3.31	4.04
高峰月日均客流量（万人次/日）	76.13	87.27	103.11
全年客流量（亿人次/年）	2.42	2.77	3.27

（四）社会的关注

地铁4号线PPP融资项目是北京市基础设施投融资领域改革的重大举措，其成功实施加快了北京市轨道交通的建设步伐和体制改革进程。地铁4号线PPP融资项目也是我国城市轨道交通领域第一个市场化融资成功的项目，自项目签约以后，便成为社会各界关注的焦点，越来越多的人开始讨论和研究PPP融资模式，这对各地大型基础设施项目尤其是轨道交通项目的投融资模式创新和项目运作提供了很好的借鉴。

二、项目资金来源

根据初步设计概算，北京地铁4号线项目总投资约153亿元。按建设责任主体，将北京地铁4号线全部建设内容划分为A、B两部分：A部分主要为土建工程部分，投资额约为107亿元，占4号线项目总投资的70%，由已成立的四号线公司（北京基础设施投资有限公司全资子公司）负责投资建设；B部分主要包括车辆、信号、自动售检票系统等机电设备，投资额约为46亿元，占4号线项目总投资的30%，由社会投资者组建的项目特许经营公司负责投资建设。

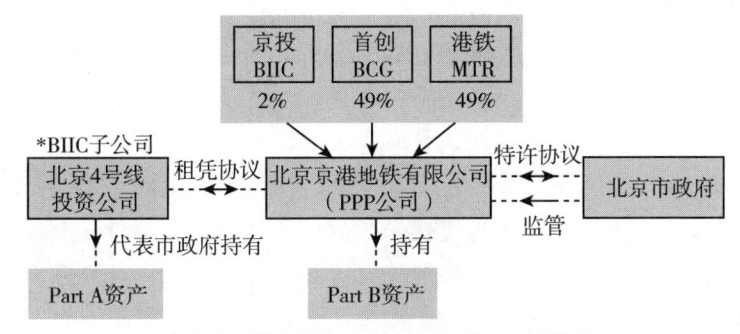

北京京港地铁有限公司于2006年1月16日注册成立

图 2　北京地铁四号线 PPP 公司资本结构

三、公私合作方案

地铁 4 号线公私合作采用的是 PPP（Public-Private-Partnership）融资模式。

PPP 是指政府部门与社会投资者之间建立合作伙伴关系来提供基础设施、社会公共设施的建设和相关服务的一种方式。

广义的 PPP 指公共部门与社会投资者为提供公共产品或服务而建立的各种合作关系。

狭义的 PPP 是一系列项目融资模式的总称，指政府部门与社会投资者共同将资金或资源投入项目，并由社会投资者建设并运营该项目的方式。包含 BOT、BTO、R+P 等多种模式。

PPP 模式对各地大型基础设施项目尤其是轨道交通项目的投融资模式创新和项目运作提供了很好融资方式。

PPP 模式：

- 筹集部分项目建设资金，解决项目建设资金不足的问题
- 政府和社会投资者以契约的形式固定双方的权利和义务，实现降低项目建设和运营成本，并使成本相对可控
- 通过社会投资者专业化、高效率的运作，可以为用户提供更优质的产品和服务

四、经验总结

目前，北京基础设施投资公司正在对地铁 4 号线运营进行中期评估。从评估结果来看，地铁 4 号线的 PPP 模式在成本、效率、服务等方面取得的效果是非常显著的。从项目运作和实施结果来看，有以下几点经验和意义：

（一）重视前期研究，规范运作

轨道交通等基础设施的投融资是一项极其复杂的系统工程，需要综合运用金融、

财务和法律等方面的知识。本项目在没有成熟经验的情况下，组建了由专业的融资顾问、财务顾问、技术顾问、客流调查顾问、法律顾问等组成的顾问团队，广泛地分析国内外融资案例，经过一年多的前期研究，形成了项目实施方案，并在各方共同努力和协作下，规范运作和实施，最终实现项目的成功运作。

（二）开创我国轨道交通建设PPP融资模式的先河，缓解了资金压力

如何筹集建设资金是制约轨道交通发展的首要障碍，而对于地铁这类很少盈利的项目来说，减少政府投入就是成功的关键。根据测算，京港地铁负责地铁4号线约30%的投资，引进了建设资金近50亿元，这就意味着政府的投入大大节省。同时，在运营期内，京港地铁还要负责线路、设备设施的所有维修维护和更新改造工作，预计需投入的资金接近100亿元。北京地铁4号线PPP融资项目的运作，确定了项目研究内容、项目结构和核心问题，完成了股权结构、客流风险分担、结算票价体系、建设和运营服务标准等具体操作层面的创新设计，成为PPP融资模式的一个样本。

（三）引入竞争，提高地铁营运的管理水平，转化政府职能，实现政企分开

4号线通过引入有实力和经验的国际投资人，引进了国际先进的地铁建设、管理理念和现代化经营理念，能够提高地铁行业的建设效率和运营服务水平。同时，京港地铁的出现也在北京市地铁行业内带来了鲶鱼效应，激活了地铁原有的体制，达到了改革的目的。

同时，项目通过《特许协议》等法律文件的制定和签署，明确了政府、投资者和特许公司在4号线项目投资、建设、运营各环节中的权利和义务，有利于政府职能的改变，实现政企分开，促进地铁行业投资、建设和运营步入市场化、规范化、法制化的轨道，推进公用事业市场化进程，为其进一步深化改革提供契机。

案例2　泉州刺桐大桥PPP项目案例分析 *

刺桐大桥位于福建省泉州市内，连接福州与厦门的324国道，是福建省特大型公路桥梁之一，也是国内最早采用BOT（建设—运营—移交）方式建设的一个路桥项目。大桥横跨晋江，全长1530米，宽27米，匝道2400米，接线公路2285米，全桥并列6车道，桥下可通行500吨左右的海轮，主桥型为连续钢架预应力桥。刺桐大桥建成后，迅速成为连接泉州晋江、石狮和鲤城三大经济中心干线公路网的枢纽，并为分流国道324线的过境车辆、改善晋江南北岸交通、促进晋江南岸的开发发挥了重要的作用。

一、项目背景

泉州市地处闽东南地区，是全国著名的侨乡。时间倒退到1990年，改革开放让泉州插上了腾飞的翅膀，但薄弱的交通基础设施却严重地制约着城市的经济发展。当时，泉州市只有一座跨越晋江的泉州大桥，泉州大桥原设计每昼夜通车5000辆，实际每昼夜通车24 000辆，大桥严重超负荷运行，每天排队缴费过桥的车辆宛如长龙一般；而且大桥作为324国道的一部分，过境的车辆和市内车辆混在一起，仅15米宽的大桥上拥挤不堪，成为国道324线及泉州市南北交通的"瓶颈"地段。为缓解交通负荷，1994年年初，泉州市有关部门决定再建一座跨江大桥。由于泉州市政府财力有限，因而决定对外招商建设大桥。消息传出之后，几家外商前往洽谈，但终因提出的条件过高而未果，大桥建设计划一拖再拖。此时，泉州市名流实业股份有限公司的董事长兼总经理陈庆元走进了市长办公室，作为民营资本的代表，陈庆元愿意不带任何附加条件承建一座全新的跨江大桥，泉州市委、市政府当即决定以民营资本为主建设一座全新的刺桐大桥。

二、项目建设的基本情况

第一阶段：决策阶段

泉州市名流实业股份有限公司（以下简称"名流公司"）作为刺桐大桥项目的主要出资人，由泉州市名流联谊会、福建恒安集团、泉州元鸿集团、泉州匹克集团、福建省中行信托投资公司等15家有经济实力和社会影响力的大型企业共同发起成立的股份制企业。名流公司最初计划的投资方向是房地产行业，但自从1993年国家实

---

* 该案例来源于宋金波、宋丹荣、王东波：《泉州刺桐大桥BOT项目的运营风险》，载于《管理研究与评价》2009年第3期。

施宏观调控后，企业认真研究了国家政策和产业发展方向，当机立断将投资方向转为基础设施建设领域。当时国内还没有可以借鉴的 BOT 项目案例，投资者考察了香港海底隧道的投资建设模式后，终于下决心在泉州引入这一模式。

1993 年年底，名流公司委托交通部公路规划设计院和交通部第一公路工程总公司编制了《关于申请泉州刺桐大桥（含泉州到石狮公路）建设项目的报告》和《泉州市名流实业股份有限公司投资建设及经营刺桐大桥（含泉州至石狮公路）项目的初步可行性研究报告》。名流公司对刺桐大桥的设计方案图向社会公开征集建议书。

1994 年 3 月，市委常委会研究决定，刺桐大桥由名流公司承建，实行股份制和业主责任制，多渠道筹集资金。为了筹建大桥，1994 年 5 月至 10 月，由名流公司与政府授权投资的福建省交通建设投资有限公司、福建省公路开发总公司、泉州市路桥开发总公司按 60：15：15：10 的出资比例成立了"泉州刺桐大桥投资开发有限公司"（以下简称"刺桐大桥投资公司"），公司注册资本为 6000 万元。1994 年 10 月 5 日，市政府下发了"泉政〔1994〕综 190 号文件"《关于泉州刺桐大桥及其附属工程建设的通知》，正式批准刺桐大桥投资公司按照 BOT 模式进行大桥的建设运营。1994 年 11 月 23 日，泉政〔1994〕综 231 号文件批准了刺桐大桥及其附属工程的项目方案。与此同时，泉州市交通局主持召开了"泉州刺桐大桥初测验收会"，建议大桥北岸与宝洲路相接，南岸与省道 306 线东山村南池店镇区道路相接。随后，大桥可行性研究、建设勘察、造价、规模与技术标准确定和征地等工作相继进行。投资人充分发挥出民营机制灵活、办事效率高的优势，8 个月就办完了政府相关部门的 55 道审批手续。

第二阶段：建设阶段

1995 年 1 月 8 日，刺桐大桥奠基典礼隆重举行。1995 年 5 月 18 日，大桥工程正式开工。原福建省委书记贾庆林同志为大桥工程奠基亲笔题名，并多次视察工地，其他省市领导也经常到工地视察。

为了保证工程质量，大桥的建设采用工程施工总承包的方式，并实行严格的招投标竞争机制，邀请实力雄厚的"国家级"施工单位来投标。最后中标单位为交通部第二航务工程局，同时由铁道部大桥建设监理公司担当监理，为避免在重大问题上出现决策失误，在大桥工程议标、材料采购、施工质量检查等方面全面公开化，自觉接受市监察、审计部门的监督。为了进一步保证预定工期计划的完成，刺桐大桥投资公司与工程承包公司签订了工程履约担保和一个带有奖惩条件的工期协议，双方约定建设期为 18 个月，提前一天奖 200 万元，推迟一天罚 200 万元，这样，项目建设的完工风险就转由工程承包公司来分担。

1996 年 10 月 18 日，刺桐大桥举行合龙仪式，11 月 18 日，刺桐大桥举行通车典礼，12 月 29 日正式投入运营，比规定的 3 年工期节省了近一半的时间，工程质量也达到全优。

第三阶段：运营阶段

1996 年 12 月 29 日，刺桐大桥收费站正式投入运营，六个收费票亭开征过桥费，大桥转入运营管理阶段。刺桐大桥自 1997 年通车以来，车流量迅速上升，不仅取得了良好的社会效益，而且经济效益也在稳步增长。车辆通行收入由 1997 年的 2371 万元增至 2000 年的 3747 万元，2001 年则达到 4614.5 万元，年均增长率达 20% 以上。名流公司的"桥牌"一炮打响，企业的效益和资产迅速增加，刺桐大桥经评估并由福建省国资局确认，截止到 1998 年 6 月 30 日，大桥评估的现值为 110 016 万元。经北京北方亚事资产评估，截止到 2000 年 9 月 30 日，刺桐大桥的收费权价值为 52 961 万元。

民营资本以 BOT 模式进行大型基础设施的建设与管理，这在当时的国内尚属首例，因而引起了媒体的高度关注，《人民日报》称赞"刺桐大桥不仅是一座解决塞车、过桥困难的物质的桥，而且是一座探索、改革的桥，它的意义远远超出了造桥者的想象"。

三、刺桐大桥的融资结构

按照特许经营协议，刺桐大桥投资公司的特许经营期为 30 年（含建设期），期满后全部设施无偿移交给泉州市政府。刺桐大桥的融资结构如图 1 所示。刺桐大桥项目特许经营协议的主要条款如下：

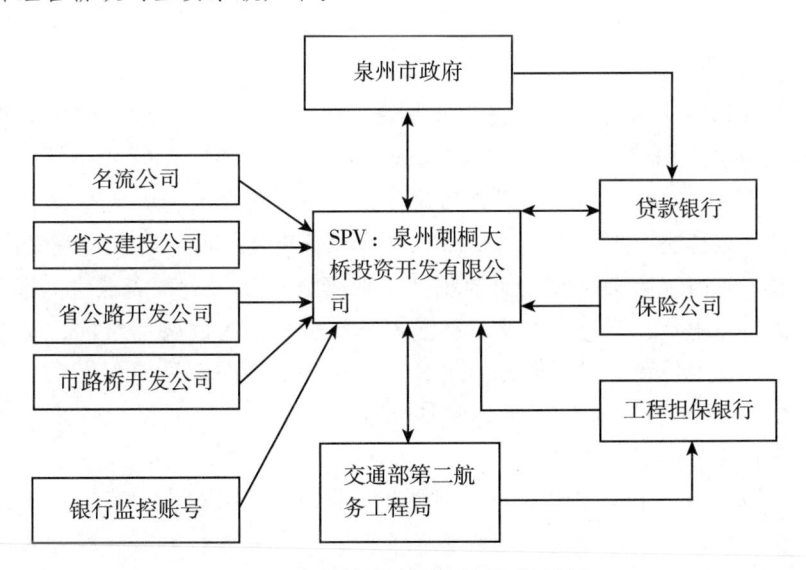

图 1　泉州刺桐大桥的融资结构

1. 该项目的 SPV（特殊目的载体）就是刺桐大桥投资公司，它是由名流公司、省交通建设投资公司、省公路开发公司和市路桥开发公司组成，各出资人以出资额为限承担有限责任，以 SPV 公司未来的收益和资产作为融资的基础，全权负责大桥的建设、资本注入和经营管理等一系列重大决策，并根据与政府协商制定的收费方式及收费标准对大桥使用者进行收费，直至特许经营期结束为止，期间所获得的收益归刺桐大桥投资公司支配。在特许经营期终止后，将大桥及附属公路无偿移交给政府，并保证大桥是一个"正常运转并保养良好的工程"。

2. SPV 与泉州市政府签订 PPP 合同，政府授权 SPV 建设、开发和经营大桥，给予配套条件支持，提供还款担保，是刺桐大桥的真正发起人和特许经营期结束后大桥的拥有者。在特许经营协议中约定，允许刺桐大桥投资公司进行附属公路（南侧接线公路，长 2.3 公里）的开发和经营。为保证银行贷款及时到账，泉州市财政局还提供了《泉州刺桐大桥工程还贷承诺书》。同时，作为项目建设的约束条件，泉州市政府规定："该项目必须在三年内建设完成并投入运行。该合同如不能按期完成工程建设，由市政府授权机构收购续建，收购价原则上按当时已经完成并经确认的投资额计算。"

3. SPV 公司从银行融资 1.2 亿元，贷款偿还期为 5~8 年。大桥运营后的收入所得根据与贷款银行之间的现金流量管理协议进入贷款银行监控账户，并按照资金使用的优先顺序进行分配，即先支付工程正常运行所发生的资本开支、管理费用，然后按计划偿还债务，盈余资金按投资比例进行分配。

4. 刺桐大桥投资公司对项目投保建筑工程一切险（包括第三方责任险），将建设期间可能发生的意外损失及风险转移给保险公司承担。

四、刺桐大桥运营中的问题

（一）收费之争

泉州大桥 1984 年由福建省交通厅直接投资建成，为了"多渠道筹集公路交通建设资金"，省政府出台了《泉州大桥征收过桥费暂行办法》，自 1984 年 12 月 1 日起，泉州大桥试行征收过桥费，到收回该大桥全部投资时为止。大桥建成后，迅速成为连接泉州市南北两岸的唯一通道，可观的过桥费收入使大桥的建设投资在 1988 年年底就基本收回。尽管此时泉州大桥的"收费总额已超过原建设总投资"，但当时考虑到交通基础设施薄弱，以及公路建设资金严重不足的实际情况，省里同意继续征收泉州大桥过桥费。泉州大桥的收费用途延伸为"全面平衡和宏观考虑全省公路建设投资"。由于当时泉州大桥的收费直接划归省里，因此泉州市政府对刺桐大桥的建设和运营是非常支持的。

然而，1997 年，省政府将泉州大桥收费权移交给了泉州市政府，此时，泉州市政府与刺桐大桥投资公司的利益关系发生了根本性的转变。由市政府收费的泉州大桥和由民营资本投资运营的刺桐大桥直接形成了竞争关系。泉州大桥原来年收入在 5000 万元左右，被刺桐大桥分流后，年收入骤降到 3000 万元左右。

刺桐大桥的麻烦随之而来。1997 年 12 月 15 日，泉厦高速公路建成，由于两者相距仅 300 米，所以刺桐大桥投资公司早在建桥时就投入 700 多万元，预留了两个与高速公路的对接口，但这一连接方案迟迟不能获得泉州市有关部门的准许。刺桐大桥虽与泉厦高速公路近在咫尺，可是伸向高速公路的连接道却变成了一条"断头路"，直接影响到大桥的交通量。

与此同时，泉州市政府投资 1.3 亿元，修建了一条长达 10 多公里的牛山连接线，将泉州大桥与泉厦高速公路相连，以增加泉州大桥的交通量。1998 年年底，又投资5800万元建设了与泉州大桥并行的顺济新桥和笋江大桥。两座新桥统一收费管理，成为泉州大桥收费站的"分站"。2000年泉州大桥正式成为国道324线收费站，泉州大桥转而以"国道324线泉州大桥收费站"的名义继续收费。

既然通往高速公路的匝道不通，刺桐大桥投资公司不得已投资4800多万元启动"324国道复线"连接工程。意想不到的麻烦再次出现：尽管他们很早就将设计方案送给泉州市有关部门，但就在全长6.3公里的复线工程接近牛山连接线时，预留给复线工程的桥洞比原先设计的位置偏移了20米，而且是一个斜向的桥洞，复线工程被迫作相应位移和桥洞对接，结果连拐了两个弯，成了"水蛇腰"状的危险路段，并且又追加了几百万投资，工期拖了一年多。

在此形势下，为了回收刺桐大桥的建设投资，名流公司于1999年4月向泉州市有关部门申请对刺桐大桥及沿线公路区域内的服务设施进行开发经营，但泉州市政府迟迟未予批复。在建设刺桐大桥之后，名流公司董事长陈庆元还曾雄心勃勃地打算继续以民营资本为主承建另一个横跨泉州湾、连接福建沿海通道的枢纽项目——泉州跨海大桥。然而，由于种种原因，名流公司并未获得这一工程，后续类似的项目名流公司也没有再获得。

（二）政府的顾虑

显然，泉州市政府并未料到由民间资本运营刺桐大桥后所赚取的高额投资回报，这与政府和社会公众的利益形成了矛盾。当初泉州市政府由于缺乏BOT项目的操作经验，导致与名流公司签订的项目特许经营协议并不完善，特别是对项目投资回报率、收费机制、争端解决等条款缺乏合理的约定，因此在刺桐大桥的盈利能力大大超出预期的情况下，政府很难再继续给予刺桐大桥实际的支持。相比之下，泉州大桥自建成并设立收费站以来，连续20多年征收的通行费累计超过5亿元，社会公众要求取消过桥收费的呼声愈来愈高。但泉州市有关部门的专家认为，泉州大桥收费站的撤留问题非常敏感，一旦泉州大桥停止收费，势必造成刺桐大桥无车行走而泉州大桥拥挤不堪的状况，并且泉州市政府根本无力收购刺桐大桥的产权。事实上，泉州市近年来交通基础设施建设的巨额投入是泉州大桥"无限期收费"的直接原因，泉州大桥的收入已成为泉州市各项交通工程启动和还贷资金的主要来源。当地交通部门的一位同志直接表明：泉州大桥支撑了全市道路建设的滚动发展。

五、取消三桥收费带来的新问题

2003年，福建省政府开始对全省公路和城市道路收费站点进行清理，明确规定：2004年7月1日，泉州大桥、顺济新桥、笋江大桥正式停止收费，刺桐大桥收费站至2025年5月18日停止收费。

三桥收费取消后，诸多问题亟待妥善解决：三桥车辆分流大大加重，交通组织问题成为瓶颈；桥头秩序混乱，过桥车辆严重堵塞；取消收费后大桥的维护资金问题有待解决；刺桐大桥车流量有所下降。为了兼顾社会公众和刺桐大桥投资方的利益、保证交通顺畅，泉州市有关部门以"过境走两边，市区走中间"为原则出台了过江车辆的通行方案。其中规定：过境车辆走刺桐大桥和笋江大桥，出入市区车辆走泉州大桥和顺济新桥；2.0吨以上（包括2.0吨）的货车和19座以上的营运客车禁行顺济新桥，7:30~21:30禁过泉州大桥。

泉州市公路局相关负责人表示，车辆分流方案给予了刺桐大桥一定的保护，而且泉州每年的车辆增长十分迅速，因此刺桐大桥的经营空间仍然很大。据调查，三桥取消收费前，刺桐大桥车流量为2.013万辆/天。三桥分流方案出台后，每日过桥的车辆减少了3000辆左右。虽然通行车辆少了，但走刺桐大桥的大型客车、大型货车较多，收费普遍较高。总体而言，刺桐大桥投资方的利益仍然是有保障的。不过，也有许多大型客、货车绕道走笋江大桥或者专等夜间走泉州大桥，以省掉走刺桐大桥需要缴纳的过桥费。

为了降低刺桐大桥出现交通量下滑的风险，名流公司制定了多种应对方案。其一是继续争取刺桐大桥与泉厦高速公路的连通，分流从泉州大桥到牛山连接线再到高速公路的车辆，减轻泉州大桥的负担；其二是采取灵活的市场经营策略，通过给予过桥大客户优惠、设立交通安全奖、开通部分车辆专行道、推行文明服务等方式吸引车流量。另外，根据对刺桐大桥车流量的分析，走刺桐大桥的车辆大部分是到东部市区，如果从其他三桥绕行，需要多花10分钟至30分钟，从时间和油耗成本的角度考虑，去东部市区的车辆并不会全部分流到其他三座桥上去。

六、经验借鉴

（一）政府支持

由于政府需要发展经济建设，可以支持经济建设的基础设施需要巨大的投资，而政府又没财力解决这一问题，当时决定采用PPP方式解决基础设施建设是政府的迫切需要。因此，政府支持是PPP模式成功的关键因素之一。

（二）规范操作

在当时情况，国内并没有成功经验可以借鉴，该项目实际操作中，采用设立SPV（特殊目的载体），就是项目公司，这与国际上在采用PPP模式时做法是一致的，也是PPP模式一个显著特征。整个项目都是通过SPV来完成的。由SPV与政府签订PPP合同、与银行签订贷款协议、与施工单位签订建设合同等。

（三）长期合同

PPP合同期限为30年，基本上政府不需要出资的情况下解决了经济发展过程中的基础设施瓶颈问题。现在一些地方采用的PPP模式，合同期限只有3~5年，很难从根本上解决财政资金困难的问题。

（四）收费基础

该项目通过向使用者收费，很好地解决了项目的投资收益问题，不需要任何的财政补贴，同时也为当地财政贡献了不少的税收。

（五）有待完善的地方

当然这个项目也不是完美无缺的，合同本身也存在不少问题，如项目利润控制、风险分配、外部环境变化等问题没在合同中得到很好的解决。由于这是一个长达30年的合同，在经营过程中出现不可预见的问题是正常的，但是要有一个解决的机制，如特别车辆通行是否免费问题。如果出现不可协调时能否回购，这些都是当时没有考虑到的。

附件三

关于推广运用政府和社会资本合作模式
有关问题的通知

财金〔2014〕76号

各省、自治区、直辖市、计划单列市财政厅（局），新疆生产建设兵团财务局：

为贯彻落实党的十八届三中全会关于"允许社会资本通过特许经营等方式参与城市基础设施投资和运营"精神，拓宽城镇化建设融资渠道，促进政府职能加快转变，完善财政投入及管理方式，尽快形成有利于促进政府和社会资本合作模式（Public-Private Partnership，PPP）发展的制度体系，现就有关问题通知如下：

一、充分认识推广运用政府和社会资本合作模式的重要意义

政府和社会资本合作模式是在基础设施及公共服务领域建立的一种长期合作关系。通常模式是由社会资本承担设计、建设、运营、维护基础设施的大部分工作，并通过"使用者付费"及必要的"政府付费"获得合理投资回报；政府部门负责基础设施及公共服务价格和质量监管，以保证公共利益最大化。当前，我国正在实施新型城镇化发展战略。城镇化是现代化的要求，也是稳增长、促改革、调结构、惠民生的重要抓手。立足国内实践，借鉴国际成功经验，推广运用政府和社会资本合作模式，是国家确定的重大经济改革任务，对于加快新型城镇化建设、提升国家治理能力、构建现代财政制度具有重要意义。

（一）推广运用政府和社会资本合作模式，是促进经济转型升级、支持新型城镇化建设的必然要求。政府通过政府和社会资本合作模式向社会资本开放基础设施和公共服务项目，可以拓宽城镇化建设融资渠道，形成多元化、可持续的资金投入机制，有利于整合社会资源，盘活社会存量资本，激发民间投资活力，拓展企业发展空间，提升经济增长动力，促进经济结构调整和转型升级。

（二）推广运用政府和社会资本合作模式，是加快转变政府职能、提升国家治理能力的一次体制机制变革。规范的政府和社会资本合作模式能够将政府的发展规划、市场监管、公共服务职能，与社会资本的管理效率、技术创新动力有机结合，减少政府对微观事务的过度参与，提高公共服务的效率与质量。政府和社会资本合作模式要求平等参与、公开透明，政府和社会资本按照合同办事，有利于简政放权，

更好地实现政府职能转变，弘扬契约文化，体现现代国家治理理念。

（三）推广运用政府和社会资本合作模式，是深化财税体制改革、构建现代财政制度的重要内容。根据财税体制改革要求，现代财政制度的重要内容之一是建立跨年度预算平衡机制、实行中期财政规划管理、编制完整体现政府资产负债状况的综合财务报告等。政府和社会资本合作模式的实质是政府购买服务，要求从以往单一年度的预算收支管理，逐步转向强化中长期财政规划，这与深化财税体制改革的方向和目标高度一致。

二、积极稳妥做好项目示范工作

当前推广运用政府和社会资本合作模式，首先要做好制度设计和政策安排，明确适用于政府和社会资本合作模式的项目类型、采购程序、融资管理、项目监管、绩效评价等事宜。

（一）开展项目示范。地方各级财政部门要向本级政府和相关行业主管部门大力宣传政府和社会资本合作模式的理念和方法，按照政府主导、社会参与、市场运作、平等协商、风险分担、互利共赢的原则，科学评估公共服务需求，探索运用规范的政府和社会资本合作模式新建或改造一批基础设施项目。财政部将统筹考虑项目成熟度、可示范程度等因素，在全国范围内选择一批以"使用者付费"为基础的项目进行示范，在实践的基础上不断总结、提炼、完善制度体系。

（二）确定示范项目范围。适宜采用政府和社会资本合作模式的项目，具有价格调整机制相对灵活、市场化程度相对较高、投资规模相对较大、需求长期稳定等特点。各级财政部门要重点关注城市基础设施及公共服务领域，如城市供水、供暖、供气、污水和垃圾处理、保障性安居工程、地下综合管廊、轨道交通、医疗和养老服务设施等，优先选择收费定价机制透明、有稳定现金流的项目。

（三）加强示范项目指导。财政部将通过建立政府和社会资本合作项目库为地方提供参考案例。对政府和社会资本合作示范项目，财政部将在项目论证、交易结构设计、采购和选择合作伙伴、融资安排、合同管理、运营监管、绩效评价等工作环节，为地方财政部门提供全方位的业务指导和技术支撑。

（四）完善项目支持政策。财政部将积极研究利用现有专项转移支付资金渠道，对示范项目提供资本投入支持。同时，积极引入信誉好、有实力的运营商参与示范项目建设和运营。鼓励和支持金融机构为示范项目提供融资、保险等金融服务。地方各级财政部门可以结合自身财力状况，因地制宜地给予示范项目前期费用补贴、资本补助等多种形式的资金支持。在与社会资本协商确定项目财政支出责任时，地方各级财政部门要对各种形式的资金支持给予统筹，综合考虑项目风险等因素合理确定资金支持方式和力度，切实考虑社会资本合理收益。

三、切实有效履行财政管理职能

政府和社会资本合作项目从明确投入方式、选择合作伙伴、确定运营补贴到提供公共服务，涉及预算管理、政府采购、政府性债务管理，以及财政支出绩效评价等财政职能。推广运用政府和社会资本合作模式对财政管理提出了更高要求。地方各级财政部门要提高认识，勇于担当，认真做好相关财政管理工作。

（一）着力提高财政管理能力。政府和社会资本合作项目建设周期长、涉及领域广、复杂程度高，不同行业的技术标准和管理要求差异大，专业性强。地方各级财政部门要根据财税体制改革总体方案要求，按照公开、公平、公正的原则，探索项目采购、预算管理、收费定价调整机制、绩效评价等有效管理方式，规范项目运作，实现中长期可持续发展，提升资金使用效益和公共服务水平。同时，注重体制机制创新，充分发挥市场在资源配置中的决定性作用，按照"风险由最适宜的一方来承担"的原则，合理分配项目风险，项目设计、建设、财务、运营维护等商业风险原则上由社会资本承担，政策、法律和最低需求风险等由政府承担。

（二）认真做好项目评估论证。地方各级财政部门要会同行业主管部门，根据有关政策法规要求，扎实做好项目前期论证工作。除传统的项目评估论证外，还要积极借鉴物有所值（Value for Money，VFM）评价理念和方法，对拟采用政府和社会资本合作模式的项目进行筛选，必要时可委托专业机构进行项目评估论证。评估论证时，要与传统政府采购模式进行比较分析，确保从项目全生命周期看，采用政府和社会资本合作模式后能够提高服务质量和运营效率，或者降低项目成本。项目评估时，要综合考虑公共服务需要、责任风险分担、产出标准、关键绩效指标、支付方式、融资方案和所需要的财政补贴等要素，平衡好项目财务效益和社会效益，确保实现激励相容。

（三）规范选择项目合作伙伴。地方各级财政部门要依托政府采购信息平台，加强政府和社会资本合作项目政府采购环节的规范与监督管理。财政部将围绕实现"物有所值"价值目标，探索创新适合政府和社会资本合作项目采购的政府采购方式。地方各级财政部门要会同行业主管部门，按照《政府采购法》及有关规定，依法选择项目合作伙伴。要综合评估项目合作伙伴的专业资质、技术能力、管理经验和财务实力等因素，择优选择诚实守信、安全可靠的合作伙伴，并按照平等协商原则明确政府和项目公司间的权利与义务。可邀请有意愿的金融机构及早进入项目磋商进程。

（四）细化完善项目合同文本。地方各级财政部门要会同行业主管部门协商订立合同，重点关注项目的功能和绩效要求、付款和调整机制、争议解决程序、退出安排等关键环节，积极探索明确合同条款内容。财政部将在结合国际经验、国内实践的基础上，制定政府和社会资本合作模式操作指南和标准化的政府和社会资本合作模式项目合同文本。在订立具体合同时，地方各级财政部门要会同行业主管部门、专业技术机构，因地制宜地研究完善合同条款，确保合同内容全面、规范、有效。

（五）完善项目财政补贴管理。对项目收入不能覆盖成本和收益，但社会效益较好的政府和社会资本合作项目，地方各级财政部门可给予适当补贴。财政补贴要以项目运营绩效评价结果为依据，综合考虑产品或服务价格、建造成本、运营费用、实际收益率、财政中长期承受能力等因素合理确定。地方各级财政部门要从"补建设"向"补运营"逐步转变，探索建立动态补贴机制，将财政补贴等支出分类纳入同级政府预算，并在中长期财政规划中予以统筹考虑。

（六）健全债务风险管理机制。地方各级财政部门要根据中长期财政规划和项目全生命周期内的财政支出，对政府付费或提供财政补贴等支持的项目进行财政承受能力论证。在明确项目收益与风险分担机制时，要综合考虑政府风险转移意向、支付方式和市场风险管理能力等要素，量力而行，减少政府不必要的财政负担。省级财政部门要建立统一的项目名录管理制度和财政补贴支出统计监测制度，按照政府性债务管理要求，指导下级财政部门合理确定补贴金额，依法严格控制政府或有债务，重点做好融资平台公司项目向政府和社会资本合作项目转型的风险控制工作，切实防范和控制财政风险。

（七）稳步开展项目绩效评价。省级财政部门要督促行业主管部门，加强对项目公共产品或服务质量和价格的监管，建立政府、服务使用者共同参与的综合性评价体系，对项目的绩效目标实现程度、运营管理、资金使用、公共服务质量、公众满意度等进行绩效评价。绩效评价结果应依法对外公开，接受社会监督。同时，要根据评价结果，依据合同约定对价格或补贴等进行调整，激励社会资本通过管理创新、技术创新提高公共服务质量。

四、加强组织和能力建设

（一）推动设立专门机构。省级财政部门要结合部门内部职能调整，积极研究设立专门机构，履行政府和社会资本合作政策制订、项目储备、业务指导、项目评估、信息管理、宣传培训等职责，强化组织保障。

（二）持续开展能力建设。地方各级财政部门要着力加强政府和社会资本合作模式实施能力建设，注重培育专业人才。同时，大力宣传培训政府和社会资本合作的工作理念和方法，增进政府、社会和市场主体共识，形成良好的社会氛围。

（三）强化工作组织领导。地方各级财政部门要进一步明确职责分工和工作目标要求。同时，要与有关部门建立高效、顺畅的工作协调机制，形成工作合力，确保顺利实施。对工作中出现的新情况、新问题，应及时报告财政部。

财政部
二〇一四年九月二十三日

附件四

政府和社会资本合作项目政府采购管理办法

第一章 总 则

第一条 为了规范政府和社会资本合作项目政府采购（以下简称PPP项目采购）行为，维护国家利益、社会公共利益和政府采购当事人的合法权益，依据《中华人民共和国政府采购法》（以下简称政府采购法）和有关法律、行政法规、部门规章，制定本办法。

第二条 本办法所称PPP项目采购，是指政府为达成权利义务平衡、物有所值的PPP项目合同，遵循公开、公平、公正和诚实信用原则，按照相关法规要求完成PPP项目识别和准备等前期工作后，依法选择社会资本合作者的过程。PPP项目实施机构（采购人）在项目实施过程中选择合作社会资本（供应商），适用本办法。

第三条 PPP项目实施机构可以委托政府采购代理机构办理PPP项目采购事宜。PPP项目咨询服务机构从事PPP项目采购业务的，应当按照政府采购代理机构管理的有关要求及时进行网上登记。

第二章 采购程序

第四条 PPP项目采购方式包括公开招标、邀请招标、竞争性谈判、竞争性磋商和单一来源采购。项目实施机构应当根据PPP项目的采购需求特点，依法选择适当的采购方式。公开招标主要适用于采购需求中核心边界条件和技术经济参数明确、完整、符合国家法律法规及政府采购政策，且采购过程中不作更改的项目。

第五条 PPP项目采购应当实行资格预审。项目实施机构应当根据项目需要准备资格预审文件，发布资格预审公告，邀请社会资本和与其合作的金融机构参与资格预审，验证项目能否获得社会资本响应和实现充分竞争。

第六条 资格预审公告应当在省级以上人民政府财政部门指定的政府采购信息发布媒体上发布。资格预审合格的社会资本在签订PPP项目合同前资格发生变化的，应当通知项目实施机构。

资格预审公告应当包括项目授权主体、项目实施机构和项目名称、采购需求、对社会资本的资格要求、是否允许联合体参与采购活动、是否限定参与竞争的合格社会资本的数量及限定的方法和标准，以及社会资本提交资格预审申请文件的时间和地点。提交资格预审申请文件的时间自公告发布之日起不得少于15个工作日。

第七条 项目实施机构、采购代理机构应当成立评审小组，负责PPP项目采购的资格预审和评审工作。评审小组由项目实施机构代表和评审专家共5人以上单数组成，其中评审专家人数不得少于评审小组成员总数的2/3。评审专家可以由项目实施机构自行选定，但评审专家中至少应当包含1名财务专家和1名法律专家。项目实施机构代表不得以评审专家身份参加项目的评审。

第八条 项目有3家以上社会资本通过资格预审的，项目实施机构可以继续开展采购文件准备工作；项目通过资格预审的社会资本不足3家的，项目实施机构应当在调整资格预审公告内容后重新组织资格预审；项目经重新资格预审后合格社会资本仍不够3家的，可以依法变更采购方式。

资格预审结果应当告知所有参与资格预审的社会资本，并将资格预审的评审报告提交财政部门（政府和社会资本合作中心）备案。

第九条 项目采购文件应当包括采购邀请、竞争者须知（包括密封、签署、盖章要求等）、竞争者应当提供的资格、资信及业绩证明文件、采购方式、政府对项目实施机构的授权、实施方案的批复和项目相关审批文件、采购程序、响应文件编制要求、提交响应文件截止时间、开启时间及地点、保证金缴纳数额和形式、评审方法、评审标准、政府采购政策要求、PPP项目合同草案及其他法律文本、采购结果确认谈判中项目合同可变的细节，以及是否允许未参加资格预审的供应商参与竞争并进行资格后审等内容。项目采购文件中还应当明确项目合同必须报请本级人民政府审核同意，在获得同意前项目合同不得生效。

采用竞争性谈判或者竞争性磋商采购方式的，项目采购文件除上款规定的内容外，还应当明确评审小组根据与社会资本谈判情况可能实质性变动的内容，包括采购需求中的技术、服务要求以及项目合同草案条款。

第十条 项目实施机构应当在资格预审公告、采购公告、采购文件、项目合同中列明采购本国货物和服务、技术引进和转让等政策要求，以及对社会资本参与采购活动和履约保证的担保要求。

第十一条 项目实施机构应当组织社会资本进行现场考察或者召开采购前答疑会，但不得单独或者分别组织只有一个社会资本参加的现场考察和答疑会。项目实施机构可以视项目的具体情况，组织对符合条件的社会资本的资格条件进行考察核实。

第十二条 评审小组成员应当按照客观、公正、审慎的原则，根据资格预审公告和采购文件规定的程序、方法和标准进行资格预审和独立评审。已进行资格预审的，评审小组在评审阶段可以不再对社会资本进行资格审查。允许进行资格后审的，由评审小组在响应文件评审环节对社会资本进行资格审查。

评审小组成员应当在资格预审报告和评审报告上签字，对自己的评审意见承担法律责任。对资格预审报告或者评审报告有异议的，应当在报告上签署不同意见，并说明理由，否则视为同意资格预审报告和评审报告。

评审小组发现采购文件内容违反国家有关强制性规定的，应当停止评审并向项目实施机构说明情况。

第十三条 评审专家应当遵守评审工作纪律，不得泄露评审情况和评审中获悉的国家秘密、商业秘密。

评审小组在评审过程中发现社会资本有行贿、提供虚假材料或者串通等违法行为的，应当及时向财政部门报告。

评审专家在评审过程中受到非法干涉的，应当及时向财政、监察等部门举报。

第十四条 PPP项目采购评审结束后，项目实施机构应当成立专门的采购结果确认谈判工作组，负责采购结果确认前的谈判和最终的采购结果确认工作。

采购结果确认谈判工作组成员及数量由项目实施机构确定，但应当至少包括财政预算管理部门、行业主管部门代表，以及财务、法律等方面的专家。涉及价格管理、环境保护的PPP项目，谈判工作组还应当包括价格管理、环境保护行政执法机关代表。评审小组成员可以作为采购结果确认谈判工作组成员参与采购结果确认谈判。

第十五条 采购结果确认谈判工作组应当按照评审报告推荐的候选社会资本排名，依次与候选社会资本及与其合作的金融机构就项目合同中可变的细节问题进行项目合同签署前的确认谈判，率先达成一致的候选社会资本即为预中标、成交社会资本。

第十六条 确认谈判不得涉及项目合同中不可谈判的核心条款，不得与排序在前但已终止谈判的社会资本进行重复谈判。

第十七条 项目实施机构应当在预中标、成交社会资本确定后10个工作日内，与预中标、成交社会资本签署确认谈判备忘录，并将预中标、成交结果和根据采购文件、响应文件及有关补遗文件和确认谈判备忘录拟定的项目合同文本在省级以上人民政府财政部门指定的政府采购信息发布媒体上进行公示，公示期不得少于5个工作日。项目合同文本应当将预中标、成交社会资本响应文件中的重要承诺和技术文件等作为附件。项目合同文本涉及国家秘密、商业秘密的内容可以不公示。

第十八条 项目实施机构应当在公示期满无异议后2个工作日内，将中标、成交结果在省级以上人民政府财政部门指定的政府采购信息发布媒体上进行公告，同时发出中标、成交通知书。

中标、成交结果公告内容应当包括：项目实施机构和采购代理机构的名称、地址和联系方式；项目名称和项目编号；中标或者成交社会资本的名称、地址、法人代表；中标或者成交标的名称、主要中标或者成交条件（包括但不限于合作期限、服务要求、项目概算、回报机制）等；评审小组和采购结果确认谈判工作组成员名单。

第十九条 项目实施机构应当在中标、成交通知书发出后30日内，与中标、成交社会资本签订经本级人民政府审核同意的PPP项目合同。

需要为PPP项目设立专门项目公司的，待项目公司成立后，由项目公司与项目实施机构重新签署 PPP 项目合同，或者签署关于继承 PPP 项目合同的补充合同。

第二十条 项目实施机构应当在 PPP 项目合同签订之日起 2 个工作日内，将 PPP 项目合同在省级以上人民政府财政部门指定的政府采购信息发布媒体上公告，但 PPP 项目合同中涉及国家秘密、商业秘密的内容除外。

第二十一条 项目实施机构应当在采购文件中要求社会资本交纳参加采购活动的保证金和履约保证金。社会资本应当以支票、汇票、本票或者金融机构、担保机构出具的保函等非现金形式交纳保证金。参加采购活动的保证金数额不得超过项目预算金额的 2%。履约保证金的数额不得超过 PPP 项目初始投资总额或者资产评估值的 10%，无固定资产投资或者投资额不大的服务型 PPP 项目，履约保证金的数额不得超过平均 6 个月服务收入额。

第三章　争议处理和监督检查

第二十二条 参加 PPP 项目采购活动的社会资本对采购活动的询问、质疑和投诉，依照有关政府采购法律制度规定执行。

项目实施机构和中标、成交社会资本在 PPP 项目合同履行中发生争议且无法协商一致的，可以依法申请仲裁或者提起民事诉讼。

第二十三条 各级人民政府财政部门应当加强对 PPP 项目采购活动的监督检查，依法处理采购活动中的违法违规行为。

第二十四条 PPP 项目采购有关单位和人员在采购活动中出现违法违规行为的，依照政府采购法及有关法律法规追究法律责任。

第四章　附　　则

第二十五条 本办法自发布之日起施行。

财政部

二〇一四年十二月三十一日

附件五

政府采购竞争性磋商采购方式管理暂行办法

第一章 总 则

第一条 为了规范政府采购行为，维护国家利益、社会公共利益和政府采购当事人的合法权益，依据《中华人民共和国政府采购法》（以下简称政府采购法）第二十六条第一款第六项规定，制定本办法。

第二条 本办法所称竞争性磋商采购方式，是指采购人、政府采购代理机构通过组建竞争性磋商小组（以下简称磋商小组）与符合条件的供应商就采购货物、工程和服务事宜进行磋商，供应商按照磋商文件的要求提交响应文件和报价，采购人从磋商小组评审后提出的候选供应商名单中确定成交供应商的采购方式。

第三条 符合下列情形的项目，可以采用竞争性磋商方式开展采购：

（一）政府购买服务项目；

（二）技术复杂或者性质特殊，不能确定详细规格或者具体要求的；

（三）因艺术品采购、专利、专有技术或者服务的时间、数量事先不能确定等原因不能事先计算出价格总额的；

（四）市场竞争不充分的科研项目，以及需要扶持的科技成果转化项目；

（五）按照招标投标法及其实施条例必须进行招标的工程建设项目以外的工程建设项目。

第二章 磋商程序

第四条 达到公开招标数额标准的货物、服务采购项目，拟采用竞争性磋商采购方式的，采购人应当在采购活动开始前，报经主管预算单位同意后，依法向设区的市、自治州以上人民政府财政部门申请批准。

第五条 采购人、采购代理机构应当按照政府采购法和本办法的规定组织开展竞争性磋商，并采取必要措施，保证磋商在严格保密的情况下进行。

任何单位和个人不得非法干预、影响磋商过程和结果。

第六条 采购人、采购代理机构应当通过发布公告、从省级以上财政部门建立的供应商库中随机抽取或者采购人和评审专家分别书面推荐的方式邀请不少于3家符合相应资格条件的供应商参与竞争性磋商采购活动。

符合政府采购法第二十二条第一款规定条件的供应商可以在采购活动开始前加入供应商库。财政部门不得对供应商申请入库收取任何费用，不得利用供应商库进行地区和行业封锁。

采取采购人和评审专家书面推荐方式选择供应商的，采购人和评审专家应当各自出具书面推荐意见。采购人推荐供应商的比例不得高于推荐供应商总数的50%。

第七条 采用公告方式邀请供应商的，采购人、采购代理机构应当在省级以上人民政府财政部门指定的政府采购信息发布媒体发布竞争性磋商公告。竞争性磋商公告应当包括以下主要内容：

（一）采购人、采购代理机构的名称、地点和联系方法；

（二）采购项目的名称、数量、简要规格描述或项目基本概况介绍；

（三）采购项目的预算；

（四）供应商资格条件；

（五）获取磋商文件的时间、地点、方式及磋商文件售价；

（六）响应文件提交的截止时间、开启时间及地点；

（七）采购项目联系人姓名和电话。

第八条 竞争性磋商文件（以下简称磋商文件）应当根据采购项目的特点和采购人的实际需求制定，并经采购人书面同意。采购人应当以满足实际需求为原则，不得擅自提高经费预算和资产配置等采购标准。

磋商文件不得要求或者标明供应商名称或者特定货物的品牌，不得含有指向特定供应商的技术、服务等条件。

第九条 磋商文件应当包括供应商资格条件、采购邀请、采购方式、采购预算、采购需求、政府采购政策要求、评审程序、评审方法、评审标准、价格构成或者报价要求、响应文件编制要求、保证金缴纳数额和形式以及不予退还保证金的情形、磋商过程中可能实质性变动的内容、响应文件提交的截止时间、开启时间及地点以及合同草案条款等。

第十条 从磋商文件发出之日起至供应商提交首次响应文件截止之日止不得少于10日。

磋商文件售价应当按照弥补磋商文件制作成本费用的原则确定，不得以营利为目的，不得以项目预算金额作为确定磋商文件售价依据。磋商文件的发售期限自开始之日起不得少于5个工作日。

提交首次响应文件截止之日前，采购人、采购代理机构或者磋商小组可以对已发出的磋商文件进行必要的澄清或者修改，澄清或者修改的内容作为磋商文件的组成部分。澄清或者修改的内容可能影响响应文件编制的，采购人、采购代理机构应当在提交首次响应文件截止时间至少5日前，以书面形式通知所有获取磋商文件的供应商；不足5日的，采购人、采购代理机构应当顺延提交首次响应文件截止时间。

第十一条 供应商应当按照磋商文件的要求编制响应文件，并对其提交的响应文件的真实性、合法性承担法律责任。

第十二条 采购人、采购代理机构可以要求供应商在提交响应文件截止时间之前缴纳磋商保证金。磋商保证金应当采用支票、汇票、本票或者金融机构、担保机构出具的保函等非现金形式缴纳。磋商保证金数额应当不超过采购项目预算的2%。供应商未按照磋商文件要求提交磋商保证金的，响应无效。

供应商为联合体的，可以由联合体中的一方或者多方共同缴纳磋商保证金，其缴纳的保证金对联合体各方均具有约束力。

第十三条 供应商应当在磋商文件要求的截止时间前，将响应文件密封送达指定地点。在截止时间后送达的响应文件为无效文件，采购人、采购代理机构或者磋商小组应当拒收。

供应商在提交响应文件截止时间前，可以对所提交的响应文件进行补充、修改或者撤回，并书面通知采购人、采购代理机构。补充、修改的内容作为响应文件的组成部分。补充、修改的内容与响应文件不一致的，以补充、修改的内容为准。

第十四条 磋商小组由采购人代表和评审专家共3人以上单数组成，其中评审专家人数不得少于磋商小组成员总数的2/3。采购人代表不得以评审专家身份参加本部门或本单位采购项目的评审。采购代理机构人员不得参加本机构代理的采购项目的评审。

采用竞争性磋商方式的政府采购项目，评审专家应当从政府采购评审专家库内相关专业的专家名单中随机抽取。符合本办法第三条第四项规定情形的项目，以及情况特殊、通过随机方式难以确定合适的评审专家的项目，经主管预算单位同意，可以自行选定评审专家。技术复杂、专业性强的采购项目，评审专家中应当包含1名法律专家。

第十五条 评审专家应当遵守评审工作纪律，不得泄露评审情况和评审中获悉的商业秘密。

磋商小组在评审过程中发现供应商有行贿、提供虚假材料或者串通等违法行为的，应当及时向财政部门报告。

评审专家在评审过程中受到非法干涉的，应当及时向财政、监察等部门举报。

第十六条 磋商小组成员应当按照客观、公正、审慎的原则，根据磋商文件规定的评审程序、评审方法和评审标准进行独立评审。未实质性响应磋商文件的响应文件按无效响应处理，磋商小组应当告知提交响应文件的供应商。

磋商文件内容违反国家有关强制性规定的，磋商小组应当停止评审并向采购人或者采购代理机构说明情况。

第十七条 采购人、采购代理机构不得向磋商小组中的评审专家作倾向性、误导性的解释或者说明。

采购人、采购代理机构可以视采购项目的具体情况，组织供应商进行现场考察或召开磋商前答疑会，但不得单独或分别组织只有一个供应商参加的现场考察和答疑会。

第十八条 磋商小组在对响应文件的有效性、完整性和响应程度进行审查时，可以要求供应商对响应文件中含义不明确、同类问题表述不一致或者有明显文字和计算错误的内容等作出必要的澄清、说明或者更正。供应商的澄清、说明或者更正不得超出响应文件的范围或者改变响应文件的实质性内容。

磋商小组要求供应商澄清、说明或者更正响应文件应当以书面形式作出。供应商的澄清、说明或者更正应当由法定代表人或其授权代表签字或者加盖公章。由授权代表签字的，应当附法定代表人授权书。供应商为自然人的，应当由本人签字并附身份证明。

第十九条 磋商小组所有成员应当集中与单一供应商分别进行磋商，并给予所有参加磋商的供应商平等的磋商机会。

第二十条 在磋商过程中，磋商小组可以根据磋商文件和磋商情况实质性变动采购需求中的技术、服务要求以及合同草案条款，但不得变动磋商文件中的其他内容。实质性变动的内容，须经采购人代表确认。

对磋商文件作出的实质性变动是磋商文件的有效组成部分，磋商小组应当及时以书面形式同时通知所有参加磋商的供应商。

供应商应当按照磋商文件的变动情况和磋商小组的要求重新提交响应文件，并由其法定代表人或授权代表签字或者加盖公章。由授权代表签字的，应当附法定代表人授权书。供应商为自然人的，应当由本人签字并附身份证明。

第二十一条 磋商文件能够详细列明采购标的的技术、服务要求的，磋商结束后，磋商小组应当要求所有实质性响应的供应商在规定时间内提交最后报价，提交最后报价的供应商不得少于3家。

磋商文件不能详细列明采购标的的技术、服务要求，需经磋商由供应商提供最终设计方案或解决方案的，磋商结束后，磋商小组应当按照少数服从多数的原则投票推荐3家以上供应商的设计方案或者解决方案，并要求其在规定时间内提交最后报价。

最后报价是供应商响应文件的有效组成部分。符合本办法第三条第四项情形的，提交最后报价的供应商可以为2家。

第二十二条 已提交响应文件的供应商，在提交最后报价之前，可以根据磋商情况退出磋商。采购人、采购代理机构应当退还退出磋商的供应商的磋商保证金。

第二十三条 经磋商确定最终采购需求和提交最后报价的供应商后，由磋商小组采用综合评分法对提交最后报价的供应商的响应文件和最后报价进行综合评分。

综合评分法，是指响应文件满足磋商文件全部实质性要求且按评审因素的量化指标评审得分最高的供应商为成交候选供应商的评审方法。

第二十四条 综合评分法评审标准中的分值设置应当与评审因素的量化指标相对应。磋商文件中没有规定的评审标准不得作为评审依据。

评审时，磋商小组各成员应当独立对每个有效响应的文件进行评价、打分，然后汇总每个供应商每项评分因素的得分。

综合评分法货物项目的价格分值占总分值的比重（即权值）为30%至60%，服务项目的价格分值占总分值的比重（即权值）为10%至30%。采购项目中含不同采购对象的，以占项目资金比例最高的采购对象确定其项目属性。符合本办法第三条第三项的规定和执行统一价格标准的项目，其价格不列为评分因素。有特殊情况需要在上述规定范围外设定价格分权重的，应当经本级人民政府财政部门审核同意。

综合评分法中的价格分统一采用低价优先法计算，即满足磋商文件要求且最后报价最低的供应商的价格为磋商基准价，其价格分为满分。其他供应商的价格分统一按照下列公式计算：

磋商报价得分＝（磋商基准价/最后磋商报价）×价格权值×100

项目评审过程中，不得去掉最后报价中的最高报价和最低报价。

第二十五条　磋商小组应当根据综合评分情况，按照评审得分由高到低顺序推荐3名以上成交候选供应商，并编写评审报告。符合本办法第二十一条第三款情形的，可以推荐2家成交候选供应商。评审得分相同的，按照最后报价由低到高的顺序推荐。评审得分且最后报价相同的，按照技术指标优劣顺序推荐。

第二十六条　评审报告应当包括以下主要内容：

（一）邀请供应商参加采购活动的具体方式和相关情况；

（二）响应文件开启日期和地点；

（三）获取磋商文件的供应商名单和磋商小组成员名单；

（四）评审情况记录和说明，包括对供应商的资格审查情况、供应商响应文件评审情况、磋商情况、报价情况等；

（五）提出的成交候选供应商的排序名单及理由。

第二十七条　评审报告应当由磋商小组全体人员签字认可。磋商小组成员对评审报告有异议的，磋商小组按照少数服从多数的原则推荐成交候选供应商，采购程序继续进行。对评审报告有异议的磋商小组成员，应当在报告上签署不同意见并说明理由，由磋商小组书面记录相关情况。磋商小组成员拒绝在报告上签字又不书面说明其不同意见和理由的，视为同意评审报告。

第二十八条　采购代理机构应当在评审结束后2个工作日内将评审报告送采购人确认。

采购人应当在收到评审报告后5个工作日内，从评审报告提出的成交候选供应商中，按照排序由高到低的原则确定成交供应商，也可以书面授权磋商小组直接确定成交供应商。采购人逾期未确定成交供应商且不提出异议的，视为确定评审报告提出的排序第一的供应商为成交供应商。

第二十九条　采购人或者采购代理机构应当在成交供应商确定后2个工作日内，在省级以上财政部门指定的政府采购信息发布媒体上公告成交结果，同时向成交供应商发出成交通知书，并将磋商文件随成交结果同时公告。成交结果公告应当包括以下内容：

（一）采购人和采购代理机构的名称、地址和联系方式；

（二）项目名称和项目编号；

（三）成交供应商名称、地址和成交金额；
（四）主要成交标的的名称、规格型号、数量、单价、服务要求；
（五）磋商小组成员名单。

采用书面推荐供应商参加采购活动的，还应当公告采购人和评审专家的推荐意见。

第三十条 采购人与成交供应商应当在成交通知书发出之日起30日内，按照磋商文件确定的合同文本以及采购标的、规格型号、采购金额、采购数量、技术和服务要求等事项签订政府采购合同。

采购人不得向成交供应商提出超出磋商文件以外的任何要求作为签订合同的条件，不得与成交供应商订立背离磋商文件确定的合同文本以及采购标的、规格型号、采购金额、采购数量、技术和服务要求等实质性内容的协议。

第三十一条 采购人或者采购代理机构应当在采购活动结束后及时退还供应商的磋商保证金，但因供应商自身原因导致无法及时退还的除外。未成交供应商的磋商保证金应当在成交通知书发出后5个工作日内退还，成交供应商的磋商保证金应当在采购合同签订后5个工作日内退还。

有下列情形之一的，磋商保证金不予退还：
（一）供应商在提交响应文件截止时间后撤回响应文件的；
（二）供应商在响应文件中提供虚假材料的；
（三）除因不可抗力或磋商文件认可的情形以外，成交供应商不与采购人签订合同的；
（四）供应商与采购人、其他供应商或者采购代理机构恶意串通的；
（五）磋商文件规定的其他情形。

第三十二条 除资格性检查认定错误、分值汇总计算错误、分项评分超出评分标准范围、客观分评分不一致、经磋商小组一致认定评分畸高、畸低的情形外，采购人或者采购代理机构不得以任何理由组织重新评审。采购人、采购代理机构发现磋商小组未按照磋商文件规定的评审标准进行评审的，应当重新开展采购活动，并同时书面报告本级财政部门。

采购人或者采购代理机构不得通过对样品进行检测、对供应商进行考察等方式改变评审结果。

第三十三条 成交供应商拒绝签订政府采购合同的，采购人可以按照本办法第二十八条第二款规定的原则确定其他供应商作为成交供应商并签订政府采购合同，也可以重新开展采购活动。拒绝签订政府采购合同的成交供应商不得参加对该项目重新开展的采购活动。

第三十四条 出现下列情形之一的，采购人或者采购代理机构应当终止竞争性磋商采购活动，发布项目终止公告并说明原因，重新开展采购活动：
（一）因情况变化，不再符合规定的竞争性磋商采购方式适用情形的；
（二）出现影响采购公正的违法、违规行为的；
（三）除本办法第二十一条第三款规定的情形外，在采购过程中符合要求的供应商或者报价未超过采购预算的供应商不足3家的。

第三十五条 在采购活动中因重大变故，采购任务取消的，采购人或者采购代理机构应当终止采购活动，通知所有参加采购活动的供应商，并将项目实施情况和采购任务取消原因报送本级财政部门。

第三章 附 则

第三十六条 相关法律制度对政府和社会资本合作项目采用竞争性磋商采购方式另有规定的，从其规定。

第三十七条 本办法所称主管预算单位是指负有编制部门预算职责，向同级财政部门申报预算的国家机关、事业单位和团体组织。

第三十八条 本办法自发布之日起施行。

财政部

二〇一四年十二月三十一日

附件六

政府和社会资本合作项目财政承受能力论证指引

第一章 总 则

第一条 根据《中华人民共和国预算法》、《国务院关于加强地方政府性债务管理的意见》（国发〔2014〕43号）、《国务院关于深化预算管理制度改革的决定》（国发〔2014〕45号）、《国务院关于创新重点领域投融资机制 鼓励社会投资的指导意见》（国发〔2014〕60号）、《财政部关于推广运用政府和社会资本合作模式有关问题的通知》（财金〔2014〕76号）和《财政部关于印发政府和社会资本合作模式操作指南（试行）的通知》（财金〔2014〕113号）等有关规定，制定本指引。

第二条 本指引所称财政承受能力论证是指识别、测算政府和社会资本合作（Public-Private Partnership，以下简称PPP）项目的各项财政支出责任，科学评估项目实施对当前及今后年度财政支出的影响，为PPP项目财政管理提供依据。

第三条 开展PPP项目财政承受能力论证，是政府履行合同义务的重要保障，有利于规范PPP项目财政支出管理，有序推进项目实施，有效防范和控制财政风险，实现PPP可持续发展。

第四条 财政承受能力论证采用定量和定性分析方法，坚持合理预测、公开透明、从严把关，统筹处理好当期与长远关系，严格控制PPP项目财政支出规模。

第五条 财政承受能力论证的结论分为"通过论证"和"未通过论证"。"通过论证"的项目，各级财政部门应当在编制年度预算和中期财政规划时，将项目财政支出责任纳入预算统筹安排。"未通过论证"的项目，则不宜采用PPP模式。

第六条 各级财政部门（或PPP中心）负责组织开展行政区域内PPP项目财政承受能力论证工作。省级财政部门负责汇总统计行政区域内的全部PPP项目财政支出责任，对财政预算编制、执行情况实施监督管理。

第七条 财政部门（或PPP中心）应当会同行业主管部门，共同开展PPP项目财政承受能力论证工作。必要时可通过政府采购方式聘请专业中介机构协助。

第八条 各级财政部门（或PPP中心）要以财政承受能力论证结论为依据，会同有关部门统筹做好项目规划、设计、采购、建设、运营、维护等全生命周期管理工作。

第二章 责任识别

第九条 PPP项目全生命周期过程的财政支出责任，主要包括股权投资、运营补贴、风险承担、配套投入等。

第十条 股权投资支出责任是指在政府与社会资本共同组建项目公司的情况下，政府承担的股权投资支出责任。如果社会资本单独组建项目公司，政府不承担股权投资支出责任。

第十一条 运营补贴支出责任是指在项目运营期间，政府承担的直接付费责任。不同付费模式下，政府承担的运营补贴支出责任不同。政府付费模式下，政府承担全部运营补贴支出责任；可行性缺口补助模式下，政府承担部分运营补贴支出责任；使用者付费模式下，政府不承担运营补贴支出责任。

第十二条 风险承担支出责任是指项目实施方案中政府承担风险带来的财政或有支出责任。通常由政府承担的法律风险、政策风险、最低需求风险以及因政府方原因导致项目合同终止等突发情况，会产生财政或有支出责任。

第十三条 配套投入支出责任是指政府提供的项目配套工程等其他投入责任，通常包括土地征收和整理、建设部分项目配套措施、完成项目与现有相关基础设施和公用事业的对接、投资补助、贷款贴息等。配套投入支出应依据项目实施方案合理确定。

第三章 支出测算

第十四条 财政部门（或PPP中心）应当综合考虑各类支出责任的特点、情景和发生概率等因素，对项目全生命周期内财政支出责任分别进行测算。

第十五条 股权投资支出应当依据项目资本金要求以及项目公司股权结构合理确定。股权投资支出责任中的土地等实物投入或无形资产投入，应依法进行评估，合理确定价值。计算公式为：

$$股权投资支出 = 项目资本金 \times 政府占项目公司股权比例$$

第十六条 运营补贴支出应当根据项目建设成本、运营成本及利润水平合理确定，并按照不同付费模式分别测算。

对政府付费模式的项目，在项目运营补贴期间，政府承担全部直接付费责任。政府每年直接付费数额包括：社会资本方承担的年均建设成本（折算成各年度现值）、年度运营成本和合理利润。计算公式为：

$$当年运营补贴支出数额 = \frac{项目全部建设成本 \times (1+合理利润率) \times (1+年度折现率)n}{财政运营补贴周期(年)} + 年度运营成本 \times (1+合理利润率)$$

对可行性缺口补助模式的项目，在项目运营补贴期间，政府承担部分直接付费责任。政府每年直接付费数额包括：社会资本方承担的年均建设成本（折算成各年度现值）、年度运营成本和合理利润，再减去每年使用者付费的数额。计算公式为：

$$当年运营补贴支出数额 = \frac{项目全部建设成本 \times (1+合理利润率) \times (1+年度折现率)n}{财政运营补贴周期(年)}$$
$$+ 年度运营成本 \times (1+合理利润率) - 当年使用者付费数额$$

n代表折现年数。财政运营补贴周期指财政提供运营补贴的年数。

第十七条 年度折现率应考虑财政补贴支出发生年份，并参照同期地方政府债券收益率合理确定。

第十八条 合理利润率应以商业银行中长期贷款利率水平为基准，充分考虑可用性付费、使用量付费、绩效付费的不同情景，结合风险等因素确定。

第十九条 在计算运营补贴支出时，应当充分考虑合理利润率变化对运营补贴支出的影响。

第二十条 PPP项目实施方案中的定价和调价机制通常与消费物价指数、劳动力市场指数等因素挂钩，会影响运营补贴支出责任。在可行性缺口补助模式下，运营补贴支出责任受到使用者付费数额的影响，而使用者付费的多少因定价和调价机制而变化。在计算运营补贴支出数额时，应当充分考虑定价和调价机制的影响。

第二十一条 风险承担支出应充分考虑各类风险出现的概率和带来的支出责任，可采用比例法、情景分析法及概率法进行测算。如果PPP合同约定保险赔款的第一受益人为政府，则风险承担支出应为扣除该等风险赔款金额的净额。

比例法。在各类风险支出数额和概率难以进行准确测算的情况下，可以按照项目的全部建设成本和一定时期内的运营成本的一定比例确定风险承担支出。

情景分析法。在各类风险支出数额可以进行测算、但出现概率难以确定的情况下，可针对影响风险的各类事件和变量进行"基本"、"不利"及"最坏"等情景假设，测算各类风险发生带来的风险承担支出。计算公式为：

$$风险承担支出数额 = 基本情景下财政支出数额 \times 基本情景出现的概率$$
$$+ 不利情景下财政支出数额 \times 不利情景出现的概率$$
$$+ 最坏情景下财政支出数额 \times 最坏情景出现的概率$$

概率法。在各类风险支出数额和发生概率均可进行测算的情况下，可将所有可变风险参数作为变量，根据概率分布函数，计算各种风险发生带来的风险承担支出。

第二十二条 配套投入支出责任应综合考虑政府将提供的其他配套投入总成本和社会资本方为此支付的费用。配套投入支出责任中的土地等实物投入或无形资产投入，应依法进行评估，合理确定价值。计算公式为：

$$配套投入支出数额 = 政府拟提供的其他投入总成本 - 社会资本方支付的费用$$

第四章 能力评估

第二十三条 财政部门（或PPP中心）识别和测算单个项目的财政支出责任

后，汇总年度全部已实施和拟实施的 PPP 项目，进行财政承受能力评估。

第二十四条 财政承受能力评估包括财政支出能力评估以及行业和领域平衡性评估。财政支出能力评估，是根据 PPP 项目预算支出责任，评估 PPP 项目实施对当前及今后年度财政支出的影响；行业和领域均衡性评估，是根据 PPP 模式适用的行业和领域范围，以及经济社会发展需要和公众对公共服务的需求，平衡不同行业和领域 PPP 项目，防止某一行业和领域 PPP 项目过于集中。

第二十五条 每一年度全部 PPP 项目需要从预算中安排的支出责任，占一般公共预算支出比例应当不超过 10%。省级财政部门可根据本地实际情况，因地制宜确定具体比例，并报财政部备案，同时对外公布。

第二十六条 鼓励列入地方政府性债务风险预警名单的高风险地区，采取 PPP 模式化解地方融资平台公司存量债务。同时，审慎控制新建 PPP 项目规模，防止因项目实施加剧财政收支矛盾。

第二十七条 在进行财政支出能力评估时，未来年度一般公共预算支出数额可参照前五年相关数额的平均值及平均增长率计算，并根据实际情况进行适当调整。

第二十八条 "通过论证"且经同级人民政府审核同意实施的 PPP 项目，各级财政部门应当将其列入 PPP 项目目录，并在编制中期财政规划时，将项目财政支出责任纳入预算统筹安排。

第二十九条 在 PPP 项目正式签订合同时，财政部门（或 PPP 中心）应当对合同进行审核，确保合同内容与财政承受能力论证保持一致，防止因合同内容调整导致财政支出责任出现重大变化。财政部门要严格按照合同执行，及时办理支付手续，切实维护地方政府信用，保障公共服务有效供给。

第五章　信息披露

第三十条 省级财政部门应当汇总区域内的项目目录，及时向财政部报告，财政部通过统一信息平台（PPP 中心网站）发布。

第三十一条 各级财政部门（或 PPP 中心）应当通过官方网站及报刊媒体，每年定期披露当地 PPP 项目目录、项目信息及财政支出责任情况。应披露的财政支出责任信息包括：PPP 项目的财政支出责任数额及年度预算安排情况、财政承受能力论证考虑的主要因素和指标等。

第三十二条 项目实施后，各级财政部门（或 PPP 中心）应跟踪了解项目运营情况，包括项目使用量、成本费用、考核指标等信息，定期对外发布。

第六章　附　　则

第三十三条 财政部门按照权责发生制会计原则，对政府在 PPP 项目中的资产投入，以及与政府相关项目资产进行会计核算，并在政府财务统计、政府财务报告中反映；按照收付实现制会计原则，对 PPP 项目相关的预算收入与支出进行会计核算，并在政府决算报告中反映。

第三十四条 本指引自印发之日起施行。

附：

PPP项目财政承受能力论证工作流程图

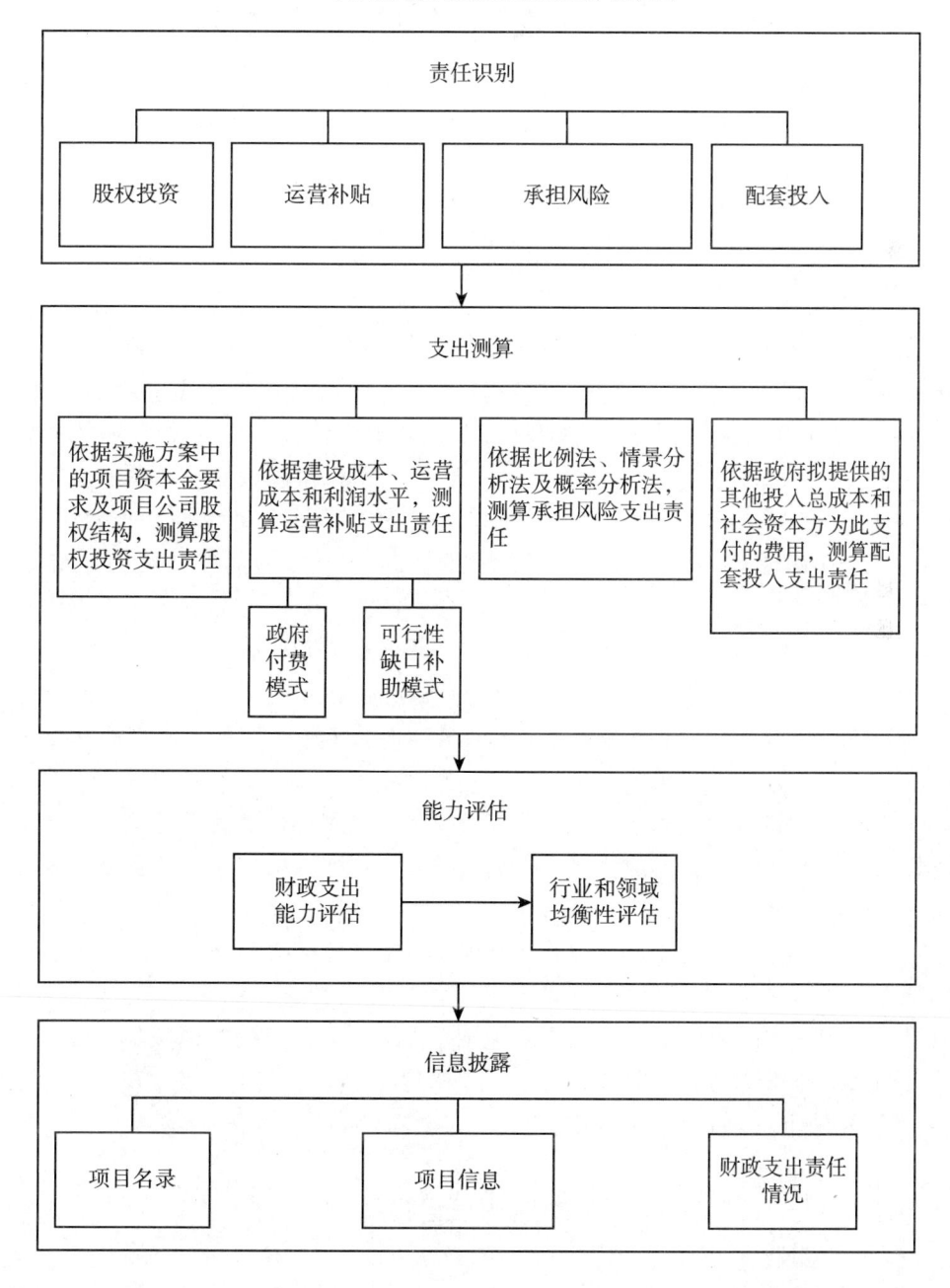

```
┌─────────────────────────────────────────────────────────────┐
│                         责任识别                              │
│   ┌────────┐    ┌────────┐    ┌────────┐    ┌────────┐     │
│   │ 股权投资│    │ 运营补贴│    │ 承担风险│    │ 配套投入│     │
│   └────────┘    └────────┘    └────────┘    └────────┘     │
└─────────────────────────────────────────────────────────────┘

┌─────────────────────────────────────────────────────────────┐
│                         支出测算                              │
│  ┌──────────┐  ┌──────────┐  ┌──────────┐  ┌──────────┐    │
│  │依据实施方案│  │依据建设成本│  │依据比例法、│  │依据政府拟提│    │
│  │中的项目资本│  │、运营成本和│  │情景分析法及│  │供的其他投入│    │
│  │金要求及项目│  │利润水平，测│  │概率分析法，│  │总成本和社会│    │
│  │公司股权结构│  │算运营补贴支│  │测算承担风险│  │资本方为此支│    │
│  │，测算股权投│  │出责任      │  │支出责任    │  │付的费用，测│    │
│  │资支出责任  │  │            │  │            │  │算配套投入支│    │
│  │            │  │            │  │            │  │出责任      │    │
│  └──────────┘  └──────────┘  └──────────┘  └──────────┘    │
│                  ┌──────┐ ┌──────┐                          │
│                  │政府付 │ │可行性 │                         │
│                  │费模式 │ │缺口补 │                         │
│                  │       │ │助模式 │                         │
│                  └──────┘ └──────┘                          │
└─────────────────────────────────────────────────────────────┘

┌─────────────────────────────────────────────────────────────┐
│                         能力评估                              │
│         ┌──────────┐          ┌──────────┐                  │
│         │财政支出能│  ──────▶ │行业和领域 │                  │
│         │力评估    │          │均衡性评估 │                  │
│         └──────────┘          └──────────┘                  │
└─────────────────────────────────────────────────────────────┘

┌─────────────────────────────────────────────────────────────┐
│                         信息披露                              │
│    ┌──────────┐      ┌──────────┐      ┌──────────┐         │
│    │ 项目名录  │      │ 项目信息  │      │财政支出责 │         │
│    │          │      │          │      │任情况    │         │
│    └──────────┘      └──────────┘      └──────────┘         │
└─────────────────────────────────────────────────────────────┘
```

财政部
二〇一五年四月七日

附件七

政府和社会资本合作模式操作指南

第一章 总 则

第一条 为科学规范地推广运用政府和社会资本合作模式（Public-Private Partnership，PPP），根据《中华人民共和国预算法》、《中华人民共和国政府采购法》、《中华人民共和国合同法》、《国务院关于加强地方政府性债务管理的意见》（国发〔2014〕43号）、《国务院关于深化预算管理制度改革的决定》（国发〔2014〕45号）和《财政部关于推广运用政府和社会资本合作模式有关问题的通知》（财金〔2014〕76号）等法律、法规、规章和规范性文件，制定本指南。

第二条 本指南所称社会资本是指已建立现代企业制度的境内外企业法人，但不包括本级政府所属融资平台公司及其他控股国有企业。

第三条 本指南适用于规范政府、社会资本和其他参与方开展政府和社会资本合作项目的识别、准备、采购、执行和移交等活动。

第四条 财政部门应本着社会主义市场经济基本原则，以制度创新、合作契约精神，加强与政府相关部门的协调，积极发挥第三方专业机构作用，全面统筹政府和社会资本合作管理工作。

各省、自治区、直辖市、计划单列市和新疆生产建设兵团财政部门应积极设立政府和社会资本合作中心或指定专门机构，履行规划指导、融资支持、识别评估、咨询服务、宣传培训、绩效评价、信息统计、专家库和项目库建设等职责。

第五条 各参与方应按照公平、公正、公开和诚实信用的原则，依法、规范、高效实施政府和社会资本合作项目。

第二章 项目识别

第六条 投资规模较大、需求长期稳定、价格调整机制灵活、市场化程度较高的基础设施及公共服务类项目，适宜采用政府和社会资本合作模式。

政府和社会资本合作项目由政府或社会资本发起，以政府发起为主。

(一) 政府发起。

财政部门（政府和社会资本合作中心）应负责向交通、住建、环保、能源、教育、医疗、体育健身和文化设施等行业主管部门征集潜在政府和社会资本合作项目。行业主管部门可从国民经济和社会发展规划及行业专项规划中的新建、改建项目或存量公共资产中遴选潜在项目。

(二) 社会资本发起。

社会资本应以项目建议书的方式向财政部门（政府和社会资本合作中心）推荐潜在政府和社会资本合作项目。

第七条 财政部门（政府和社会资本合作中心）会同行业主管部门，对潜在政府和社会资本合作项目进行评估筛选，确定备选项目。财政部门（政府和社会资本合作中心）应根据筛选结果制定项目年度和中期开发计划。

对于列入年度开发计划的项目，项目发起方应按财政部门（政府和社会资本合作中心）的要求提交相关资料。新建、改建项目应提交可行性研究报告、项目产出说明和初步实施方案；存量项目应提交存量公共资产的历史资料、项目产出说明和初步实施方案。

第八条 财政部门（政府和社会资本合作中心）会同行业主管部门，从定性和定量两方面开展物有所值评价工作。定量评价工作由各地根据实际情况开展。

定性评价重点关注项目采用政府和社会资本合作模式与采用政府传统采购模式相比能否增加供给、优化风险分配、提高运营效率、促进创新和公平竞争等。

定量评价主要通过对政府和社会资本合作项目全生命周期内政府支出成本现值与公共部门比较值进行比较，计算项目的物有所值量值，判断政府和社会资本合作模式是否降低项目全生命周期成本。

第九条 为确保财政中长期可持续性，财政部门应根据项目全生命周期内的财政支出、政府债务等因素，对部分政府付费或政府补贴的项目，开展财政承受能力论证，每年政府付费或政府补贴等财政支出不得超出当年财政收入的一定比例。

通过物有所值评价和财政承受能力论证的项目，可进行项目准备。

第三章 项目准备

第十条 县级（含）以上地方人民政府可建立专门协调机制，主要负责项目评审、组织协调和检查督导等工作，实现简化审批流程、提高工作效率的目的。政府或其指定的有关职能部门或事业单位可作为项目实施机构，负责项目准备、采购、监管和移交等工作。

第十一条 项目实施机构应组织编制项目实施方案，依次对以下内容进行介绍：

(一) 项目概况。

项目概况主要包括基本情况、经济技术指标和项目公司股权情况等。

基本情况主要明确项目提供的公共产品和服务内容、项目采用政府和社会资本合作模式运作的必要性和可行性，以及项目运作的目标和意义。

经济技术指标主要明确项目区位、占地面积、建设内容或资产范围、投资规模或资产价值、主要产出说明和资金来源等。

项目公司股权情况主要明确是否要设立项目公司以及公司股权结构。

（二）风险分配基本框架。

按照风险分配优化、风险收益对等和风险可控等原则，综合考虑政府风险管理能力、项目回报机制和市场风险管理能力等要素，在政府和社会资本间合理分配项目风险。

原则上，项目设计、建造、财务和运营维护等商业风险由社会资本承担，法律、政策和最低需求等风险由政府承担，不可抗力等风险由政府和社会资本合理共担。

（三）项目运作方式。

项目运作方式主要包括委托运营、管理合同、建设—运营—移交、建设—拥有—运营、转让—运营—移交和改建—运营—移交等。

具体运作方式的选择主要由收费定价机制、项目投资收益水平、风险分配基本框架、融资需求、改扩建需求和期满处置等因素决定。

（四）交易结构。

交易结构主要包括项目投融资结构、回报机制和相关配套安排。

项目投融资结构主要说明项目资本性支出的资金来源、性质和用途，项目资产的形成和转移等。

项目回报机制主要说明社会资本取得投资回报的资金来源，包括使用者付费、可行性缺口补助和政府付费等支付方式。

相关配套安排主要说明由项目以外相关机构提供的土地、水、电、气和道路等配套设施和项目所需的上下游服务。

（五）合同体系。

合同体系主要包括项目合同、股东合同、融资合同、工程承包合同、运营服务合同、原料供应合同、产品采购合同和保险合同等。项目合同是其中最核心的法律文件。

项目边界条件是项目合同的核心内容，主要包括权利义务、交易条件、履约保障和调整衔接等边界。

权利义务边界主要明确项目资产权属、社会资本承担的公共责任、政府支付方式和风险分配结果等。

交易条件边界主要明确项目合同期限、项目回报机制、收费定价调整机制和产出说明等。

履约保障边界主要明确强制保险方案以及由投资竞争保函、建设履约保函、运营维护保函和移交维修保函组成的履约保函体系。

调整衔接边界主要明确应急处置、临时接管和提前终止、合同变更、合同展期、项目新增改扩建需求等应对措施。

（六）监管架构。

监管架构主要包括授权关系和监管方式。授权关系主要是政府对项目实施机构的授权，以及政府直接或通过项目实施机构对社会资本的授权；监管方式主要包括履约管理、行政监管和公众监督等。

（七）采购方式选择。

项目采购应根据《中华人民共和国政府采购法》及相关规章制度执行，采购方式包括公开招标、竞争性谈判、邀请招标、竞争性磋商和单一来源采购。项目实施机构应根据项目采购需求特点，依法选择适当采购方式。

公开招标主要适用于核心边界条件和技术经济参数明确、完整、符合国家法律法规和政府采购政策，且采购中不作更改的项目。

第十二条 财政部门（政府和社会资本合作中心）应对项目实施方案进行物有所值和财政承受能力验证，通过验证的，由项目实施机构报政府审核；未通过验证的，可在实施方案调整后重新验证；经重新验证仍不能通过的，不再采用政府和社会资本合作模式。

第四章 项目采购

第十三条 项目实施机构应根据项目需要准备资格预审文件，发布资格预审公告，邀请社会资本和与其合作的金融机构参与资格预审，验证项目能否获得社会资本响应和实现充分竞争，并将资格预审的评审报告提交财政部门（政府和社会资本合作中心）备案。

项目有3家以上社会资本通过资格预审的，项目实施机构可以继续开展采购文件准备工作；项目通过资格预审的社会资本不足3家的，项目实施机构应在实施方案调整后重新组织资格预审；项目经重新资格预审合格社会资本仍不够3家的，可依法调整实施方案选择的采购方式。

第十四条 资格预审公告应在省级以上人民政府财政部门指定的媒体上发布。资格预审合格的社会资本在签订项目合同前资格发生变化的，应及时通知项目实施机构。

资格预审公告应包括项目授权主体、项目实施机构和项目名称、采购需求、对社会资本的资格要求、是否允许联合体参与采购活动、拟确定参与竞争的合格社会资本的家数和确定方法，以及社会资本提交资格预审申请文件的时间和地点。提交资格预审申请文件的时间自公告发布之日起不得少于15个工作日。

第十五条 项目采购文件应包括采购邀请、竞争者须知（包括密封、签署、盖章要求等）、竞争者应提供的资格、资信及业绩证明文件、采购方式、政府对项目实施机构的授权、实施方案的批复和项目相关审批文件、采购程序、响应文件编制要求、提交响应文件截止时间、开启时间及地点、强制担保的保证金缴纳数额和形式、评审方法、评审标准、政府采购政策要求、项目合同草案及其他法律文本等。

采用竞争性谈判或竞争性磋商采购方式的，项目采购文件除上款规定的内容外，还应明确评审小组根据与社会资本谈判情况可能实质性变动的内容，包括采购需求中的技术、服务要求以及合同草案条款。

第十六条 评审小组由项目实施机构代表和评审专家共5人以上单数组成，其中评审专家人数不得少于评审小组成员总数的2/3。评审专家可以由项目实施机构自行选定，但评审专家中应至少包含1名财务专家和1名法律专家。项目实施机构代表不得以评审专家身份参加项目的评审。

第十七条 项目采用公开招标、邀请招标、竞争性谈判、单一来源采购方式开展采购的，按照政府采购法律法规及有关规定执行。

项目采用竞争性磋商采购方式开展采购的，按照下列基本程序进行：

（一）采购公告发布及报名。

竞争性磋商公告应在省级以上人民政府财政部门指定的媒体上发布。竞争性磋商公告应包括项目实施机构和项目名称、项目结构和核心边界条件、是否允许未进行资格预审的社会资本参与采购活动，以及审查原则、项目产出说明、对社会资本提供的响应文件要求、获取采购文件的时间、地点、方式及采购文件的售价、提交响应文件截止时间、开启时间及地点。提交响应文件的时间自公告发布之日起不得少于10日。

（二）资格审查及采购文件发售。

已进行资格预审的，评审小组在评审阶段不再对社会资本资格进行审查。允许进行资格后审的，由评审小组在响应文件评审环节对社会资本进行资格审查。项目实施机构可以视项目的具体情况，组织对符合条件的社会资本的资格条件，进行考察核实。

采购文件售价，应按照弥补采购文件印制成本费用的原则确定，不得以营利为目的，不得以项目采购金额作为确定采购文件售价依据。采购文件的发售期限自开始之日起不得少于5个工作日。

（三）采购文件的澄清或修改。

提交首次响应文件截止之日前，项目实施机构可以对已发出的采购文件进行必要的澄清或修改，澄清或修改的内容应作为采购文件的组成部分。澄清或修改的内容可能影响响应文件编制的，项目实施机构应在提交首次响应文件截止时间至少5日前，以书面形式通知所有获取采购文件的社会资本；不足5日的，项目实施机构应顺延提交响应文件的截止时间。

（四）响应文件评审。

项目实施机构应按照采购文件规定组织响应文件的接收和开启。

评审小组对响应文件进行两阶段评审：

第一阶段：确定最终采购需求方案。评审小组可以与社会资本进行多轮谈判，谈判过程中可实质性修订采购文件的技术、服务要求以及合同草案条款，但不得修订采购文件中规定的不可谈判核心条件。实质性变动的内容，须经项目实施机构确认，并通知所有参与谈判的社会资本。具体程序按照《政府采购非招标方式管理办法》及有关规定执行。

第二阶段：综合评分。最终采购需求方案确定后，由评审小组对社会资本提交的最终响应文件进行综合评分，编写评审报告并向项目实施机构提交候选社会资本的排序名单。具体程序按照《政府采购货物和服务招标投标管理办法》及有关规定执行。

第十八条 项目实施机构应在资格预审公告、采购公告、采购文件、采购合同中，列明对本国社会资本的优惠措施及幅度、外方社会资本采购我国生产的货物和服务要求等相关政府采购政策，以及对社会资本参与采购活动和履约保证的强制担保要求。社会资本应以支票、汇票、本票或金融机构、担保机构出具的保函等非现金形式缴纳保证金。参加采购活动的保证金的数额不得超过项目预算金额的2%。履约保证金的数额不得超过政府和社会资本合作项目初始投资总额或资产评估值的10%。无固定资产投资或投资额不大的服务型合作项目，履约保证金的数额不得超过平均6个月的服务收入额。

第十九条 项目实施机构应组织社会资本进行现场考察或召开采购前答疑会，但不得单独或分别组织只有一个社会资本参加的现场考察和答疑会。

第二十条 项目实施机构应成立专门的采购结果确认谈判工作组。按照候选社会资本的排名，依次与候选社会资本及与其合作的金融机构就合同中可变的细节问题进行合同签署前的确认谈判，率先达成一致的即为中选者。确认谈判不得涉及合同中不可谈判的核心条款，不得与排序在前但已终止谈判的社会资本进行再次谈判。

第二十一条 确认谈判完成后，项目实施机构应与中选社会资本签署确认谈判备忘录，并将采购结果和根据采购文件、响应文件、补遗文件和确认谈判备忘录拟定的合同文本进行公示，公示期不得少于5个工作日。合同文本应将中选社会资本响应文件中的重要承诺和技术文件等作为附件。合同文本中涉及国家秘密、商业秘密的内容可以不公示。

公示期满无异议的项目合同，应在政府审核同意后，由项目实施机构与中选社会资本签署。

需要为项目设立专门项目公司的，待项目公司成立后，由项目公司与项目实施机构重新签署项目合同，或签署关于承继项目合同的补充合同。

项目实施机构应在项目合同签订之日起2个工作日内，将项目合同在省级以上人民政府财政部门指定的媒体上公告，但合同中涉及国家秘密、商业秘密的内容除外。

第二十二条 各级人民政府财政部门应当加强对PPP项目采购活动的监督检查，及时处理采购活动中的违法违规行为。

第五章　项目执行

第二十三条 社会资本可依法设立项目公司。政府可指定相关机构依法参股项目公司。项目实施机构和财政部门（政府和社会资本合作中心）应监督社会资本按照采购文件和项目合同约定，按时足额出资设立项目公司。

第二十四条 项目融资由社会资本或项目公司负责。社会资本或项目公司应及时开展融资方案设计、机构接洽、合同签订和融资交割等工作。财政部门（政府和社会资本合作中心）和项目实施机构应做好监督管理工作，防止企业债务向政府转移。

社会资本或项目公司未按照项目合同约定完成融资的，政府可提取履约保函直至终止项目合同；遇系统性金融风险或不可抗力的，政府、社会资本或项目公司可根据项目合同约定协商修订合同中相关融资条款。

当项目出现重大经营或财务风险，威胁或侵害债权人利益时，债权人可依据与政府、社会资本或项目公司签订的直接介入协议或条款，要求社会资本或项目公司改善管理等。在直接介入协议或条款约定期限内，重大风险已解除的，债权人应停止介入。

第二十五条 项目合同中涉及的政府支付义务，财政部门应结合中长期财政规划统筹考虑，纳入同级政府预算，按照预算管理相关规定执行。财政部门（政府和社会资本合作中心）和项目实施机构应建立政府和社会资本合作项目政府支付台账，严格控制政府财政风险。在政府综合财务报告制度建立后，政府和社会资本合作项目中的政府支付义务应纳入政府综合财务报告。

第二十六条 项目实施机构应根据项目合同约定，监督社会资本或项目公司履行合同义务，定期监测项目产出绩效指标，编制季报和年报，并报财政部门（政府和社会资本合作中心）备案。

政府有支付义务的，项目实施机构应根据项目合同约定的产出说明，按照实际绩效直接或通知财政部门向社会资本或项目公司及时足额支付。设置超额收益分享机制的，社会资本或项目公司应根据项目合同约定向政府及时足额支付应享有的超额收益。

项目实际绩效优于约定标准的，项目实施机构应执行项目合同约定的奖励条款，并可将其作为项目期满合同能否展期的依据；未达到约定标准的，项目实施机构应执行项目合同约定的惩处条款或救济措施。

第二十七条 社会资本或项目公司违反项目合同约定，威胁公共产品和服务持续稳定安全供给，或危及国家安全和重大公共利益的，政府有权临时接管项目，直至启动项目提前终止程序。

政府可指定合格机构实施临时接管。临时接管项目所产生的一切费用，将根据项目合同约定，由违约方单独承担或由各责任方分担。社会资本或项目公司应承担的临时接管费用，可以从其应获终止补偿中扣减。

第二十八条 在项目合同执行和管理过程中，项目实施机构应重点关注合同修订、违约责任和争议解决等工作。

（一）合同修订。

按照项目合同约定的条件和程序，项目实施机构和社会资本或项目公司可根据社会经济环境、公共产品和服务的需求量及结构等条件的变化，提出修订项目合同申请，待政府审核同意后执行。

（二）违约责任。

项目实施机构、社会资本或项目公司未履行项目合同约定义务的，应承担相应违约责任，包括停止侵害、消除影响、支付违约金、赔偿损失以及解除项目合同等。

（三）争议解决。

在项目实施过程中，按照项目合同约定，项目实施机构、社会资本或项目公司可就发生争议且无法协商达成一致的事项，依法申请仲裁或提起民事诉讼。

第二十九条 项目实施机构应每3~5年对项目进行中期评估，重点分析项目运行状况和项目合同的合规性、适应性和合理性；及时评估已发现问题的风险，制订应对措施，并报财政部门（政府和社会资本合作中心）备案。

第三十条 政府相关职能部门应根据国家相关法律法规对项目履行行政监管职责，重点关注公共产品和服务质量、价格和收费机制、安全生产、环境保护和劳动者权益等。

社会资本或项目公司对政府职能部门的行政监管处理决定不服的，可依法申请行政复议或提起行政诉讼。

第三十一条 政府、社会资本或项目公司应依法公开披露项目相关信息，保障公众知情权，接受社会监督。

社会资本或项目公司应披露项目产出的数量和质量、项目经营状况等信息。政府应公开不涉及国家秘密、商业秘密的政府和社会资本合作项目合同条款、绩效监测报告、中期评估报告和项目重大变更或终止情况等。

社会公众及项目利益相关方发现项目存在违法、违约情形或公共产品和服务不达标准的，可向政府职能部门提请监督检查。

第六章 项目移交

第三十二条 项目移交时，项目实施机构或政府指定的其他机构代表政府收回项目合同约定的项目资产。

项目合同中应明确约定移交形式、补偿方式、移交内容和移交标准。移交形式包括期满终止移交和提前终止移交；补偿方式包括无偿移交和有偿移交；移交内容包括项目资产、人员、文档和知识产权等；移交标准包括设备完好率和最短可使用年限等指标。

采用有偿移交的，项目合同中应明确约定补偿方案；没有约定或约定不明的，项目实施机构应按照"恢复相同经济地位"原则拟定补偿方案，报政府审核同意后实施。

第三十三条 项目实施机构或政府指定的其他机构应组建项目移交工作组，根据项目合同约定与社会资本或项目公司确认移交情形和补偿方式，制定资产评估和性能测试方案。

项目移交工作组应委托具有相关资质的资产评估机构，按照项目合同约定的评估方式，对移交资产进行资产评估，作为确定补偿金额的依据。

项目移交工作组应严格按照性能测试方案和移交标准对移交资产进行性能测试。性能测试结果不达标的，移交工作组应要求社会资本或项目公司进行恢复性修理、更新重置或提取移交维修保函。

第三十四条 社会资本或项目公司应将满足性能测试要求的项目资产、知识产权和技术法律文件，连同资产清单移交项目实施机构或政府指定的其他机构，办妥法律过户和管理权移交手续。社会资本或项目公司应配合做好项目运营平稳过渡相关工作。

第三十五条 项目移交完成后，财政部门（政府和社会资本合作中心）应组织有关部门对项目产出、成本效益、监管成效、可持续性、政府和社会资本合作模式应用等进行绩效评价，并按相关规定公开评价结果。评价结果作为政府开展政府和社会资本合作管理工作决策参考依据。

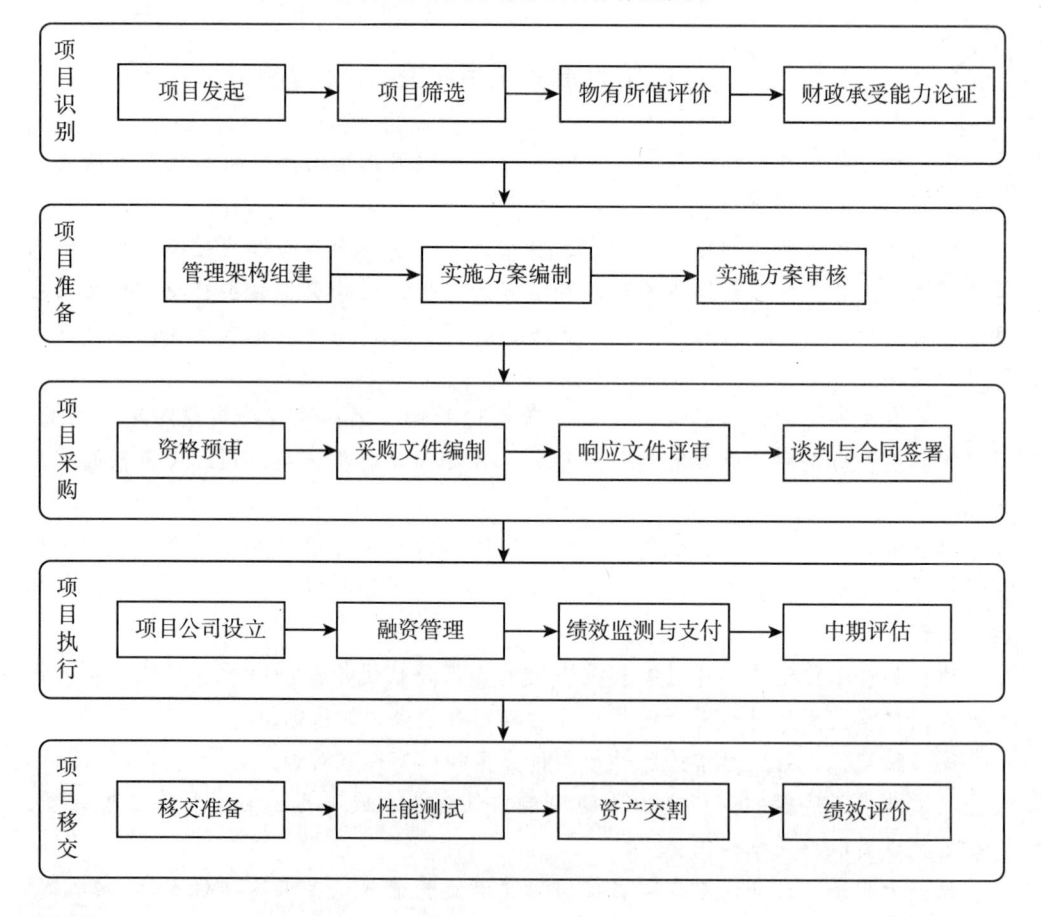

第七章 附 则

第三十六条 本操作指南自印发之日起施行,有效期3年。
第三十七条 本操作指南由财政部负责解释。
附:1. 政府和社会资本合作项目操作流程图
　　2. 名词解释

附1

政府和社会资本合作项目操作流程图

项目识别	项目发起 → 项目筛选 → 物有所值评价 → 财政承受能力论证
项目准备	管理架构组建 → 实施方案编制 → 实施方案审核
项目采购	资格预审 → 采购文件编制 → 响应文件评审 → 谈判与合同签署
项目执行	项目公司设立 → 融资管理 → 绩效监测与支付 → 中期评估
项目移交	移交准备 → 性能测试 → 资产交割 → 绩效评价

附2

名词解释

1. 全生命周期（Whole Life Cycle），是指项目从设计、融资、建造、运营、维护至终止移交的完整周期。

2. 产出说明（Output Specification），是指项目建成后项目资产所应达到的经济、技术标准，以及公共产品和服务的交付范围、标准和绩效水平等。

3. 物有所值（Value for Money，VFM），是指一个组织运用其可利用资源所能获得的长期最大利益。VFM 评价是国际上普遍采用的一种评价传统上由政府提供的公共产品和服务是否可运用政府和社会资本合作模式的评估体系，旨在实现公共资源配置利用效率最优化。

4. 公共部门比较值（Public Sector Comparator, PSC），是指在全生命周期内，政府采用传统采购模式提供公共产品和服务的全部成本的现值，主要包括建设运营净成本、可转移风险承担成本、自留风险承担成本和竞争性中立调整成本等。

5. 使用者付费（User Charge），是指由最终消费用户直接付费购买公共产品和服务。

6. 可行性缺口补助（Viability Gap Funding），是指使用者付费不足以满足社会资本或项目公司成本回收和合理回报，而由政府以财政补贴、股本投入、优惠贷款和其他优惠政策的形式，给予社会资本或项目公司的经济补助。

7. 政府付费（Government Payment），是指政府直接付费购买公共产品和服务，主要包括可用性付费（Availability Payment）、使用量付费（Usage Payment）和绩效付费（Performance Payment）。

政府付费的依据主要是设施可用性、产品和服务使用量和质量等要素。

8. 委托运营（Operations & Maintenance, O&M），是指政府将存量公共资产的运营维护职责委托给社会资本或项目公司，社会资本或项目公司不负责用户服务的政府和社会资本合作项目运作方式。政府保留资产所有权，只向社会资本或项目公司支付委托运营费。合同期限一般不超过 8 年。

9. 管理合同（Management Contract, MC），是指政府将存量公共资产的运营、维护及用户服务职责授权给社会资本或项目公司的项目运作方式。政府保留资产所有权，只向社会资本或项目公司支付管理费。管理合同通常作为转让—运营—移交的过渡方式，合同期限一般不超过 3 年。

10. 建设—运营—移交（Build-Operate-Transfer, BOT），是指由社会资本或项目公司承担新建项目设计、融资、建造、运营、维护和用户服务职责，合同期满后项目资产及相关权利等移交给政府的项目运作方式。合同期限一般为 20~30 年。

11. 建设—拥有—运营（Build-Own-Operate, BOO），由 BOT 方式演变而来，二者区别主要是 BOO 方式下社会资本或项目公司拥有项目所有权，但必须在合同中注明保证公益性的约束条款，一般不涉及项目期满移交。

12. 转让—运营—移交（Transfer-Operate-Transfer, TOT），是指政府将存量资产所有权有偿转让给社会资本或项目公司，并由其负责运营、维护和用户服务，合同期满后资产及其所有权等移交给政府的项目运作方式。合同期限一般为 20~30 年。

13. 改建—运营—移交（Rehabilitate-Operate-Transfer, ROT），是指政府在 TOT 模式的基础上，增加改扩建内容的项目运作方式。合同期限一般为 20~30 年。

财政部
二〇一四年十一月二十九日

图书在版编目（CIP）数据

公私合作伙伴关系理论与实践/贾康，孙洁著.—2版（修订本）—北京：经济科学出版社，2015.5
ISBN 978-7-5141-5748-2

Ⅰ.①公… Ⅱ.①贾… ②孙… Ⅲ.①公用事业 – 基础设施建设 – 融资 – 研究 – 中国 Ⅳ.①F299.24

中国版本图书馆 CIP 数据核字（2015）第 095125 号

责任编辑：高进水　刘　颖
责任校对：曹　力
版式设计：景　严
责任印制：潘泽新

公私合作伙伴关系理论与实践
（修订版）
贾　康　孙　洁　著
经济科学出版社出版、发行　新华书店经销
社址：北京市海淀区阜成路甲 28 号　邮编：100142
总编部电话：010 - 88191217　发行部电话：010 - 88191522
网址：www.esp.com.cn
电子邮件：esp@esp.com.cn
天猫网店：经济科学出版社旗舰店
网址：http://jjkxcbs.tmall.com
固安华明印业有限公司印装
787×1092　16 开　12.25 印张　270000 字
2015 年 5 月第 1 版　2015 年 5 月第 1 次印刷
ISBN 978 - 7 - 5141 - 5748 - 2　定价：36.00 元
（图书出现印装问题，本社负责调换。电话：010 - 88191502）
（版权所有　侵权必究　举报电话：010 - 88191586
电子邮箱：dbts@esp.com.cn）